humanística

41

DEZ LIÇÕES SOBRE OS CLÁSSICOS

PIERO BOITANI

Tradução
Enio Paulo Giachini

humanística

Edições Loyola

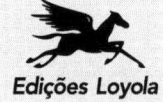

Título original:
Dieci lezioni sui classici
© 2017 by Società editrice Il Mulino, Bologna
Strada Maggiore 37, 40125, Bologna, Italia
ISBN 978-88-15-27365-9

Questo libro è stato tradotto grazie a un contributo del Ministero degli Affari Esteri e della Cooperazione Internazionale Italiano.

Obra traduzida com a contribuição do Ministério das Relações Exteriores e da Cooperação Internacional da Itália.

Dados Internacionais de Catalogação na Publicação (CIP)
(Câmara Brasileira do Livro, SP, Brasil)

Boitani, Piero
  Dez lições sobre os clássicos / Piero Boitani ; tradução Enio Paulo Giachini. -- São Paulo : Edições Loyola, 2023. -- (Coleção humanística ; 41)

Título original: Dieci lezioni sui classici
ISBN 978-65-5504-316-7

1. Literatura clássica - História e crítica I. Título. II. Série.

23-177885   CDD-880.9

Índice para catálogo sistemático:
1. Literatura clássica : História e crítica   880.9
        Cibele Maria Dias - Bibliotecária - CRB-8/9427

Preparação: Ellen Barros
Capa: Ronaldo Hideo Inoue
(execução a partir do projeto gráfico original de Manu Santos)
Diagramação: Telma Custódio
Revisão: Maria Teresa Sampaio

Edições Loyola Jesuítas
Rua 1822 nº 341 – Ipiranga
04216-000 São Paulo, SP
T 55 11 3385 8500/8501, 2063 4275
editorial@loyola.com.br
vendas@loyola.com.br
www.loyola.com.br

Todos os direitos reservados. Nenhuma parte desta obra pode ser reproduzida ou transmitida por qualquer forma e/ou quaisquer meios (eletrônico ou mecânico, incluindo fotocópia e gravação) ou arquivada em qualquer sistema ou banco de dados sem permissão escrita da Editora.

ISBN 978-65-5504-316-7

© EDIÇÕES LOYOLA, São Paulo, Brasil, 2023

100209

Sumário

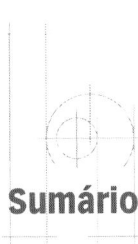

Prefácio 7
1. O poema da força e da piedade: a *Ilíada* 13
2. O romance do retorno: a *Odisseia* 35
3. O nascimento do pensamento: mito e poesia 61
4. O nascimento da história 79
5. Tragédia e justiça 95
6. Tragédia do conhecimento 109
7. Morte e *lógos* 125
8. Nós, eu, eles, ele: a lírica 143
9. Invenção de Roma 171
10. Tudo muda, nada perece 185

Notas bibliográficas 201
Índice onomástico e de personagens 213

Prefácio

No verão de 2016, Roberto Antonini e Brigitte Schwarz, do canal radiotelevisivo RSI *Rete Due* da Suíça, me perguntaram, durante uma refeição em Bolonha, se eu não aceitaria o convite para preparar para o outono seguinte dez episódios de entre 30 a 35 minutos cada um sobre os clássicos, isto é, sobre os escritores e as obras literárias da Antiguidade Clássica, para seu programa *Laser*. A escolha dos autores, dos trechos das obras e dos temas seria inteiramente de minha responsabilidade, resguardado o direito, porém, de sua aprovação.

Era um belo desafio: condensar em aproximadamente trezentos minutos, mais ou menos cinco horas e meia, o que eu pensava sobre a amantíssima literatura antiga, explicando-a a um público comum, não acadêmico, que não conhecia necessariamente aqueles textos. Aceitei de pronto e logo comecei a imaginar um roteiro, que é o que reproduzo neste livro.

Parecia-me óbvio começar pela *Ilíada* e a *Odisseia*, não só porque são os dois documentos literários mais antigos da civilização grega, mas também porque, ao menos nas versões que chegaram até nós, são poemas perfeitos e completamente distintos entre si: todavia, os dois são extraordinariamente fascinantes, um "direto e trágico", como dizia Aristóteles, o outro "complexo" e duplo, cheio de reviravoltas e *flashbacks*, de projeções e avanços; o primeiro, obra de um empenho juvenil e agonista, como pretendia o Anônimo do *Sublime*, o segundo, ao contrário, de um gênio velho e voltado às fábulas, enamorado das maravilhas.

Depois, naturalmente, deveria vir o nascimento do pensamento no *mýthos* e no *lógos*. De Hesíodo, que fala dos inícios do cosmo em termos míticos, até os pré-socráticos, os quais refletem sobre os princípios em termos de elementos naturais (água, ar, fogo, terra); e eis que entra em cena a admiração descrita por Aristóteles no início da *Metafísica*: a maravilha que é a raiz do amor à sabedoria – o filosofar (que, em termos modernos, indica a ciência) – e do amor ao mito, que significa a poesia, a arte. Os pré-socráticos, os primeiros a discutir sobre o ser e o devir, são fascinantes, até por se expressarem através de fragmentos enigmáticos, mas via de regra não são grandes poetas. Um grande poeta é, ao contrário, Lucrécio, que séculos depois daqueles retoma sua herança e a combina com a filosofia de Epicuro, dando direcionamento a toda a poesia latina subsequente, desde Virgílio até Ovídio, Horácio e Manílio.

Quase que de modo improvisado, no século V antes de Cristo, nascem contemporaneamente na Grécia a história, a filosofia, a medicina, a democracia, a tragédia e a justiça, precedidas da lírica, que substitui o *eu* pelo *nós*. Nem sempre se trata de um processo fácil: o conhecimento, como atestam Prometeu, Édipo e Sócrates, nasce na tragédia, junto com o sofrimento e a morte. Seguir esses desdobramentos, ler Heródoto e Tucídides, a *Oresteia* de Ésquilo e a *Electra* de Eurípedes e a de Sófocles, mensurar a ousadia de quem doa o fogo aos homens e de quem se crê detetive e acaba descobrindo que é culpado, ver um homem morrer enquanto fala da morte e da imortalidade – tudo isso significa acenar para os clássicos. É daquele homem que bebe tranquilamente o veneno, a que fora condenado por Atena, que surgem Platão e Aristóteles, ou seja, aqueles que ditam a agenda filosófica do Ocidente por mais de dois mil anos.

Mais tarde temos a invenção de Roma, que os habitantes de uma pequena vila no Tibre perseguiram por mil anos com constância e um sucesso inacreditável: Virgílio consagra essa invenção quando aquela vila quase já se tornara *Urbe* e *Orbe*, cidade e mundo inteiro; mas já Tácito ataca seus fundamentos imperialistas, justo quando uma nova cultura, a cristã, se prepara para entrar em cena. De outro lado, Ovídio, o maior narrador antigo depois de Homero, nos legou o poema do devir e da transformação contínua: o primeiro grande clássico pós-moderno.

Os dez episódios, que nesse ínterim acabaram se tornando "lições", por escolha do editor, poderiam ter se tornado doze, vinte quatro, trinta e seis, bastando para isso se tivéssemos adentrado – quiçá – na comédia, nos poetas alexandrinos, na longa era da lenta decadência. A Antiguidade Clássica dura quinze séculos, desde Homero até Boécio, e é detentora de enormes riquezas, apesar de que grande quantidade dessas tenha sido perdida (de mais de cem dramas compostos por Sófocles, para começar, restaram inteiros apenas sete). Dez seria uma medida justa para um bom desafio.

Mil e quinhentos anos, a Antiguidade, e dentro dessa, os clássicos. Sabe-se que a expressão provém de Aulo Gélio, um escritor romano do século II de nossa era, autor de *Noites antigas*. Ao modo como é empregado por Gélio, "clássico" significa um escritor "de classe", contraposto a um "proletário". Segundo o testemunho de Quintiliano, fazem parte do cânon eminentemente "comparado" – grego e latino – dos clássicos Homero e Hesíodo, Píndaro, Simônides e Calímaco, os trágicos e os comediógrafos, os historiadores, os oradores e os filósofos, da parte dos gregos, e da parte dos latinos, Virgílio e também Ênio, Lucrécio, Ovídio, Horácio, os trágicos e os comediógrafos, os historiadores, os oradores, os filósofos (entre os quais Cícero e Sêneca).

Os clássicos de Quintiliano, quase dois mil anos depois, continuam sendo também os nossos. Ou melhor, é o ramo especial de clássicos, os clássicos por excelência, que chamamos de Clássicos, os da Antiguidade Clássica. Pouco a pouco, no maior cânone dos clássicos, foram absorvidos a Bíblia e os escritores cristãos, depois os chamados até então de "bárbaros", provindos das zonas germânicas da Europa, e os da Idade Média se autodefinem como "modernos". Em *Convivio*, *De vulgari eloquentia* e *Commedia*, Dante proporá seus cânones de autores antigos e modernos. Pouco depois, os humanistas italianos, que introduzem a distinção entre Antiguidade Clássica, Idade Média e Renascimento, redescobrem uma quantidade considerável de clássicos antigos perdidos nas bibliotecas do Oriente bizantino: como exemplo, vemos que em dezembro de 1423 João Aurispa vem de Constantinopla para Veneza com 238 manuscritos, a maior parte dos quais pertencentes à literatura grega que nos é conhecida, e, mais precisamente, as sete tragédias de Sófocles. Mais tarde, começam a ser codificados os cânones nacionais dos clássicos, a saber, os que surgem das diversas línguas europeias: por exemplo, para a literatura italiana, escola siciliana, *Stilnovo*, Dante, Petrarca, Boccaccio, humanistas, Pulci, Boiardo, Ariosto, Tasso, Maquiavel, Guicciardini, e assim por diante até chegar no século XX. Esse último processo continua até hoje, quando outros desenvolvimentos ocorreram ou estão ocorrendo. Primeiro cria-se uma espécie de *status* supranacional de "clássico" para escritores do calibre de Homero, Dante, Shakespeare, Cervantes e Goethe. Segundo, no cânone europeu, entram obras e autores chineses, indianos, persas, árabes, e inclusive, de igual modo, os que provêm de países já colonizados por europeus. Por fim, começa a surgir o que Goethe, inventor do vocábulo, vai chamar de *Weltliteratur*, a literatura mundial ou universal, que pouco a pouco vai conquistando, até os nossos dias, os seus clássicos.

Limito-me aqui aos clássicos por excelência, os da Antiguidade, e, mesmo assim, não abordo todos, mantendo-me antes nos inícios, no "nascedouro", aos primeiros desdobramentos dos mais importantes gêneros. O desafio maior está no próprio meio: falar na rádio não dá espaço para dissertações acadêmicas; deve ser uma fala viva, clara e participativa; deve lançar mão de amplas citações dos autores sobre os quais se fala, e essas passagens são lidas com paixão e ênfase. Jamais se deverá simplesmente ler um texto como se já estivesse pronto, como se se tratasse de um comunicado da Casa Branca. A partir das anotações, deve-se improvisar e conversar. Os dez episódios sobre os clássicos divulgados pela rádio RSI[1] respondem àquelas exigências e alcançaram um sucesso moderado. Mas o desafio de transformar isso em livro – como logo se propôs, não me lembro da parte de quem, e como a RSI generosamente permitiu – já é uma tarefa bem diferente. Aqui, já não se pode reproduzir a leitura de Heitor moribundo ou de Polifemo embriagado, reverberando pela voz os votos descritivos ou críticos da transmissão radiofônica. Tam-

---

1. <www.rsi.ch>. Acesso em 20 set. 2023. (N. do E.)

pouco é possível exprimir-se através de contínuas interrupções e repetições. Bastam algumas por página e tem-se que ir em frente. É preciso apresentar frases simples, mas articuladas e preenchidas, da forma mais precisa possível e com sujeito e predicado. As gravações que a editora Il Mulino me forneceu dos dez episódios originais me deixaram muito preocupado: não se podia propor tal coisa a um público de leitores. No máximo, poderiam ser usadas como esboço e ocasionalmente tomaria dali algumas expressões marcantes. É isso que fiz ao reescrevê-los para este livro. Espero que conservem algo de seu frescor original, mas que também possam ser legíveis.

Não esqueço dos conselhos de Derek Walcott: "Os clássicos podem consolar, mas não o suficiente".

Roma, junho de 2017
Piero Boitani

1
O poema da força e da piedade:
a *Ilíada*

Canta, ó deusa, a ira de Aquiles, filho de Peleu,
cólera impetuosa, que males infinitos trouxe aos aqueus
e arrojou no Hades muitas almas de robustos heróis,
servindo seus corpos como pasto aos cães
e a todos os pássaros; cumpria-se assim o desígnio de Zeus, desde
o primeiro instante em que uma contenda
dividiu o Átrida, senhor de povos, e o divino Aquiles.[1]

É o início da *Ilíada*: talvez o primeiro e o maior poema do Ocidente, o primeiro clássico, o poema com que se inicia nossa literatura. Estamos no século IX antes de Cristo, três mil anos atrás, o "primeiro Homero", como é chamado agora (o "segundo" é o da *Odisseia*), escreve o poema da guerra dos gregos contra Troia. Talvez não tenha existido um "Homero", e talvez a *Ilíada* tenha sido inicialmente apenas uma série de cantos, posteriormente reunidos e organizados por alguém. Mas é maravilhoso pensar, como criam os gregos antigos, num poeta cego e jovem que teria inventado a *Ilíada*, o relato que depois vai sofrer infinitas reelaborações na tradição europeia, desde a *Eneida* de Virgílio até a *Guerra e Paz* de Tolstói.

---

1. As citações dos textos clássicos apresentados neste livro foram traduzidas do original italiano (N. do E.).

O que falar desse poema? É o poema da guerra, aquele que narra a primeira "guerra mundial", como podemos chamá-la, entre Ocidente e Oriente. Os gregos, para recuperar Helena – a esposa de Menelau, rei de Esparta –, que tomada por um amor súbito por Páris, filho de Príamo, o seguiu até Troia, embarcaram numa expedição de todos os reinos aqueus para sitiar a cidade, com a esperança de transpor os muros, a destruir e trazer de volta Helena para Esparta.

Como sabemos, trata-se de uma guerra que durou dez anos e que acabou com a conquista de Troia. Não foi uma conquista por meio da força, mas uma tomada através da astúcia. É Ulisses quem sugere o estratagema: o cavalo de madeira, dentro do qual se escondem os mais fortes guerreiros gregos, e que depois é levado pelos troianos para dentro da cidade até a Acrópole, como um presente dedicado à Atena. À noite, quando os troianos já estão adormecidos depois de terem festejado o fim da guerra – nesse entremeio os navios gregos se afastaram e se esconderam atrás de uma ilha fronteiriça –, os gregos saem do cavalo, fazem a carnificina dos troianos e incendeiam a cidade, levando as mulheres como escravas.

Mas esse relato da tomada de Troia não se encontra na *Ilíada*. Está antes na *Odisseia* e depois é narrado de forma mais detalhada por Virgílio na *Eneida*, em que Eneias, um dos troianos que sobreviveram e fugiram, presta contas à rainha de Cartago, Dido. Como dizem os versos iniciais, a *Ilíada* só conta a prótase, a ira de Aquiles, ou seja, aquele período não longo no qual Aquiles se retira do combate ativo porque brigou com Agamemnon, o qual lhe tomou a escrava, sua concubina preferida, Briseida. Entretanto, naquele intervalo tomado pela ira de Aquiles acontece tudo o que se torna importante e que irá determinar, depois, a conclusão da guerra. Pois, sem Aquiles, que é o mais forte, invencível, imbatível dos guerreiros gregos, os gregos perdem, são forçados a retirar-se e são perseguidos então até dentro de seu próprio campo. Ademais, seus navios não estão ancorados ao largo, mas puxadas para o seco na costa: se os troianos conseguissem alcançar o campo grego e queimar os navios, teriam vencido a guerra. E, realmente, em certo ponto, estão em vias de empreender isso mesmo, pois o filho de Príamo, Heitor, que é o mais forte dos combatentes troianos, leva suas tropas até quase o acampamento grego, só se detendo por causa da chegada da noite. Se Heitor houvesse prosseguido com o ataque, teria levado a efeito um verdadeiro e próprio *Blitzkrieg* – uma guerra relâmpago – e teria vencido a guerra contra os gregos.

Acontece, porém, que, na manhã seguinte, quando se recomeça a guerra, os gregos não conseguem resistir ao ataque e são trucidados e colocados em fuga. Então Pátroclo, o companheiro inseparável de Aquiles, implora ao amigo para que lhe permita combater em seu lugar. Aquiles cede a Pátroclo a própria armadura e sai a campo. Pátroclo é desafiado e morto por Heitor, que lhe toma a armadura. Tomado não pela ira, que é a que ele nutre contra Agamemnon, mas de uma fúria cega e quase bestial ditada por sua amizade e sua ligação com Pátroclo, Aquiles, tendo recebido novas armas fabricadas de propósito por Hefesto, retorna à batalha, e depois de ter seguido Heitor por três vezes ao redor dos muros da cidade, luta o duelo final com ele e o mata. O fim de Heitor é, na realidade, o fim de Troia. Não é preciso narrar a posterior tomada da cidade; uma vez eliminado Heitor, cedo ou tarde Troia cairá.

Aquiles quer despedaçar o corpo de Heitor, mas os deuses não permitem que ele seja dilacerado ou que se decomponha. O poema se conclui com Príamo, o velho rei, pai de Heitor, que vai sozinho resgatar o corpo do filho na tenda de Aquiles: um momento de grande e intensíssima emoção. Apelando ao afeto que Aquiles tem para com seu pai Peleo, e oferecendo ao herói um resgate enorme, Príamo consegue obter o corpo do filho e uma trégua para celebrar os seus funerais. São precisamente esses que marcam o final do poema.

Não há dúvidas, portanto, de que a *Ilíada*, esse poema compacto, franco, terrível e pesaroso, como dizia Aristóteles na *Poética*, seja um canto de guerra: "poesia da força", como afirmava Simone Weil. Dentre os vinte e quatro livros em que foi organizado pelos gramáticos alexandrinos, não há um sequer que deixe de lembrar o fragor das armas, que nos esconda como a força seria "o verdadeiro herói, o verdadeiro sujeito, o centro" do poema: "a força empregada pelos homens", escrevia Simone Weil, "a força que submete os homens, a força frente à qual se retrai a carne humana"; a força que "transforma qualquer um que lhe esteja submisso em uma coisa". As tantas batalhas, os duelos infinitos da *Ilíada*, poderíamos dizer que são a transcrição, o canto de um mundo (de homens e divindades, as quais também participam do conflito) que acredita na força, a ama e pensa que se possa resolver qualquer coisa com ela: em suma, o espelho de um conflito cósmico, do qual se entreveem os reflexos no momento em que Aquiles retorna ao campo. Talvez seja algo apropriado o fato de que a primeira obra literária de nossa tradição seja dedicada à guerra, à força: aquelas coisas que nos acompanharam até não muitos decênios passados e que mancharam de sangue a história do *homo sapiens*. Os primeiros pensadores são conscientes disso. Na *Teogonia*, Hesíodo abstrai do combate concreto, colocando Éris, a contenda, o conflito, no início do cosmo: gerada da noite. Posteriormente, Heráclito irá falar de *pólemos*, a guerra: "*pólemos* é o pai de todas as coisas e de todas é rei"; "tudo acontece seguindo a lei da contenda (*éris*) e da necessidade". Também Empédocles, numa visão oposta, defende a importância fundamental de *néikos*: a luta. A própria poesia do primeiro Homero, ademais, foi considerada como "agonista". O autor anônimo do tratado sobre o *Sublime*, no século II depois de Cristo, a define como "dramática" e "feita de conflito" (*enagónion*), recordando uma passagem do livro XV, escreve que Homero "é como um furacão que assopra sobre as batalhas, e sucede-lhe de enfurecer 'como quando Ares Guerreiro, ou o fogo funesto / enfurece-se sobre os montes, nos meandros de uma selva densa / e a espuma se adensa em torna à boca'".

Também Rachel Bespaloff reconheceu que, na *Ilíada*, a força desempenha um papel central, mas que, penetrando fundo no coração do poema, encontrava pausas nas quais o devir – a guerra – se coagula por um instante no ser. A primeira dessas se encontra logo no início do poema, no livro III, quando os gregos e os troianos concordam em resolver o conflito com um duelo entre os dois contendentes principais, Menelau – o marido de Helena – e Páris, o troiano que a raptou e a levou consigo. Quem vencer o combate tomará a mulher, e os demais aceitarão o combate sem se opor. De fato, os dois começam o duelo, mas em certo momento da luta a deusa Afrodite, temendo que Menelau mate o outro, envolve Páris num véu de nuvens e o transporta à sua câmara no palácio régio de Troia.

No início do episódio, Íris, a mensageira dos deuses, desce até a Terra e se disfarça de mortal para advertir Helena, que permanecera no palácio, de que Menelau e Páris estão se debatendo por ela e a provoca a subir no muro para assistir o duelo. Helena está tecendo um grande manto de cor púrpura onde borda "muitas aventuras" que troianos e aqueus enfrentam "por causa dela sob os impulsos de Ares". Helena está bordando a Guerra de Troia e a *Ilíada* enquanto as está vivenciando! Como se o manto representasse um diário de guerra sobre tecido, um jornal vestido de tapeçaria. O espelhar-se do poema – e da realidade – sobre fundos distantes e prismáticos abre um abismo que Borges, naturalmente, não deixou de perceber.

Helena, a quem Íris impingiu um "desejo pungente" do primeiro marido, dos genitores e de sua cidade, se lança aos muros, "vertendo lágrimas ternas" e vestindo um véu de uma brancura esplêndida. Nas bancadas estão assentados os anciãos de Troia, "ausentes da guerra" por causa da idade, mas, como diz Homero, "falantes / valentes, parecidos com as cigarras que na floresta, detendo-se em uma árvore, fazem ressoar sua voz harmoniosa". Logo que veem Helena se dirigindo para a torre, os anciões, submissos, trocam palavras de "alento":

Decerto não é motivo de censura, se por tal mulher, já de há muito,
os troianos e aqueus das sólidas grevas suportam dores:
desgraçadamente ela se assemelha em sua aparência às deusas imortais;
mas, embora tão bela, que em navios retorne,
para que a nós e aos nossos filhos não haja desventura no futuro!

Os anciões de Troia são fulminados por Helena, por sua beleza, parecida com a das deusas – "desgraçadamente" (o texto original diz *ainós*), de aparência semelhante à das imortais. A beleza de Helena não é uma bênção: é uma maldição. E ela o sabe muito bem, pois logo em seguida declara ser a causa da guerra.

Aí está uma pausa. No meio da guerra, isto é, no devir, se entrevê o ser, e o ser é a beleza. Bem vale travar uma guerra pela beleza! Não para conquistar Troia, a terra dos dardanelos, ou o acesso ao Mar Negro, como vão fazer as guerras prosaicas da Europa moderna. Não: mas para conquistar a beleza suprema, inefável, divina, a beleza das deusas imortais. Por isso, sim, vale a pena "padecer dores"! – por uma mulher assim.

Enquanto os outros anciões, embora tenham ficado fascinados por Helena, quisessem restituí-la aos gregos, Príamo a chama para junto de si, absolvendo-a de qualquer culpa e acusando, antes, os deuses. Pergunta-lhe o nome dos guerreiros gregos que se movimentam fora dos portões de Troia, esperando pelo duelo: Agamemnon, Ulisses, Ájax, Idomeneu. Todos poderosos, potentes, fortes: todos, enfim, expressão do ideal de força que domina o poema. Mas um deles é um orador muito hábil. Assim recorda o velho Antenor, durante as negociações diplomáticas de muitos anos antes com Menelau, para resgatar Helena:

> Mas quando se levantava para falar o astuto Ulisses, ficava
> em pé por longo tempo, olhava para baixo, fixando seus olhos no chão,
> não agitava o cetro nem para frente nem para trás,
> mas o mantinha imóvel, a modo de gente inexperiente:
> dirias que ele estaria amuado ou até mesmo fora de si.
> Mas quando emitia de seu peito sua voz poderosa
> e suas palavras, densas como flocos de neve no inverno,
> então, com Ulisses ninguém teria disputado:
> não nos espantávamos mais, como antes, com ele, por causa de seu aspecto.

Assim, o intervalo que encarna o ser na beleza feminina cede à potência masculina, e acaba se assentando na palavra. Sem que o passar de um lado ao outro – da cidade dos troianos aos que a assediam e a querem destruir – faça diminuir algo na admiração do inimigo.

A primeira pausa que vamos encontrar no livro VI tem uma característica completamente diferente. O livro precedente contém o relato das façanhas de Diomedes, guerreiro audacioso a ponto de se chocar com os próprios deuses e ferir Afrodite, que viera em socorro de seu filho Eneias. O combate volta a se acender ainda no livro VI, quando Diomedes encontra Glauco, o mais corajoso dos inimigos. Antes de iniciar o duelo, Diomedes pergunta ao adversário qual é sua estirpe. Declara que não quer combater com um deus. Glauco responde com um discurso que se tornou célebre:

> Replicando-o, disse o esplêndido filho de Hipóloco:
> "Magnânimo filho de Tideu, por que perguntas pela minha estirpe?
> A estirpe dos mortais é como a estirpe das folhas das árvores.
> As folhas, o vento espalha muitas pelo chão, mas a floresta exuberante
> a outras faz germinar, e assim volta o tempo da primavera;
> do mesmo modo é a estirpe dos homens: uma brota e a outra fenece..."

A que se presta conhecer a estirpe (*geneé*) de um homem, se ela é semelhante à das folhas das árvores? É simplesmente transitória, intrinsecamente frágil, caduca. É preciso notar que Glauco está falando das *estirpes* humanas, não dos indivíduos singulares como vai fazer a lírica, como teremos oportunidade de ver. São as famílias, as linhagens (as estirpes) e as gerações dos seres humanos que ele compara com as folhas das árvores. O que Homero tem em mente não é a folha singular, mas a copa inteira de uma árvore, e até as folhas de toda uma mata. O que ele está desenhando é um panorama universal, o panorama do ser submisso ao contínuo devir.

Mas a cena não está totalmente pronta. Glauco responde, efetivamente, a Diomedes detalhando toda sua ascendência com a pachorra, extensão e precisão que Homero reserva para tais ocasiões. Então o adversário se alegra: pois descobre que seu avô Eneu hospedou certa vez a Belerofonte, avô de Glauco, em sua casa:

> Ora, és para mim um hóspede antigo de família [...].
> Evitemos as lanças um do outro mesmo em meio ao tumulto:
> há muitos troianos para mim, e gloriosos aliados a serem mortos,
> aquilo que me apresente um deus ou que eu alcance correndo,
> e muitos aqueus há para ti, para matar o quanto podes.
> Mas troquemos de armas nós dois, para que também esses
> saibam que nos orgulhamos de sermos hóspedes ancestrais.

A relação de hospitalidade (*xenía*) é sagrada e protegida por Zeus. Num mundo de constante inimizade potencial, isso vai além do *pólemos* que domina tudo, e torna possível o diálogo e o intercâmbio com o outro: é garantia de comunhão humana e de civilidade. Se as estirpes e as gerações dos homens são parecidas com as folhas das árvores, a hospitalidade é como uma árvore plantada em terreno firme, com raízes robustas: não é eterna, mas é duradoura.

O encontro entre Glauco e Diomedes constitui uma brevíssima trégua, uma pausa, portanto, dentro da guerra. Não é uma pausa daquelas que, no coração do devir, revelam por um instante o ser, mas daquelas que, por um momento, oferecem uma fissura na própria ética. Diferente é ainda a pausa desenhada no livro VI, mostrando Heitor reentrando ainda por pouco tempo na cidade para se encontrar com a mãe Hécuba, o irmão Páris e Helena, sua mulher Andrômaca e o filhinho Astíanax.

Abra-se aqui uma visão para o interior da cidade assediada, enquanto que ao mesmo tempo se aprofunda o lado "familiar", humano, do guerreiro Heitor: único personagem em toda a *Ilíada* do qual Homero expõe não só o heroísmo, mas também a *philía*, a relação dentro da "casa", a relação de amor com os seus.

Heitor corre para Troia, encontra-se primeiramente com Hécuba, que abre caminho para chegar ao templo de Atena para invocar a proteção da deusa (a qual, ao contrário, a refuta). Depois vai procurar Páris, a quem repreende ruidosamente por não se apresentar ao campo de batalha. Helena está com ele, a qual se considera uma "cadela nojenta e infiel", por ter seguido o mesmo Páris, mas considera responsáveis por "essa desventura" aos deuses, e em particular Zeus: "a nós", declara com aquela visão paradoxal da relação entre divindade, eventos lutuosos e poesia que vamos reencontrar na *Odisseia*, "Zeus designou uma sorte maligna, para que fôssemos matéria de canto / também no futuro / para a gente do porvir".

Finalmente Heitor chega a sua casa. Mas a sua mulher, Andrômaca, não está: junto com o filhinho e a ama foi até os bastiões para assistir o desenrolar dos combates, que como fora referido era mortal para os troianos. Heitor atravessa logo as ruas e logo alcança os portões de Troia. Andrômaca vem correndo ao seu encontro:

> Ora, vinha ao seu encontro, e com ela vinha a ama
> que segurava o menino em seus braços, bem pequeno, ainda inocente,
> o filho, tão amado igual a uma estrela resplendente
> que Heitor chamava de Escamandro, mas que os outros lhe davam o nome
> de Astíanax: visto que Heitor, mesmo sozinho, era a salvação de Troia.
> Sorriu, olhando o menino em silêncio;
> Andrômaca se aproximou dele, com o rosto banhado em lágrimas,
> o tocou com a mão, articulou a voz e disse:
> "Desaventurado! Teu ardor será a tua ruína, e tu não tens piedade do teu filho
> que ainda não fala, e de mim, desgraçada,
> que logo serei viúva de ti: logo os aqueus vão te matar,
> todos juntos, saltando sobre ti; seria melhor, para mim, descer para a mansão da morte
> se ficasse sem ti; pois não terei nenhum outro conforto
> quando tiveres seguido o destino,
> mas apenas dores: eu não tenho pai nem mãe".

Andrômaca continua a insistir para que Heitor não retorne ao campo de batalha. Se ele viesse a morrer, ela acabaria sozinha. Ela já não tem mais ninguém no mundo, porque seu pai e seus irmãos foram mortos por Aquiles, e a mãe já está morta também. Assim, Heitor é seu pai, seu irmão, mãe e um "esplêndido esposo", afirma ela. Mas Heitor responde assim:

"A mim também isso constrange, mulher; mas sinto
tremenda vergonha frente aos troianos e troianas de peplos fluentes,
se como um covarde me escondo fugindo da guerra;
nem sequer meu coração me aconselha a tanto, pois aprendi a ser corajoso
sempre, e entre os troianos a combater já na primeira fileira,
para honrar a esplêndida glória do meu pai e de mim mesmo..."

Heitor tem forte consciência do dever, da opinião alheia e da própria glória: ele também não pode se esconder e suportar a vergonha que sentiria ao fazer tal coisa. Enfim, não pode ficar aquém do que exige a *kléos*, a glória que vem ligada ao seu nome, e que é a única que assegura alguma sobrevida depois da morte (os gregos da época arcaica creem num Hades, um outro mundo, onde só existem meras sombras, e pensam que assegurar-se da glória seja o único modo de conquistar a memória dos pósteros: durante a Guerra de Troia, todos combatem para manter viva sua *kléos*). Porém Heitor também sabe, muito bem, que "chegará o dia em que irá perecer o sacroilíaco / e Príamo e a gente do Príamo guerreiro". E se angustia por isso, sobretudo ao pensar que, quando ele estiver morto, a esposa será levada à escravidão de algum aqueu, e alguém, vendo-a chorar, dirá: "essa é a mulher de Heitor, das primeiras fileiras nas batalhas / dentre os troianos domadores de cavalos, quando combatiam em Troia". "Quando morto, que a terra lançada sobre mim logo me cubra, / antes que sinta teu brado, ou saiba que fostes raptada!", exclama Heitor. E estende os braços para pegar o filho. Contudo, o pai ainda está vestido da armadura e do elmo encimado de crinas que oscila a cada movimento, e o menino, assustado, se volta chorando para o colo seguro da ama. Andrômaca e Heitor riem, Heitor tira o capacete, pega o filho nos braços, o abraça e o beija, implorando então a Zeus e a todos os deuses que tornem Astíanax glorioso até chegar o dia em que alguém diga que é "muito melhor que o pai". Depois coloca o menino no colo da mãe, a qual o acolhe chorando e rindo ao mesmo tempo (o original, composto por um advérbio e um particípio passado, *dakruóen gelásasa*, possui uma força demonstrativa extraordinária). Heitor tem pena dela, a toca com a mão e insiste para que retorne a casa e se dedique aos seus afazeres, recordando-a, para consolá-la, de que jamais alguém conseguiu fugir da sorte, e que ninguém poderá lançá-lo ao Hades contra a *móira*, o destino. Então, retoma o capacete e se afasta rumo às portas da cidade, enquanto Andrômaca, chorando lágrimas amargas e voltando-se várias vezes para trás, volta para casa e com as criadas começa o lamento: "aquelas choravam Heitor, ainda vivo, em sua casa", conclui Homero. É uma cena de emoção incrível. Eis, então, um instante de paz em meio à guerra, e de uma paz dominada pelo pensamento fixo da guerra, da consciência, dele e dela, de que a guerra irá prosseguir, e que essa guerra muito provavelmente levará à morte de Heitor e à derrocada de Troia. A sombra cobre Heitor até esse momento, e a menção da glória feita na mesma passagem lhe confere uma profundidade psicológica, e por assim dizer teológica, enorme. Jacqueline de Romilly escreve que "a preocupação de celebrar um herói do campo inimigo, de lançar a piedade sobre alguém vencido, num homem votado à morte e à tortura depois da morte, essa preocupação de mostrá-lo como abatido pela guerra, cuja morte dissemina uma dor lacerante, constitui no limiar da nossa literatura ocidental uma evocação de humanidade extraordinária. Em nossa época de guerra, de massacres feitos em nome da religião e da raça, de crueldade, que às vezes se projetam para depois da morte e se revelam de repente com a descoberta de ossários, o surgimento desse tipo de humanidade, em sua afirmação simples e magistral, é uma resposta a nossas angústias". Heitor, como nos lembra esse intervalo mais longo do livro VI, tem uma mãe, uma mulher, um filho: como todos nós e mais que qualquer outro combatente da Guerra de Troia, ele tem uma família que sofre com seu empenho bélico e sua busca de glória. Ele não consegue se dedicar a ela se não por alguns minutos. No escudo que Hefesto irá fabricar para Aquiles, no livro XVIII, são representadas uma cidade em paz, próspera e feliz, e outra assediada pela guerra. Não parece haver a possibilidade de existir uma sem a outra. Mas se na *Ilíada* há alguém que poderia afirmar com toda a força a necessidade da primeira – a cidade da paz –, esse é Heitor.

Antes de retornar a ele e ao final da *Ilíada*, gostaria de deter-me por um instante a refletir sobre algumas imagens do poema. As divindades, como se sabe, intervêm na guerra, alinhadas com uma ou outra parte: Afrodite, Ares, Apolo, Ártemis com os troianos; Hera, Atena, Poseidon, Hefesto com os gregos. A participação dos deuses no conflito representava o "escândalo", uma das razões principais pelas quais Platão acusava Homero de ser um mentiroso, excluindo-o assim da república dos filósofos. Também era um dos motivos pelos quais surgira uma interpretação alegórica (Poseidon = água; Hera = ar; Hefesto = fogo) dos poemas homéricos, já com Teágenes de Régio ao final do século VI antes de Cristo. No entanto, nem tudo que diz respeito aos deuses é, na *Ilíada*, cômico. Homero destacou por duas vezes, por exemplo, no livro XIV, como o oceano era "gênesis", isto é, gerador, pai dos deuses. No livro precedente, encontramos uma imagem memorial da descida de Poseidon desde o cimo mais elevado de Samotrácia rumo ao mar e a Troia:

> Desceu rápido dos penhascos dos montes
> avançando veloz a pé; os altos picos e a floresta
> tremiam sob os pés imortais de Poseidon a caminho.
> Avançou três passos, e no quarto alcançou sua meta,
> Ege, onde havia uma esplêndida casa, nos abismos do mar,
> toda reluzente de ouro, indestrutível.
> Quando chegou lá embaixo, atrelava ao seu carro os cavalos com
> ferraduras de bronze
> prontos para voos rápidos; a cabeça adornada com crinas de ouro,
> e de ouro revestido também seu corpo, tomou o chicote
> de ouro bem trabalhado, montou no coche
> e partiu sobre as cristas das ondas, e em todo lugar os monstros do mar
> para ele se agitavam em volta de suas cavernas, reconhecendo seu senhor,
> e com alegria o mar se abria; e os cavalos voavam
> a toda velocidade, mas o eixo de bronze não se molhava;
> levaram-no num relance até as naves dos aqueus.

Essa passagem é citada pelo autor de *Sublime* como uma dessas passagens nas quais Homero "concebe o ser divino como realmente é: algo de incontaminado, grandioso, perfeito", e comparado à criação da luz no Gênesis bíblico. O leitor moderno irá confrontar-se com pelo menos três momentos principais. Em primeiro lugar, os passos de Poseidon cobrem num átimo a distância que o separa da meta, e ao mesmo tempo fazem tremer os picos e as florestas. Segundo, quando o deus chega a Ege, seu palácio, tudo se transforma em ouro: o palácio, as crinas dos cavalos, a veste, o chicote. Terceiro, a corrida de Poseidon em seu coche rumo à caverna entre Tênedos e Imbro, em frente a Troia, não é uma mera cavalgada, mas um voo sobre a crista das ondas: enquanto os monstros marinhos brincam em torno dele e o mar se abre em alegria, o carro sequer toca na água – o acaricia. O que se vê ali é, primordialmente, uma série de passos gigantescos, que fazem tremer os montes e a selva (Poseidon, Homero nos lembra alguns versos depois, é aquele que "revolve e remexe a terra"), depois um relâmpago de ouro sobre o mar. O anônimo tem razão em afirmar: é sublime.

Outro exemplo citado pelo mesmo autor refere-se ao voo de Hera no livro V. Aqui é o próprio Zeus que impinge a mulher a incitar Atena, "a predadora", contra Ares. Hera obedece logo à sugestão de Zeus: chicoteia os cavalos, que levantam voo "a meia altura entre a terra e o céu estrelado":

> O quanto de espaço do céu abarca com seus olhos um homem
> estando sobre um penhasco a mirar o mar espumoso,
> tanto percorrem em um único passo os cavalos divinos de alto relinchar.

"Que capacidade tem Homero de tornar imensas as coisas divinas!", comenta o autor do *Sublime*: "Compara o salto dos cavalos com a própria dimensão do universo. E, frente a essa grandeza sem fim, quem não teria razão em exclamar que se os cavalos divinos saltassem duas vezes já não encontrariam mais espaço no cosmo?". Isso também é sublime.

O terceiro episódio é uma pausa no real sentido da palavra. Há um momento na *Ilíada* no qual os troianos estão em vias de vencer a guerra. Assediados, sob o comando de Heitor, conduzem a batalha na planície entre a cidade e o mar, portanto perto da subida onde os gregos puxaram as naves para terra firme. É em vão que esses últimos constroem um muro para defender seu acampamento. Depois de uma breve trégua para sepultar os mortos, no alvorecer a batalha recomeça de modo retumbante. Quando o Sol alcança "o meio do céu", Zeus eleva sua balança de ouro colocando-a no centro, e então a sorte dos aqueus inclina-se para baixo, enquanto a dos troianos se eleva no "céu espacial". O maior dos deuses troa de cima do Ida, lançando um relâmpago de fogo sobre o exército grego. Agamemnon, Idomeneu, os dois Ájax já não conseguem se sustentar, e até Ulisses recua rumo às naves. Por um pouco de tempo, resiste Diomedes, depois também ele é constrangido a bater em retirada. Heitor está enfurecido e leva os troianos até abaixo do vale grego. Heras e Atena tentam socorrer os gregos, mas Zeus, zangado, as detém pela primeira vez, acenando abertamente ao plano que tem em mente, ou seja, fazer com que Pátroclo, o amigo de Aquiles, entre na luta e seja morto por Heitor, de modo que Aquiles, abandonando sua própria ira, retorne ao campo de batalha e, eliminando Heitor, imprima uma guinada decisiva à guerra. Os troianos ainda avançam, mas o Sol mergulha no oceano com seu raio esplendente, "estendendo uma noite escura sobre os campos fecundos". Heitor, então, reúne seus homens e se dirige a eles com um discurso de que há que se obedecer "à noite escura" (segundo o *ethos* da *Ilíada*, não se combate à noite), preparar a ceia encomendando que se traga comida e vinho de Troia, acender fogos impedindo que os gregos embarquem às escondidas. Na manhã seguinte, retoma-se o ataque que será decisivo. Os troianos aclamam, desarreiam os cavalos, mandam vir pão, vacas, ovelhas e vinho da cidade, recolhem lenha, acendem os fogos, e assam os animais.

Os troianos passam "toda a noite nos caminhos da guerra / cultivando grandes esperanças". Acendem-se muitos fogos, como recitam os últimos versos do livro VIII da *Ilíada*:

Como quando as estrelas do céu, em torno à Lua esplendorosa,
mostram todo seu fulgor, enquanto o ar descansa sem movimento;
e o perfil de todos os penhascos, colinas e vales vai ganhando nitidez;
e se abre um imenso espaço sob a abóbada do céu,
e se podem ver todas as estrelas, e o pastor se regozija em seu coração:
resplendiam as muitas fogueiras entre as naves e o leito do Escamandro,
quando os troianos acenderam os fogos frente aos muros de Ílio.

Trata-se de uma semelhança extraordinária. Visto que Homero poderia ter se limitado a dizer, funcionalmente (como faz a Bíblia, e como fazem tantos outros): havia tantos fogos quanto estrelas no céu. Mas, ao contrário, vai desenhando uma noite incomparável, que se abre aos poucos na direção ao infinito. Primeiro, as estrelas reluzentes em volta da Lua luminosa, depois o ar sem movimento de vento, depois a formação dos perfis: um horizonte, um confim: penhascos, cumes e vales. Então um salto: aquela área se torna "imensa", infinita ("inefável", segundo o significado do original), e voltam a aparecer as estrelas, todas visíveis, e de repente aparece um espectador inesperado: um pastor que quase nada tem a ver com a guerra. Ele se rejubila: porque, imaginamos, assiste o espetáculo da abóbada celeste e se alegra com isso.

A presença de um observador introduz ali uma percepção protoestética, a alegria da beleza, ou, até, do sublime: pois o infinito, para além das rochas e dos vales, e a inefabilidade são traços típicos não do belo, mas do sublime, como irá observar séculos depois o Anônimo. Essa visão alarga o coração, eleva-o, o faz vibrar. Compreende-se por que essa imagem fascinou tanto a Leopardi desde que a descobriu no poema, lendo-a no grego já com a idade de onze anos. Menciona-a nas *Recordações*, em que a declara igual à "vista noturna, com a Lua e o céu sereno desde o alto de [sua] casa, do mesmo modo que a similaridade de Homero". Discorre sobre ela no *Discurso de um italiano sobre poesia romântica*, no qual ela se torna modelo de "poesia sentimental". Inspira-se em *Safo*, em *La sera del dì di festa* [*A noite do dia de festa*], no *Canto notturno di un pastore errante dell'Asia* [*Canto noturno de um pastor errante da Ásia*]. Mas o que representa na *Ilíada*, o poema da guerra e da força? Se for compreendido, serve para desenhar um cosmos onde não reina o conflito, mas a harmonia. Talvez esteja referindo àquele "céu espacial" no qual, justo no início deste livro VIII, se elevava a sorte dos troianos na balança de Zeus: e de resto, aqui, os troianos cultivam "grandes esperanças". Talvez constitua também a única pausa verdadeira da *Ilíada*, o único átimo no qual o rebombo do devir bélico se afasta verdadeiramente dos combatentes, homens e deuses, para se transformar em silêncio de luz noturna, sossego astral: aos quais participa com alegria um único ser humano, tão distante de Aquiles, Ulisses, Agamemnon, Heitor, Eneias, quanto esses estão distantes de seus servos e de seus escravos – um humilde pastor, o representante de uma linhagem que nada tem a ver com a guerra dos princípios. A visão do cosmo tem importância fundamental na *Ilíada*. Tendo sido morto Pátroclo, Aquiles decide reentrar na batalha, precisa de novas armas, visto que Heitor tomou as velhas armas, espoliando o cadáver de Pátroclo. No livro XVIII da *Ilíada*, então, a mãe de Aquiles, Tétis, implora para que Hefesto forje as armas para o filho. O ferreiro dos deuses coloca mãos à obra, produzindo em primeiro lugar um escudo admirável, que é quase como se fosse um espelho do mundo, e em que são representadas em drama duas cidades (uma florida, em paz, onde se celebra um processo; outra assediada, tomada pelos terrores da guerra) e o campo, com suas manadas e rebanhos de animais, vinhedos, músicos e dançarinos. Ao redor de toda a orla extrema do artefato, como que contornando e fechando essa terra humana, Hefesto desenha a grande corrente do rio Oceano. Mas a primeira coisa que o deus irá esculpir no escudo de Aquiles é o cosmo, como descreve o livro XVIII:

> Esculpiu a terra, o céu e o mar,
> o Sol que jamais se apaga, a Lua em seu pleno esplendor,
> e todas as constelações que coroam o céu,
> as Plêiades, Orion valente, as Híadas,
> a Ursa que o vulgo domina Plaustro,
> que gira sobre si mesma contemplando Orion,
> a só que não se banha nas águas do Oceano.

No escudo, Hefesto representa todo o Universo: a terra, o mar, o céu com a Lua, o Sol, as estrelas reunidas em constelações que coroam o céu. Entre elas estava a Ursa Maior, que jamais se põe no céu setentrional e que serve como ponto de referência para os gregos dos séculos IX e VIII antes de Cristo, em vez de nossa estrela polar na Ursa Menor. O escudo de Aquiles coloca em primeiro plano a visão cósmica da Grécia arcaica. Fazer com que o herói destruidor, que se propõe a matar a Heitor, endosse esse cosmo não é um paradoxo menor do que aquele apresentado na semelhança das estrelas no momento em que a batalha se interrompe para passar a noite, no livro VIII. O Universo todo resplendia naquele átimo de momento suspenso, quando se interrompeu o combate de Heitor: ora, Aquiles irá levar todo o Universo para a guerra. Mas sua armadura, na realidade, como acontecera antes com a armadura de Diomedes, resplandece no início do livro XXII como o Cão de Órion, quando Príamo vê de cima do muro iniciar-se a perseguição a Heitor. Aquiles é Sírio, a estrela refulgente que leva "males", fogo e febre aos homens.

Assim, vamos chegar aos momentos decisivos da *Ilíada*, quando Aquiles retorna à batalha porque seu companheiro Pátroclo foi morto por Heitor. Sua reentrada no campo de batalha vem assinalada com uma conflagração universal: no livro XX os deuses também participam da peleja, enquanto que Éris, a fúria, prepara os exércitos. Por ora, Aquiles deixa de lado a *ménis*, a ira funesta contra Agamemnon, que dominou os eventos da *Ilíada* até o presente. É invadido, agora, por um furor desmedido, um desprezo radical pelo homem, um desejo de aniquilação do outro que não tem igual na literatura ocidental. Avança sobre Heitor com uma primeira investida, mas Apolo protege o troiano. Então Aquiles destrói todos os inimigos com que se defronta, como um violento incêndio que "ataca os desfiladeiros profundos / de um monte árido, o mato denso vai sendo consumido pelas chamas, / por todo lado o sopro do vento alimenta as chamas". Já quase nada resta mais de humano: é um *dáimon*, um demônio. Não demonstra piedade com ninguém, revirando tudo sem se deter, de modo a lutar com o próprio rio, o Escamandro, sobre o qual se lança, fervendo de fúria. Então Hefesto foi instado a atacar o rio: fogo contra água, num embate primordial entre os elementos. Os deuses se insultam, se atracam, se ferem, enquanto que os troianos, aterrorizados, correm a procurar refúgio na cidade.

A cena está armada, Heitor fica sozinho fora dos muros esperando Aquiles, enquanto que o pai e a mãe, Príamo e Hécuba, que observam os acontecimentos do alto, imploram para que ele entre. Em vez disso, Heitor espera, mas com o ânimo em dúvidas, perguntando-se se não seria melhor ir desarmado contra o inimigo, oferecer-lhe a restituição de Helena e as riquezas que Páris trouxera junto com ela e outras que ainda seriam recolhidas na cidade. Porém já não há tempo para "conversar com ele / sobre nada, como um jovem ou uma jovem". Melhor enfrentar o combate.

> Esperando, assim pensava, quando lhe veio ao encontro Aquiles
> que se assemelhava a Eniálio, o guerreiro do elmo oscilante, equilibrando
> sobre o ombro direito [a hasta de] freixo do Pélio,
> resplandecia a armadura de bronze sobre seus membros, como raio de
> fogo que arde ou do Sol quando surge.
> O Pânico se apossou de Heitor quando o viu e, apavorado, das portas se
> afasta fugindo.
> Persegue-o Aquiles confiado nos pés velozes.
> Como o gavião no monte, a mais rápida de todas as aves,
> muito facilmente se atira a voar contra a pomba assustada
> que se lhe escapa de esguelha e de perto a acomete soltando guinchos agudos
> que o peito o concita a apanhar presa fácil:
> do mesmo modo o Pélides impetuoso acomete deitando o fugitivo Heitor
> a correr ao redor das muralhas de Troia.

Heitor foge e não pode ser alcançado por Aquiles, mas não pode continuar fugindo para sempre: Aquiles o impede de reentrar pelos portões da cidade. Parece como uma cena de perseguição ou o pesadelo de uma fuga. Por um instante, se dá uma pausa nas perseguições, uma suspensão do tempo, na psique, no sonho:

> Assim como não se consegue no sonho agarrar um fugitivo, um e outro não
> conseguem nem alcançar nem fugir, do mesmo modo Aquiles não podia
> agarrá-lo na corrida nem o outro podia escapar.

Mas os deuses estão a postos para intervir de novo nos assuntos humanos. Os dois guerreiros já deram três voltas ao redor dos muros de Troia, quando Zeus se lamenta que Heitor já esteja quase abatido, que perderá um dos que mais ele ama, que lhe ofereceu grandes e ricos sacrifícios. Atenas, que luta em favor dos gregos, se arvora logo: "O que foi que você disse?! Um homem que nasceu mortal, dedicado ao seu destino já de há muito, queres subtrair novamente da morte cruel?". Na dura teologia da *Ilíada*, nem sequer o pai de todos os deuses pode anular os decretos do Fado. Zeus não resiste e permite que a filha aja como lhe apraz. Enquanto que Aquiles e Heitor chegam pela quarta vez ao redor dos muros de Troia, às duas fontes, e Aquiles acena aos seus homens para que não atirem no inimigo, Zeus toma sua balança de ouro pesando a sorte dos dois guerreiros. O prato de Heitor pende inexoravelmente para baixo. Mesmo que quisesse, o próprio Zeus já quase nada mais poderia fazer para protegê-lo.

Para facilitar a vitória de Aquiles, Atena, a deusa da inteligência e da astúcia, apresenta-se no campo de batalha disfarçada de Dêifobo, um dos irmãos de Heitor, para socorrê-lo. Heitor, reanimado, se detém: para de fugir e enfrenta Aquiles de peito aberto. Propõe um pacto ao adversário pelo qual qualquer um dos dois que vença o duelo poderá tomar posse das armas do outro, mas não deformará o corpo e vai restituí-lo aos seus. Aquiles recusa esse acordo: não se fazem pactos entre homens e leões, entre cordeiros e lobos. E arremessa a lança, da qual Heitor consegue se esquivar. É a vez de Heitor, que arremessa a sua: é desviada pelo escudo espetacular de Aquiles. Heitor não tem nenhuma de reserva. Chama em altos brados a Dêifobo para que lhe traga outra, mas o irmão desapareceu. Então Heitor compreende que os deuses o enganaram e que chegou a hora de sua morte.

Acontece o encontro final entre os dois: um, Heitor, grande guerreiro e homem até a última fibra de seu corpo; o outro, Aquiles, guerreiro ainda mais forte, mas sobretudo uma máquina inexorável de guerra, "fúria selvagem" que não pode ser detida. Aquiles avança com a lança em mãos, sondando o corpo do adversário para descobrir o lugar desprotegido para golpeá-lo. A ponta de sua lança emana luz, "como no coração da noite a estrela de Vésper avança entre os astros / que é o astro mais belo no céu". As armas que Heitor tirou de Pátroclo recobrem-no por inteiro, a não ser pela garganta, onde a clavícula divide o pescoço do ombro. Aquiles mira naquele ponto e transpassa a garganta de um lado ao outro, sem cortar a traqueia, de modo que Heitor ainda pode lhe responder. Heitor cai:

> Caindo em meio à poeira; Aquiles, o divino, disse triunfante:
> "Heitor, talvez acreditasses, enquanto tiravas as armas de Pátroclo, que escaparias, não tinhas medo de mim que estava longe, tolo!
> Embora afastado dele, permanecia eu, guerreiro muito mais forte na reserva das naus bojudas, que fiz dobrar teus joelhos: irão te estraçalhar aves e cães,
> a ti darão sepultura os aqueus".

Desfalecente, Heitor, aquele do capacete reluzente, respondeu-lhe:
"Pela vida, eu te suplico, por teus joelhos, por teus pais,
não deixes que os cães me devorem nem as aves dos aqueus,
em vez disso, aceita em abundância o bronze e o ouro,
os presentes que te darão meu pai e minha nobre mãe,
mas devolve meu corpo à minha casa, para que, quando eu estiver morto,
me honrem com o fogo os troianos e suas mulheres".
Olhando-o de lado, disse-lhe Aquiles dos pés velozes:
"Não me supliques, ó cão, pelos meus joelhos e pelos meus pais!
Por aquilo que me fizeste, seriam suficientes meu ânimo e raiva para te
estraçalhar e devorar
tuas carnes cruas eu mesmo;
como não há ninguém que possa guardar teu corpo dos cães,
nem que me trouxessem dez ou vinte vezes o resgate a mim, ou mesmo
que prometessem
muito mais, ou ainda, que Príamo dardânio desse ordem de pagar teu
peso em ouro,
nem assim tua nobre mãe poderá chorar sobre ti estendido no leito,
aquela que te deu à luz,
pois hão de comer teu corpo todo os cães e as aves".
Já moribundo, respondeu-lhe Heitor, aquele do elmo cintilante:
"Agora te vejo, agora te conheço: não era teu destino
te curvar, pois é de metal o coração em teu peito.
Toma cuidado para que eu não me torne para ti vingança divina naquele
dia em que Páris e Febo-Apolo,
por mais corajoso que sejas, te matarão às Portas Ceias".
E enquanto assim dizia, a hora da morte o envolveu,
sua alma voou para fora dos membros e ele desceu para o Hades,
chorando seu próprio destino, deixando a força e a juventude.
Embora já estivesse morto, disse-lhe o divino Aquiles:
"Morre! Aceitarei minha sorte no momento em que Zeus e os outros deuses imortais queiram cumpri-la".

Frente a essa labareda desenfreada da ira de Aquiles, que ameaça devorar e dilacerar ele próprio as carnes cruas de Heitor, e frente a Heitor que murmura suas últimas palavras proféticas, se poderia pensar que o poema está em seu final. Mas não é assim. Homero é muito humano, e a Grécia é por demais civil. Aquiles tortura o corpo morto do inimigo, arrastando-o puxado pelo carro em torno do túmulo de Pátroclo, sem, no entanto, prejudicar a beleza marmórea, preservada pelos deuses.

Entretanto pouco de tempo depois o próprio Aquiles aceita o pagamento do resgate que o velho Príamo veio lhe oferecer e concede uma trégua de onze dias para que os troianos possam celebrar os funerais de Heitor. O último grandíssimo episódio da *Ilíada*, no livro XXIV, muda improvisadamente os gestos de Aquiles. De um sujeito desapiedado ele se transforma, de repente, numa pessoa compassiva e até cuidadosa.

Essa cena é representada à noite, quando Príamo, contra a opinião de todos, se decide a atravessar o planalto que separa Troia do campo grego para ir resgatar o corpo do filho. O velho está só, com o auriga, mas logo se vê acompanhado por Hermes, enviado por Zeus para ajudá-lo. O deus guia Príamo ao acampamento inimigo, dando-lhe conselhos preciosos sobre o modo como deveria dirigir-se a Aquiles. E Príamo entra de repente na tenda daquele que lhe matou tantos filhos, suplica-lhe em nome do pai daquele, Peleu, e beija a mão que matou Heitor. Aquiles, que apenas acabara de fazer a refeição, e que num primeiro instante fica sobressaltado, chora recordando o pai e Pátroclo; Príamo chora seu Heitor. "A memória do que se perde traz consigo raiva e dor", escreve Matteo Nucci, "o prurido do nariz, junto com o choro. Aqui todos choram juntos. Desde o poeta criador até o leitor. E os dois homens que provocam o pranto são os dois inimigos que choram juntos, e que superaram qualquer obstáculo".

Por fim se restabelece a comunhão entre os homens: no choro. Aquiles se levanta de repente, ajuda o ancião a se levantar, convida-o a sentar-se com ele e inicia um discurso sobre os fardos com os quais os deuses constringem os homens a viver. Príamo recusa-se a se sentar até que Heitor esteja privado de suas exéquias, e Aquiles, sempre irritadiço, parece estar em vias de explodir. Assustado, Príamo se senta. O outro vai para fora da tenda e manda entrar o arauto do rei para descarregar o imenso resgate, depois chama as servas e lhes manda lavar e revestir o corpo de Heitor; por fim, ele próprio o coloca em cima da mortuária e, rompendo em lamentações por Pátroclo, retorna à tenda. Daí convida Príamo a comer junto com ele, afirmando que até Níobe lembrara do alimento, a quem Apolo havia matado doze filhos.

Ao final da refeição, quase saciados, os dois se olham e se admiram, naquela que é a pausa extrema do poema: Príamo observa como Aquiles é "grande e belo, igual aos próprios deuses"; Aquiles "observa o aspecto nobre" de Príamo e escuta o que ele diz.

Um grande estupor, uma maravilha profunda se produz enquanto se entreolham, como se agora, depois da morte, surgisse o momento da descoberta do outro, e essa descoberta consistisse, em primeiro lugar, na descoberta da beleza em um ser humano. Isso porque a *Ilíada*, o poema da força e da piedade, é também o canto da beleza.

Antes que seja permitido a Príamo deitar-se, Aquiles lhe pergunta quantos dias de trégua seriam necessários para a celebração dos funerais. Porém, uma vez deitado, o ancião é acordado por Hermes, que o aconselha a partir logo para Troia com o corpo do filho. Príamo obedece e retorna à cidade. O restante do livro XXIV é dedicado às exéquias de Heitor, que o último verso do poema retoma: "Assim sepultaram a Heitor, domador de cavalos".

É necessária a morte para que o homem seja restituído a si mesmo e reconheça a beleza do outro. É necessário o pranto para que Príamo possa ser também Peleu, e para que Aquiles se torne Heitor por um instante, para que o herói da força seja também o herói da resistência – para que Heitor possa receber as honras dos prantos até que o Sol resplenda sobre as calamidades humanas.

2
O romance do retorno:
a *Odisseia*

Narra-me, ó musa, sobre o herói de muitas formas que muito vagou,
depois de ter destruído a sacra fortificação de Troia:
viu a cidade de muitos homens e deles conheceu os pensamentos,
muitas dores sofreu no mar e em sua alma,
para conquistar para si a vida e o retorno aos companheiros.
Mas nem assim os salvou, embora o quisesse:
perderam-se por causa de sua impiedade,
estultos, que devoraram as vacas de Sol
Hipérion: a eles foi tirado o dia do retorno.
Narra algo também a nós, ó deusa, filha de Zeus.
Todos os outros que escaparam da morte
abrupta estavam em casa, salvos da guerra e do mar,
somente [restava] ele, que desejava ardentemente seu retorno e sua mulher;
o mantinha no covil profundo uma ninfa poderosa, Calipso,
radiante entre as deusas, desejosa de tê-lo como marido.

Trata-se do início do segundo poema de Homero: a *Odisseia*. Naturalmente, não se sabe quem o compôs, nem exatamente quando foi escrito; o que se sabe é que foi escrito algumas décadas depois da *Ilíada*. Alguns dentre os antigos defendiam que o poema teria sido composto por um Homero já ancião, enquanto o autor da *Ilíada* era um poeta jovem. Podemos compartilhar dessa teoria, mas tendo plena consciência de que seria difícil um Homero jovem compor um poema como a *Ilíada* – grandíssima – e, depois, já ancião, narrar outro poema, também esse grandíssimo, e completamente diferente, como é a *Odisseia*. É comum atribuir esse último poema, hoje, a um "segundo Homero", tão misterioso quanto o segundo ou o terceiro Isaías.

Isso porque, como já era visto pelo Anônimo do Sublime, a *Odisseia* "continua" a *Ilíada*, a considera já conhecida e não fala de guerra: a *Odisseia* é o poema do retorno, o poema do veterano que, depois de dez anos de combates em Troia, e depois de ter, ele próprio, destruído a cidade, retorna à casa, gastando mais dez anos para isso. Na realidade, desde os primeiros versos, o poema está inserido no tema mais geral dos *nóstoi* difíceis, os retornos dos gregos para sua pátria depois da tomada de Troia. Na própria *Odisseia*, em diversas passagens, evoca-se o caso de Agamemnon, chefe supremo do exército grego, morto pela mulher Clitemnestra e pelo amante desta, Egisto, logo que chega em casa. Seu irmão Menelau, o marido traído e abandonado por Helena, alcança sua pátria, Esparta, depois de oito anos de errância. Ulisses gasta dois anos a mais que aquele, mas é preciso levar em conta que, nos dez anos de seu *nóstos*, ele passou um ano inteiro junto de Circe e sete anos com Calipso: a verdadeira errância de Ulisses dura, portanto, apenas dois anos, enquanto passa oito anos preso mais ou menos de forma consentida – seja como for, na sedução – de duas belas e poderosas deusas.

A *Odisseia* é o poema do retorno, mas é, sobretudo, um grandiosíssimo romance: o primeiro e mais fascinante que a tradição ocidental – e, hoje, todo o mundo – já conheceu. É um romance épico, naturalmente, mas sempre um romance, no centro do qual se encontra o protagonista Ulisses, circundado por uma multidão de personagens. As mulheres, em primeiro lugar: a mãe Anticleia, a velha ama Eurícleia, a jovem Nausícaa, Circe, Calipso, e, por fim, a verdadeira deuteragonista e coprotagonista, Penélope. A presença feminina no poema é densa e fundamental, mais do que em qualquer outra obra literária antiga. Por outro lado, a *Odisseia* vai relatar três gerações de personagens: a mais velha, de Laerte, o pai de Ulisses, que já era um dos argonautas (a navegação está evidentemente no sangue dessa família); a do próprio Ulisses e de seus coetâneos; e a de Telêmaco, o filho de Ulisses com Penélope. Espaçada pelo menos em quatro cortes: a de Ítaca, ora ocupada e insidiada pelos pretendentes de Penélope, os procos; a de Pilo, onde ainda reina o velho Nestor; a de Esparta, na qual governam Menelau e Helena; e enfim a dos feácios em Esquéria, onde reinavam Alcínoo e Aretê. Mas a *Odisseia* conhece ambientes também mais humildes, os campos de Eumeu, o criador de porcos junto ao qual Ulisses vai encontrar hospitalidade uma vez que chegou em Ítaca; o universo dos servos e das servas que gravitam em torno do palácio de Ulisses. E, por fim, também aqui, vamos encontrar o Olimpo dos deuses, entre os quais se destacam Poseidon e Atena, um hostil e o outro favorável a Ulisses.

Não se podem esquecer os lugares fantásticos, as terras exóticas que o protagonista visita: localizá-los em torno do Mediterrâneo (com alguns episódios, pelo menos, que se desenrolaram no Atlântico), como se deu desde a Antiguidade, ou na Escandinávia, como alguém sugere hoje, é atraente, mas fundamentalmente impraticável. O maior dos geógrafos antigos, Herastótenes, respondia, sobre o local preciso por onde Ulisses teria viajado – segundo os relatos de Estrabão –, que se alguém tivesse conseguido indicar o sapateiro que havia fabricado para Éolo o odre dos ventos, teria lhe revelado os lugares da longa errância de Ulisses. Pois quando o protagonista e seus marinheiros, vindos de Troia, alcançam (hoje na costa mediterrânea e setentrional da Turquia, na entrada do estreito de dardanelos) o Cabo Maleia, adentram, depois de uma grande tempestade, um mundo imaginário: as ilhas dos ciclopes, de Éolo, e a de Circe, Eeia; a Ogígia de Calipso, a Esquéria dos feácios, a Trinácria dos bois sacrificados ao Sol; o Hades, a terra dos comedores de lótus, as rochas das sereias, os penhascos errantes, Cila e Caríbdis – são lugares imaginários, não reais, mesmo que façam alusão a geografias e antropologias míticas relevantes. Até a própria Ítaca, o centro do poema, parece não ser a ilha conhecida hoje com esse nome.

A geografia da *Odisseia* é tão fantástica quanto a caracterização precisa de seu protagonista: e logo será preciso observar que essa é a primeira obra literária que toma o título do nome do personagem principal, o qual com sua presença e até com sua ausência dá unidade a todo o poema. Ulisses não é qualquer protagonista, a julgar por sua história precedente e o sucesso que essa personagem alcançou nos três mil anos sucessivos. É um herói antigo, até arcaico, mas também o protótipo do homem moderno. Grande guerreiro e situado entre os conselheiros mais ouvidos durante a Guerra de Troia, é o mais inteligente dos heróis, o primeiro *homo sapiens sapiens* da literatura: mentiroso e enganador, usa a *métis*, a mente astuta, para sobreviver ou para obter o fim ao qual se propõe, porque ele sempre pensa antes de falar ou de agir. Ele é também um *homo faber*, tem habilidade para fabricar com as próprias mãos seu leito nupcial e a jangada que o leva de Ogígia, a ilha de Calipso, para Esquéria, a terra dos feácios.

Como dizem os primeiros versos do poema, Ulisses é o herói do conhecimento: "viu as cidades de muitas pessoas e conheceu seu modo de pensar". Ulisses jamais renuncia a conhecer. Quando seus homens o convidam para que não permaneça na caverna do Ciclope, o capitão responde que quer ver o monstro, pois quer verificar se ele lhe teria oferecido hospitalidade. Posteriormente, apesar das recomendações de Circe para que se precavesse dos perigos das sereias, Ulisses quer escutá-las, e para isso manda que o amarrem no mastro principal, enquanto tapa com cera os ouvidos dos companheiros, de modo que não escutem o canto sedutor.

Mas o Ulisses da *Odisseia* ainda não é o de Dante que, impulsionado pelo "ardor" de experimentar o mundo e "pelos vícios humanos e a bravura", não se preocupa em retornar à casa e esquece o amor de Penélope, Laerte e Telêmaco para atravessar o oceano desconhecido: ainda não é um Fausto dos mares. É, antes, o herói da paciência, do suportar e da sobrevivência, aquele que a toda hora diz a si mesmo "Coração, aguenta firme! Suportaste bravamente outra vergonha / quando o Ciclope comia, com fúria implacável / os fortes companheiros", e a Calipso declara: "tenho no peito um ânimo paciente: / sofri e padeci tantas desventuras / entre as ondas e na guerra". É o herói da humanidade: aquele que recusa a imortalidade "sem a velhice" que lhe ofertara Calipso, com sua beleza divina, para poder retornar à pátria, para junto de sua mulher envelhecida e moribunda. Assim, Ulisses persegue com constância uma felicidade bem humana – a única que se dá na Terra –, a de uma vida familiar: casa, mulher, pai e filho.

Contudo Ulisses possui uma qualidade principal: é um grande orador. Já o vimos na *Ilíada*, quando o velho troiano Antenor recorda seus admiráveis discursos de embaixador. Na *Odisseia*, esse aspecto é asseverado de diversos modos, indicando a capacidade intuitiva de compreensão e de penetração psicológica que mostra o protagonista. O caso mais chamativo é o do discurso que ele faz a Nausícaa, a jovenzinha filha de Alcino, rei dos feácios. Desde o alvorecer ao acordar, a menina ocupa seus pensamentos com as suas núpcias, e junto com as servas foi até a beira-mar para lavar o próprio enxoval, como lhe sugerira Atena em sonho. Mas Ulisses está nu, todo incrustrado de sal, parece um leão esfaimado, "batido pela chuva e pelo vento", que se lança entre bois e ovelhas, ou atrás de cervos selvagens. Como fazer? Prender os joelhos de Nausícaa e implorar com "palavras doces", ou então falar-lhe de longe? Ulisses se põe a pensar, depois pronuncia a obra-prima do discurso, que louva a beleza da moça com uma imagem extraordinária e parece ler em seus olhos a preocupação que a domina:

E pensando assim lhe pareceu ser mais útil
Ficar afastado e fazer-lhe súplicas com doces palavras:
Para que a jovem não se irritasse ao agarrar-lhe os joelhos.
E ele imediatamente lhe fez um discurso doce e atencioso:
"Eu te imploro, ó soberana: és talvez uma deusa ou uma mortal?
Se és uma deusa – os deuses dominam o vasto céu –
Muito semelhante a Ártemis, filha do grande Zeus,
tu te pareces em teu rosto, altura e aparência.
Se és um dos mortais que habitam a terra,
Três vezes abençoados são teu pai e tua augusta mãe,
Bem-aventurados três vezes os teus irmãos e certo é o ânimo deles.
Este sempre se aquece de alegria por tua causa,
Ao olhar para esse broto que inspira a dança.
Mas acima de tudo é feliz no coração aquele
Que cheio de presentes te levar até sua casa.
Pois, com meus próprios olhos, nunca vi um mortal assim,
Nem homem nem mulher: tomado pela surpresa quem te contempla.
Vi em Delos, perto do altar de Apolo,
Certa vez, um jovem broto de palmeira elevar-se assim:
Porque eu estive lá também e muitas pessoas me seguiram
Naquela jornada, na qual dor e infortúnio viriam a abater sobre mim."

Orador formidável, Ulisses, como já demonstra em Troia quando fala aos soldados e aos chefes do exército grego. E agora supera a si mesmo:

primeiro compara Nausícaa a Ártemis, a virgem da caça, das florestas e dos campos; depois proclama bem-aventurados os genitores e os irmãos quando veem esse "rebento" iniciar a dança. É aqui que ele insere a percepção aguda, captada numa rápida intuição, do ânimo dela: mais bem-aventurado de todos, afirma ele, aquele que a tomar por esposa! Por fim, retorna à imagem do rebento. Ele proclama jamais ter visto uma mortal desse quilate: só pode ser comparada com o "jovem rebento da palmeira", que ele próprio, Ulisses, viu certa vez em Delos. Como resistir a tal discurso? E como resistir quando Ulisses se lava e Atena lhe derrama sobre a cabeça e os ombros graça e beleza? Nausícaa não resiste: olha-o admirada, declarando às servas: "Oh, se um homem assim pudesse ser chamado de meu esposo / que habitasse aqui e encontrasse prazer em ficar aqui comigo".

Por fim, temos o outro relato de Ulisses, narrando falsas histórias que parecem verdadeiras para Eumeu e Penélope e até a Atena; quando refere-se a Aretê, a rainha dos feácios, de sua viagem pelos mares de Ogígia e Esqueria, descrevendo vigorosamente as tempestades que viraram sua jangada; quando, por fim, relata as próprias aventuras, entre os livros IX ao XII, pois é o próprio Ulisses que vai construindo a narrativa da *Odisseia*, o relato sobre si mesmo. E o faz tão bem que Alcínoo se vê obrigado a elogiar sua "forma" e a "mente excelente" que deve tê-la criado, a arte e a sabedoria de "aedo". Por toda a longa noite, noite "inefável", Alcínoo ficaria escutando o *mýthos* que encanta:

> Ulisses, não me pareces, mesmo, olhando para ti,
> um enrolador e um mentiroso, como surgem
> tantos na negra terra, homens esparsos em grande quantidade,
> que criam falsas histórias, que ninguém sequer pode ver.
> Mas teus relatos têm forma, e tens uma mente excelente.
> Expôs o relato com arte, como um aedo,
> as tristes desventuras de todos os argos e as tuas próprias.
> Mas dize-me uma coisa, e dize-a com toda franqueza,
> se visses algum dos teus companheiros equiparáveis aos deuses
> que, contigo, foram até o Ílio e se submeteram ao destino.
> Essa é uma noite muito longa, inefável: ainda não é hora
> de dormir na grande sala. Conta-me as façanhas maravilhosas,
> ficaria acordado até a divina aurora, na sala,
> se quisesses contar-me tuas desventuras.

Ulisses é, pois, tudo isso que se está descrevendo e até mais: é, por isso, *polýtropos*, um homem de muitos pontos de vista e de muitos locais, e *polýmetis*, um homem de muitas mentes e muitas artes, de muitas tramas e de engenho multiforme. Por isso, no fundo, exerce um fascínio que se estende até os nossos dias.

A estrutura do poema possui a mesma complexidade do caráter de Ulisses. Aristóteles afirma que a *Ilíada* é "simples e pesarosa", mas a *Odisseia* é "complexa", em vista dos reconhecimentos, das "características", das surpresas. A sua estrutura consiste essencialmente em quatro blocos: os livros I-IV, V-VIII, IX-XII e XIII-XXIV. No primeiro, chamado de "Telemaquia", Ulisses ainda não entrou em cena, apesar de se fazer presente na mente de todos os que a povoam. A narrativa diz respeito à situação de Ítaca, com os pretendentes que armam insídias à rainha e ocupam o palácio, enquanto Telêmaco procura se rebelar contra isso tudo. O mesmo Telêmaco se dirige a Pilo e Esparta buscando notícias de seu pai junto a Nestor e Menelau.

Finalmente, no livro V, entra em cena o protagonista e ali permanece até o final do poema. No mesmo livro V, Hermes voa do Olimpo até Ogígia para anunciar a Calipso que a decisão dos deuses é que ela deverá consentir que seu amante-prisioneiro possa partir. Ulisses constrói sua jangada e estende as velas rumo a Ítaca. Passou sete anos junto da deusa, que depois chamará de "terrível": a filha de Atlas, o titã que sustenta o mundo sobre os ombros. Mas em Calipso nada há de terrível, pois ela quer simplesmente "escondê-lo" (essa é a etimologia de seu nome), ocultá-lo em sua ilha nos confins do mundo, e com seu amor subtraí-lo ao tempo para dar-lhe uma imortalidade sem velhice. Calipso salvou Ulisses quando – arrastando-se por nove dias pelos mares, depois de ter passado de Cila e Caríbdis e ter perdido todos os companheiros – acaba sendo lançado sobre sua ilha, Ogígia. Os anos que passa com Ulisses, que lhe dá um pouco de felicidade terrena, transformam Calipso em uma mulher carinhosa, uma companheira, que não só socorre, mas também colabora, com afeto participativo, na equipagem da jangada.

Na verdade, o episódio de Calipso, apesar de ser breve no relato, indica uma guinada no desenrolar do poema. Emoldurado por duas tempestades tremendas, uma que leva Ulisses a Ogígia e outra que quase o faz soçobrar quando vai se afastando dali, ele representa a pausa, o parêntese que o subtrai do mundo e das aventuras, submetendo-o à distração e às mais insidiosas tentações – de imortalidade, de tornar-se deus – para depois restituí-lo à vida e de forma a voltar a ser simplesmente humano: condição que reconquista novamente quando desembarca como um verdadeiro ninguém e volta a ser Ulisses.

Tendo deixado Calipso, Ulisses infla as velas rumo a Ítaca. Poseidon se dá conta de que ele está navegando no mar e lança sobre ele uma tempestade terrível: a embarcação se parte ao meio, o navegante se vê lançado no meio de ondas gigantescas e se salva apenas com a intervenção da deusa Ino; primeiro pela capacidade de refletir e, depois, pela habilidade de nadar. A descrição dessa tempestade em dois turnos, revocada e retomada mais tarde pelo próprio Ulisses para a rainha dos feácios, Aretê, é um dos quatro episódios (nos livros V, VII, IX e XII) que tornaram a *Odisseia* famosa na Antiguidade e agora tornam-na memorável: uma das poucas características do segundo poema homérico que o Anônimo julgava serem sublimes.

A trama é realmente extraordinária, composta de sons, repetições e metáforas. Poseidon libera os ventos, que se lançam juntos; "transformando-se em uma grande onda". Ulisses se desespera e reclama de não ter soçobrado em Troia; sente a investida de uma grande onda, que o derruba da jangada, quebra seu mastro e o faz submergir. Uma vez que consegue emergir, segura-se de novo na embarcação e senta-se no centro da mesma, mas o vento empurra-o de um lado para o outro "como quando a Bóreas no outono arrasta pelo planalto / os cardos, e esses vão se amontoando segurando-se num bolo". A ninfa Ino se apercebe dele e lhe oferece seu véu prodigioso. Desconfiado, Ulisses decide permanecer sobre a jangada até que essa resista, mas logo Poseidon manda outra onda forte "dolorosa e terrível, elevada", que destrói e espalha as madeiras da jangada por todo lado "como um vento impetuoso agita um monte de palha / seca e a espalha por todo lado". Ulisses se despe e começa a nadar. Poseidon o maldiz, mas Atena vem em seu socorro aplacando os ventos. Ele vagueia nos mares por dois dias seguidos, no terceiro dia avista terra próxima e se enche de esperança de alcançá-la, "como quando os filhos se dão conta de quão preciosa é a vida / do pai, que jaz doente, sofrendo dores atrozes / definhando já de há muito – um demônio mau entrou nele – / e depois de tanto pedir, os deuses o livram do mal". Enquanto Ulisses nada com ainda mais força para alcançar a terra firme, sente uma onda poderosa encrespando-se em direção à costa. Parece não haver mais chance de escapar. No mesmo instante em que começa a se angustiar, uma grande onda o lança sobre a costa rochosa. Ulisses se agarra na rocha com as mãos desnudas e se aferra ali até que passe a grande onda: mas, refluindo, essa o atinge em cheio, lançando-o novamente em alto-mar, "como quando nas ventosas de um polvo / arrancado da toca permanecem grudados pedriscos, / assim ficou a pele grudada na rocha, / de suas mãos audazes: e uma grande onda o envolveu".

Por fim, depois dessa incrível prova de resistência – tanto do protagonista quanto do poeta –, Ulisses alcança a terra dos feácios e se lança num arbusto fixado na margem de um rio. Adormece, é acordado pelos gritos de Nausícaa e suas servas e auxiliado pela filha de Alcínoo a dirigir-se ao palácio. No palácio real e em seus jardins maravilhosos, entre banquetes, cantos do aedo Demôdoco, e jogos atléticos, a cena se estende até o final do livro VIII, até que Alcínoo pergunta quem é o hóspede.

No começo do livro IX, Ulisses se revela e começa então a narrar suas aventuras: elas – as assim chamadas Apólogos de Alcínoo – contêm cícones, lotófagos, ciclopes, Éolo, lestrigões, Circe, Hades, sereias, Cila e Caríbdis, ilhas do Sol, Calipso e se estendem até o final do livro XII. Esse é o longo *flashback* da *Odisseia*, o primeiro relato a lançar mão de uma técnica que terá grande sucesso na narrativa (e no cinema) ocidental.

No livro XIII, transportado por um barco feácio, finalmente Ulisses chega a Ítaca dormindo e não a reconhece, até um rapaz, em quem se disfarçou Atena, lhe mostrar. Ulisses e a deusa escondem o tesouro que os feácios lhe deram, depois Atena dá a Ulisses o disfarce de um velho mendigo e o herói se dirige para os campos de Eumeu. É exatamente ali, no livro XVI, que Ulisses se revela a Telêmaco, recém-chegado de sua viagem a Pilo e Esparta, tendo fugido de uma emboscada no mar preparada pelos pretendentes. E assim inicia a lenta e trabalhosa reconquista que o herói tem de cumprir de sua própria casa e de sua esposa. Precedidos de Telêmaco, Ulisses e Eumeu voltam ao palácio, no livro XVII: o primeiro encontro é com o velho cão Argos, que passados vinte anos reconhece seu mestre Ulisses no mendigo que se aproxima, e morre logo em seguida. Outros dois encontros centrais se dão no livro XIX, quando Penélope recebe o novo mendigo, mas não o reconhece, embora presente no momento em que Euricleia, lavando-lhe as pernas, descobre a cicatriz da ferida que um javali lhe havia aberto quando era jovem ao andar à caça no monte Parnaso. Mas Penélope revela ao mendigo a armadilha que ela preparara para os pretendentes, com a tela fúnebre para Laerte, tecida de dia e desfeita à noite, e depois a própria intenção de propor aos pretendentes a competição do arco. Qualquer um que conseguir esticar o velho arco de Ulisses e fazer passar a flecha através os anéis a terá como esposa.

A competição se dá no livro XXI, com Telêmaco na disputa: está para conseguir (se vencer, a mãe permanece com ele), mas Ulisses lhe faz sinal para que desista. Primeiro experimenta atirar Antínoo, o primeiro dos concorrentes, mas fracassa miseravelmente. Depois dele, Eurímaco. Ulisses sai e se revela a Eumeu e Filécio através da cicatriz sobre a coxa. Tendo entrado, pede para experimentar o arco, que por fim lhe é entregue, enquanto que Penélope é mandada para seu quarto por Telêmaco. As portas do salão são fechadas por Euricleia. O velho mendigo gira o arco em suas mãos, testa a força, depois o estica como se fosse uma cítara, coloca uma flecha e a atira de modo que atravessa todos os anéis. Quando se abre o livro XXII, Ulisses retira os trapos com que se disfarçava, pula para a porta e aponta um dardo para a garganta de Antínoo, atravessando-o. Os pretendentes resmungam e insultam-no, crendo que tenha atirado por engano. "Olhando torto" para eles, Ulisses lança o grito furioso de vingança e de guerra:

> Cães, não pensáveis que eu retornasse vivo para casa,
> da terra de Troia, ó vós que me saqueastes a casa,
> que dormíeis à força com minhas servas, e
> fazíeis a corte à minha mulher enquanto eu estou vivo,
> sem temer os deuses que detêm o vasto céu,
> ou que teria havido uma indignação por parte dos homens:
> agora, vós todos fostes envolvidos pelos laços da morte.

É com essas palavras que se inicia a vingança, uma matança no sentido próprio da palavra, que não poupa um sequer, exceto o aedo Fêmio.

Os pretendentes são exterminados sem piedade. Por um instante, Ulisses volta a ser o guerreiro feroz que fora em Troia.

Todo o livro XXIII é dedicado ao reconhecimento e à reunião de Ulisses e Penélope, o acontecimento que todos os que ouvem ou leem o poema esperavam desde o início. Terminado o massacre, a velha Euricleia sai correndo subindo as escadas para alcançar Penélope já deitada e a encontra adormecida. A desperta anunciando o retorno do marido. Penélope a toma por louca e a repreende duramente. Mas a ama insiste: é mesmo Ulisses, é o estrangeiro que todos ultrajavam, o velho mendigo. Penélope exulta, pula da cama, abraça a velha, chora, lhe pergunta como foram as coisas. Euricleia lhe responde que não viu nem soube de nada. Apenas ouviu os lamentos daqueles que eram mortos. Depois chama Penélope para descer com ela para encontrar-se com o marido. Mas, prudente, Penélope atribui o massacre a um deus, afirmando que Ulisses se perdeu longe de casa. Então a velha lhe conta sobre a cicatriz. E finalmente Penélope decide sair para ir junto de seu filho, ver os procos mortos "e aquele que os matou".

A cena que se segue é uma das obras-primas de todos os tempos. Quando ela entra na sala, a mulher fica indecisa se interroga o marido de longe ou se se aproxima dele e "beijar-lhe a cabeça e as mãos". Então se senta de frente a Ulisses, no clarão do fogo, enquanto ele, cabisbaixo, está sentado apoiado a uma coluna, esperando que ela lhe dirija a palavra. Mas Penélope, ao contrário, fica em silêncio, enquanto, estupefata, fita-o, às vezes divisa sua figura, e depois, olhando os trapos que está vestindo, não o reconhece. Telêmaco a repreende: por que não se aproxima de meu pai, por que não te sentas perto dele? Tens o coração mais duro do que uma pedra. Nenhuma outra mulher ficaria assim, "com o coração obstinado", distante de um marido que depois de vinte anos retorna. Ela responde que, se esse for realmente Ulisses, os sinais secretos que eles têm lhes permitirão que se reconheçam.

Ulisses sorri e se volta ao filho: deixa que tua mãe me ponha à prova, pois estou todo sujo e vestindo roupas miseráveis e por isso não me reconhece. É preciso pensar, antes, nas reações das famílias dos pretendentes. Telêmaco deixa que o pai, muito mais sábio e inteligente, se ocupe desse assunto, e Ulisses sugere que todos tomem banho e vistam as túnicas:

depois o cantor conduzirá uma dança de modo que os passantes, de fora, pensem que está se celebrando as núpcias no palácio. Quem dá banho a ele é a despenseira Eurínome. Atena, como de costume, lhe derrama "muita beleza" sobre a cabeça. E ele sai da sala de banho "de corpo semelhante aos imortais", retomando logo o posto que deixara. Mais uma vez Penélope não se move. Agora Ulisses a repreende: nenhuma outra mulher, repete, usando as mesmas palavras de Telêmaco, ficaria assim "com o coração obstinado", distante de um marido que retorna depois de vinte anos. Então, ordena à velha ama preparar-lhe uma cama ali mesmo na sala para poder dormir, mesmo que sozinho: "essa ali tem no peito um coração de ferro". Então, finalmente, Penélope fala: sim, preparai-lhe uma cama, trazei para fora seu leito do quarto, e coloquem nele o catre, aqui na sala. "Mulher, é muito doloroso o que disseste", a interrompe Ulisses. "Ninguém poderia mover a minha cama; eu mesmo a construí com uma oliveira que cresceu no meu recinto. Está enraizada no chão." E Ulisses se detém detalhando o modo como ele impingiu a forma e decorou o leito nupcial. Por fim, Penélope não resiste mais, seus joelhos e seu coração tremem, porque reconheceu os sinais secretos que o marido lhe deu. Chorando, corre ao seu encontro, lança-se ao pescoço, beija sua cabeça e lhe diz:

> Ulisses, não fiques com raiva de mim. Depois de teres sido muito sábio entre os
> homens também em outras coisas: os deuses nos deram penas,
> Eles que a nós negaram a possibilidade de vivermos juntos e juntos desfrutar da juventude e tocar o limiar da velhice.
> Não fiques com raiva agora, não te ofendas
> se eu não te contei, assim que te vi, sobre meu carinho.
> Sempre tive medo em meu ânimo, em meu peito, que algum mortal pudesse vir a me enganar com conversas: de fato, muitos tramam artimanhas malignas.
> Nem mesmo Helena argiva, nascida de Zeus,
> teria se unido em amor e na cama com um estranho,
> se ela soubesse que os filhos belicosos dos aqueus
> a levariam novamente para casa e para sua pátria.
> Mas certamente um deus a empurrou para realizar a ação ignóbil:
> a princípio não teve clara no ânimo a cegueira funesta, da qual também nos adveio a primeira dor.

Mas agora que elencaste os sinais muito claros
de nosso leito, que nenhum outro mortal viu,
mas apenas tu e eu, e outra criada,
Actóris, que meu pai me deu quando cheguei aqui, aquela que guardava
para nós as portas do sólido tálamo,
agora convenceste minha alma, embora tão endurecida.

Chorando, então, aqueles dois se encaminham para aquele leito que Penélope usou como teste definitivo para comprovar a identidade do marido. A mulher pede para que ele lhe conte suas aventuras, e Ulisses acrescenta também a profecia de Tirésias. Atena retarda os cavalos da aurora, prolongando a noite do amor reencontrado.

Contudo, o poema ainda não terminou: se os procos e as servas infiéis foram eliminados, é preciso tomar cuidado ainda com os parentes dos que foram mortos, enquanto suas almas, guiadas por Hermes, descem ao Hades e vão ao encontro de Agamemnon, ao qual relatam o que aconteceu. Ulisses, nesse ínterim, se dirige ao campo para ver o pai. Então se dá a enésima cena, comovente, de reconhecimento. Depois os dois se armam para enfrentar a batalha com os parentes das vítimas. Mas Atena intervém, detém a contenda e impõe a paz entre as duas partes.

A *Odisseia* é, pois, um romance com um final que, por pouco, deixa de ser trágico. É um romance repleto de peripécias, desastres, naufrágios, maravilhas, monstros e feiticeiras, povoado de grandes anciãos e grandes anciãs: e pela jovenzinha mais adorável, que jamais se viu figurar em qualquer relato, Nausícaa. Na *Odisseia*, encontramos o velho do mar – o mutante Proteu, com suas mil formas –, o ciclope de um olho só, pastor tranquilo de ovelhas e fabricador de queijos, mas então feroz canibal que comia os gregos crus e ébrio glutão bebedor de vinho grego puro. Figuram objetos milagrosos: a flor gentil de lótus, que faz esquecer todas as coisas, até os mais caros afetos, e a planta *móly* que livra dos encantamentos; um odre que guarda todos os ventos da rosa, e um véu que aplaca as ondas.

A *Odisseia* é uma sequência da *Ilíada* (seu "epílogo", dizia o autor do *Sublime*) da qual retoma episódios e imagens, e à qual acrescenta cenas específicas que o primeiro Homero não havia se preocupado em relatar:

Ulisses espia para dentro de Troia, é reconhecido apenas por Helena, motivo de contenda entre Ulisses e Aquiles, até a tomada da cidade. Na *Odisseia*, o segundo Homero deixa o protagonista dialogar com os velhos companheiros mortos: Agamemnon, Aquiles, Ájax. O faz encontrar-se com a mãe desaparecida.

Esses diálogos que se dão no Hades abrem ao protagonista e aos leitores o universo da morte pela primeira vez na poesia ocidental. Com Anticleia, a mãe, por três vezes não consegue abraçá-la, de modo que pergunta por que ela não o espera visto que ele queria dar-lhe um abraço, ou então se Perséfone lhe teria enviado um fantasma para encontrá-lo. Anticleia responde que não:

> Perséfone, a filha de Zeus, não te está enganando,
> mas essa é a lei dos homens, quando se morre:
> os nervos já não sustentam a carne e os ossos,
> mas a fúria ardente do fogo ardente
> os desfaz, tão logo a vida abandona os ossos brancos,
> e a alma vagueia, voando, como num sonho.

Descobrir o que significa morrer, e descobrir isso dito pelos lábios da própria mãe, e vir a saber que morrera por desejo do filho, é algo que faz com que o próprio sangue se detenha por um instante a correr pelas veias. Ao contrário, Anticleia ordena a Ulisses para que logo se dirija de volta para a luz, de retornar logo à vida, mas logo Ulisses se vê dialogando com Agamemnon e Aquiles, esses também já falecidos. E se o primeiro só fala da traição de sua mulher, Clitemnestra, e de como ela e Egisto o assassinaram quando retornou de Troia, "como um boi no estábulo", Aquiles, ouvindo os louvores do antigo companheiro, confirma mais uma vez o que significa morrer:

> A morte, ó ilustre Ulisses, não m'a embelezes!
> Como trabalhador braçal, queria servir outro homem,
> um homem sem poder, que não tenha muita coisa;
> muito mais do que dominar entre todos os mortos.

Tanto Agamemnon quanto Aquiles demonstram uma ligação muito forte ainda com o universo dos vivos, um perguntando por Orestes, o outro pelo filho Neoptólemo ou pelo pai Peleu, mas aquilo que revelam sobre "o modo de ser próprio do ter sido", como dizia Walter Otto, aterroriza muito mais. Quando Ulisses e os companheiros retornaram a Circe, depois da visita ao Hades, a deusa vai acolhê-los de forma toda especial: "Temerários, que vivos descestes à mansão do Hades, / *duas vezes mortais*, enquanto que os demais morrem apenas uma única vez".

Contrariamente a essa experiência horrível, então, a *Odisseia* revela os sentimentos de Nausícaa com uma delicadeza infinita. Como vimos, Nausícaa demonstra uma admiração estupenda por Ulisses, depois que o vê lavado e vestido, desejando que "um homem como esse" possa tornar-se seu esposo. Mais tarde, depois de outro banho, o saúda pela última vez:

Nausícaa, que carregava a beleza dos deuses,
deteve-se junto a uma pilastra do teto sólido:
está estupefata, a contemplar Ulisses com os olhos,
e discorrendo lhe dirigiu palavras aladas:
"Saúdo-te, estranho, para que possas lembrar-te de mim
também em tua pátria: pois deves tua vida primeiramente a mim".
Respondendo, disse-lhe o astuto Ulisses:
"Nausícaa, filha do magnânimo Alcínoo,
que queira assim Zeus, o esposo trovejante de Hera,
que eu chegue a casa e veja o dia de meu retorno.
Então também ali vou venerar-te como deusa
sempre e a cada dia: tu me destes a vida, o jovem".

No entanto, o sentimento terno de Nausícaa, no qual o segundo Homero não se detém de forma romântica, apresenta também acentos de comédia burguesa quando Alcínoo, o pai da menina, conversando com Ulisses, repreende a filha por não tê-lo levado à cidade no carro com ela, e depois declara que teria ficado muito feliz de tê-lo como genro, ali em Esqueria.

Com efeito, a comédia tem espaço no poema, e não apenas aquela comédia costumeira vista pelo Anônimo do *Sublime*, mas também aquela mais baixa, do combate entre os dois mendigos, Iro e Ulisses, frente ao palácio de Ítaca; a mediana, misturada com terror, do Polifemo bêbado;

e a mais elevada – na verdade, quase sublime – dos amores de Ares e Afrodite, ao modo como é cantada pelo aedo dos feácios, o cego Demódoco. A risada verdadeiramente "homérica" na qual todos os deuses (varões) prorrompem depois de ter visto Ares e Afrodite apanhados nus, na rede invisível do chifrudo Hefesto, e o espetáculo de Apolo que pede a Hermes se não gostaria de ir se deitar com Afrodite, com o que lhe responde, "Pode ser! Mesmo que atado com correntes bem mais pesadas e mais numerosas!", tudo isso representa um entretenimento e divertimento puros.

Numa outra vertente, diversa dessa perspectiva cômica, temos um *pathos* mais comovente, como no episódio de Argos, no livro XVII. Argos jaz sobre um monte de esterco na entrada do palácio. Quando vê Ulisses, abana o rabo e abaixa as orelhas, mas não se aproxima de seu velho patrão, que depois de vinte anos está de volta. Ulisses, porém, desvia o olhar e derrama uma lágrima, "uma leve alusão a Eumeu", que o acompanha e ainda não sabe quem é o mendigo com o qual está para entrar no palácio. Mas o mendigo sabe distrair o criador de porcos, elogiando o animal ("que beleza, esse cão deitado no esterco! / que belo aspecto apresenta") e logo em seguida acrescenta: pode ser que esse cão seja também um cão "de mesa", que os patrões costumam ter como luxo, assim como é um cão de caça. Eumeu responde que sim, "esse é o cão de um homem que morreu distante", mas não, não era um cão de mesa: era antes muito veloz na caça e sabia seguir as esperas "nos recessos da selva profunda". Mas agora está na miséria, visto que, uma vez tendo morrido seu patrão, as mulheres não cuidam dele.

Logo depois de ter dito essas palavras, Eumeu entra na casa e se dirige à sala. E logo o fado da negra morte vem colher a Argos, conclui o segundo Homero, "depois de ter visto Ulisses, depois de vinte anos". Argos não precisa de provas, como Euricleia, Penélope e Laerte, para reconhecer o mestre, mesmo que esse esteja disfarçado de mendigo pobre. O cão tem um conhecimento imediato de Ulisses, mesmo depois de vinte anos, mas, para Argos, reconhecê-lo significa também morrer. Homero não descreve se o animal morre por emoção pura e simples, ou se seu coração, como o do Duque de Gloucester no *Rei Lear*, de Shakespeare, explodiu "sorrindo". O leitor é convidado a completar fazendo a própria escolha, mas a impressão que nos passa da coincidência entre o reconhecimento e o fato de morrer é que, se Argos pudesse falar, exclamaria como Simeão, do Evangelho de Lucas: "Agora, Senhor, podeis deixar o vosso servo ir em paz, segundo a vossa palavra, porque os meus olhos viram a salvação".

O episódio de Argos é um dos inumeráveis dentro da trama patética do poema, na qual se podem reviver os encontros com a mãe Anticleia no Hades e com o pai Laerte na sua vinha.

Esse último, que completa a reconstituição da família através da usual cicatriz e de objetos – as peras, as maçãs, os figos da fazenda –, tão simples quanto o leito de Penélope, encaminha a *Odisseia* para sua conclusão, no nome do pai, assim como a *Ilíada,* com a cena entre Príamo e Aquiles, na qual um pai implora ao herói em nome do pai.

Na verdade, a *Odisseia* é composta em uma tonalidade toda específica, na qual o *pathos* vai se alternando com o que é fantástico. Ninguém compreendeu isso melhor do que o autor do *Sublime,* que vê o jovem Homero da *Ilíada* como um poeta forte, agonista, vibrante e cheio de uma tensão dramática, e o autor velho da *Odisseia* como um poeta que se dedica às fábulas. Ele não poupa críticas ao segundo Homero, em especial por aquilo que ele chama de "futilidade" de certos episódios, com o do odre dos ventos, dos homens que Circe transformou em porcos, de "Zeus, nutrido pelos pombos como se fosse um pintainho". Um náufrago que permanece por dez dias sem tocar em alimento, ou as "façanhas inverossímeis" da matança dos pretendentes, escreve o Anônimo, são, na verdade, "sonhos de Zeus". É claro que se poderia discutir com mais detalhes essas ideias, mas o que fica é que quem as pronuncia também contextualizou a *Odisseia* com uma perspicácia singular:

> Na *Odisseia,* Homero mostra o que é típico de um grande gênio, quando se aproxima da velhice: a predileção pelos relatos maravilhosos (*to philómython*). O Homero da *Odisseia* poderia ser comparado com o Sol quando vai se pôr: ainda é bastante grande, mas menos ardente. Na verdade, aqui ele não conserva uma tensão comparável aos grandes cantos da *Ilíada* nem a grandeza constante, sem interrupção, nem aquela contínua sequência de paixões, nem a capacidade de variações repentinas, a eloquência, a densidade de imagens realistas: é como um oceano que se retira para dentro de si

mesmo e encontra em si a medida, enquanto aparecem ainda os refluxos da antiga grandeza, mesmo que naquelas divagações fabulosas e inacreditáveis. Ao afirmar isso, não quero deixar de lado as tempestades da Odisseia, o episódio dos ciclopes e outros: é uma velhice, mas a velhice de Homero! Mas, em todos esses episódios, o elemento narrativo prevalece sobre o elemento dramático.

Todavia a *Odisseia* vai muito além das censuras e louvores que lhe confere o Anônimo. Por exemplo, ela desenvolve um discurso sobre a poética e possui um desenho teológico, e muito diferente daquele próprio da *Ilíada*. Quanto ao primeiro poema, nele vamos encontrar três narradores, os dois aedos e o próprio Ulisses. No livro I, quando o cantor de Ítaca, Fêmio, começa a contar o "retorno pesaroso" dos gregos de Troia, Penélope, tendo recém-descido de seu quarto, prorrompe em pranto entre os procos, repreendendo a Fêmio por ter escolhido justo esse tema dentre os inúmeros que conhece e que "encantam os homens", frente a ela, sempre a desejar e a recordar seu esposo que, ao retornar à casa, se perdeu. Telêmaco a interrompe, proclamando ao mesmo tempo uma poética da novidade e uma visão teológica:

> Minha mãe, por que impedes que o fiel cantor
> nos enleve, como lhe inspira a mente? Não são culpados
> os cantores, Zeus é o responsável, que assinala a cada um
> dos homens que comem pão a sorte que ele deseja.
> Esse não é culpado se canta a sorte dos dânaos:
> os homens elogiam mais aqueles cantos
> que apresentam um som mais novo a quem ouve.

Também os feácios partilham dessa poética do novo: não só escutando com prazer evidente os cantos de Demódoco sobre a Guerra de Troia, mas encantados também, como vimos, pelo longo relato feito por Ulisses sobre as próprias aventuras, que, para Alcínoo, o assemelha a um aedo. Ademais, as palavras de Alcínoo a Ulisses no livro XI são parecidas com as que o próprio Ulisses usou para Demódoco no livro VIII, e são semelhantes às empregadas por Eumeu para dizer a Penélope, no livro XVII, sobre o fascínio que exercem os relatos do velho mendigo: "Como um homem fixa sua atenção num aedo que está cantando, / instruído pelos deuses, relatos agradáveis aos mortais, / e enquanto canta, esses almejam escutá-lo indefinidamente, / assim me encantava esse, quando estava sentado em minha própria casa". A palavra-chave em todos esses contextos é *thélgein*; encantar, enfeitiçar. Com seus relatos, Ulisses encanta, enfeitiça ainda mais do que um aedo. O mesmo verbo é usado por Circe, quando adverte Ulisses para se precaver do canto das sereias:

Chegarás, primeiro, nas sereias que
encantam todos os homens que chegam junto delas.
A quem, ignorante, se detém a escutar a voz
das sereias, a mulher e os filhos pequenos
lhe serão próximos, felizes por ele ter tornado à casa,
mas as sereias encantam-no com seu canto límpido,
deitadas no prado: em torno delas há um depósito de ossos
de homens pútridos, com a pele toda enrugada.

Circe afirma por duas vezes que as sereias enfeitiçam, e logo estabelece uma ligação misteriosa, perturbadora e significativa entre seu amor e a morte. Uma vez tendo sido advertido, Ulisses escapará desse destino obscuro, pedindo para que o amarrem ao mastro e tapando as orelhas de seus companheiros com cera, de modo que não escutem o canto. Mas ele próprio não foge ao encanto das sereias: escuta o seu canto por inteiro e pede que o desamarrem do mastro para que possa se lançar ao seu encontro.

Ulisses não sente nenhuma atração erótica pelas sereias, uma vez que nas representações de seus coetâneos elas são representadas não como moças sedutoras, como nos séculos subsequentes, mas como dois pássaros de rosto feminino, dotados de bicos afiados e de garras protuberantes. O que irá se desenrolar então é uma representação bem diferente da doçura inefável do canto. Cícero se aproxima do mistério quando no *De finibus bonorum et malorum* interpreta a sereia como *cupiditas sapientiae*, cupidez pelo saber: Homero – escreverá Cícero, depois de ter traduzido os versos relativos à *Odisseia* XII – se dá conta de que sua história não teria demonstrado ser plausível se um homem tão grande como Ulisses tivesse sido retido, enredado, por uma cançãozinha (*si cantiunculis tantus irretitus vir teneretur*): "o que as sereias oferecem é o conhecimento, e não é de se admirar, pois, se a um amante da sabedoria, essa fosse mais cara que sua própria pátria, sua casa". Na verdade, parece ser exatamente isso que as próprias sereias da *Odisseia* cantam a Ulisses, quando, numa "calmaria, sem um sopro de vento", um *dáimon* abaixa as ondas e as feiticeiras finalmente aparecem:

Vem, oh célebre Ulisses, grande glória dos aqueus,
e atraca o barco, para que possas ouvir a voz de nós duas.
Jamais alguém passou por aqui com a negra nave
sem escutar o som do mel de nossas bocas,
mas segue depois de ter fruído dela e *sabendo coisas*.
Porque *conhecemos* as penas que, na Trôade vasta,
sofreram argeus e troianos por decisão dos deuses;
conhecemos o que acontece na feroz terra.

As sereias se assemelham às musas que, como declara a *Ilíada* II, "sabem tudo": elas conhecem o passado da Guerra de Troia (mas, depois da *Ilíada*, quem é que não o conhecia?) e detêm uma espécie de onisciência em relação aos acontecimentos presentes. O segundo Homero, porém, não nos deixa saber o que as sereias ainda sabem, nem o que cantam a Ulisses, a não ser a sua onisciência. Italo Calvino, por exemplo, opinava que as sereias cantavam... a *Odisseia*.

O segundo poema homérico, que para Calvino contém inúmeras Odisseias, é, pois, repleto de encanto, de *thélgein*. Será que a *Odisseia*, enquanto tal, *in toto*, consiste exatamente nisso, no encantamento? Não se pode negar que a figura do aedo cego, Demódoco, tenha sido de grande auxílio na formação da figura do próprio Homero. Nem que Demódoco, como Homero, cante partes da epopeia troiana. Mas é o próprio Ulisses que narra a *Odisseia*, ou o núcleo fabuloso, maravilhoso e encantador por excelência do poema. Em suma, fica difícil não ver que a *Odisseia*, o canto "novo" por excelência, busca despertar o estupor, o encanto, o feitiço.

Vimos como Telêmaco faz a ligação entre poética e teologia em seu breve discurso sobre a mãe, no livro I, atribuindo a Zeus a culpa pela "má sorte" dos gregos em seu retorno.

Anterior a isso, na própria abertura do poema, aponta-se para um conselho dos deuses, que se dá sem a presença de Poseidon, o inimigo de Ulisses, que se juntou aos etíopes para um massacre e um posterior banquete. O conselho é aberto por Zeus, que rebate decididamente a acusação que os homens frequentemente fazem aos deuses (já vimos isso na *Ilíada*) de serem eles a causa dos males humanos.

Ah, quantas culpas que os humanos atribuem aos deuses!
Colocam-nos como causa de suas desgraças: mas por si mesmos,
com suas impiedades, são causa de dores que ultrapassam o usual.
Como acontece agora com Egisto: desposou sua mulher legítima
de Átrida, extrapolando a justiça, e então, uma vez que este retornou,
matou-o,
mesmo sabendo da morte iminente. Pois tinham-no advertido,
mandando-lhe Hermes, o Argifonte de visão ótima,
para que não matasse o Átrida, e de não desejar sua esposa.

Egisto tinha sido avisado pelos deuses, "pensando em seu bem": veja que Orestes vai vingar Agamemnon. Mas Egisto preferiu agir de sua própria maneira. Ainda não é o princípio do livre-arbítrio, mas é um primeiro movimento em direção a ele, e um movimento que tem certo reflexo justificativo na vingança que Ulisses vai tomar contra os pretendentes, os quais foram advertidos, de maneira indireta, pela profecia apocalíptica que foi pronunciada no livro XX por Teoclímeno. O fato que mostra toda sua força na *Ilíada* parece exercer um papel menos importante na *Odisseia*, e por fim os contrastes entre os deuses limitam-se na controvérsia entre Poseidon e Atena.

No entanto, os problemas teológicos da *Odisseia* são bem diversos. Por exemplo, a morte das vacas do Sol é tão importante que deve ser lembrada no próprio início do poema e depois na profecia de Tirésias. O destino deixa que os companheiros de Ulisses tenham liberdade para respeitar ou não as mesmas, mas os deuses suscitam fome, tempestades e trovões repentinos para que acabe se dando apenas a segunda possibilidade, a saber, que os companheiros de Ulisses matem as vacas: então o livre-arbítrio se move ao fio da navalha. Falando logicamente, o mesmo se aplica no caso do cegamento de Polifemo: será que Ulisses deveria deixar-se devorar pelo Ciclope para evitar a ira de Poseidon, seu pai? E mais: de acordo com Zeus, Poseidon petrifica a nave com a qual os feácios transportaram Ulisses a Ítaca. Então, como escreve Pietro Citati, Zeus "realiza uma ação contra a justiça, porque sacrifica os feácios que defendem a hospitalidade, que lhe é cara e preciosa". Além disso, Poseidon queria esmagar toda a cidade dos feácios debaixo de uma rocha: se Zeus aceitasse, sacrificaria um povo justo por vingança do deus dos mares; se escuta as súplicas dos feácios, "então é restabelecido como deus da glória e de justiça". Em uma de suas omissões formidáveis, a *Odisseia* não diz o que efetivamente aconteceu, e, no entanto, seus leitores jamais saberão "se nosso mundo é sustentado por um deus de vingança ou por um deus de justiça". Nenhuma teodiceia poderá tomar com base fundamentos assim tão frágeis.

Há um aspecto na *Odisseia* sobre o qual em geral não se reflete de maneira suficiente. O poema parece tanto estar fechado quanto aberto. Isso se conclui formalmente com a paz imposta por Atena às duas facções que estão em vias de se enfrentar em campo aberto: Ulisses e os seus de um lado; os parentes dos procos mortos por Ulisses, de outro. Entretanto, o poema fica em aberto porque a profecia feita por Tirésias a Ulisses, quando ele visita o Hades, e que depois Ulisses vai contar palavra por palavra a Penélope, não prevê apenas (de modo condicional) o retorno do herói a sua casa, mas também sua viagem sucessiva, última, e, por fim, sua morte:

> Uma vez tendo retornado, punirás sua violência:
> e quanto tiveres exterminado os pretendentes, onde habitas,
> através do engodo ou pelo bronze afiado,
> toma o remo manejável e vai,
> até chegares aos homens ignorantes
> do mar, que não comem alimentos temperados com o sal,
> que não conhecem naves com paredes purpúreas
> nem remos manejáveis que são como que asas para as naves.
> E vou dar-te um sinal muito claro: não tens como fugir;
> quando fores encontrado por um outro viajante,
> dirá que tens uma ventoinha no ombro,
> então, largando ao chão o remo manejável,
> e tendo oferecido belos sacrifícios ao senhor Poseidon,
> um carneiro, um touro e um javali que cobre as fêmeas,
> volta para casa e sacrifica hecatombes sagradas
> aos deuses imortais que possui o vasto céu,
> com ordem, a todos eles. Virá a morte a ti

fora dos mares, e de modo tão sereno a colher-te
consumido de velhice esplendorosa: rodeado de
povos ricos. É o que te anuncio sem sombra de erro.

Na verdade, a profecia de Tirésias é ambígua. Em primeiro lugar, no que se refere à última viagem, aquele que Ulisses deve realizar levando ao ombro um remo, rumo a uma terra onde os habitantes não conhecem os remos, as naves, o alimento temperado com sal. É de se perguntar a que terra se refere o segundo Homero, que é claramente o expoente de uma civilização fundada no mar, e em que naturalmente todos conhecem o sal, os remos e as naves. O segundo Homero deve ter imaginado uma terra selvagem tão no interior – o Cazaquistão, o Congo, a Áustria, a Suíça – e tão distante do mar de modo a ponto de não saberem sobre essas coisas. Essa perspectiva é tão improvável, no contexto da Grécia arcaica, a ponto de imaginar que o texto estaria sugerindo uma viagem que duraria para sempre, uma viagem sem fim.

E na realidade, nos milênios sucessivos, alguns compreenderam-na exatamente assim, fazendo com que Ulisses cumprisse uma viagem que vai se prolongando sempre mais adiante no espaço e no tempo. No século XIV, Dante, que não conhecia Homero, mas que muito provavelmente lera comentários e alusões à *Odisseia*, lança Ulisses ao mar aberto, o faz ultrapassar os pilares de Hércules, fazendo com que se dirija ao sul e a oeste no Atlântico, até alcançar a montanha do Purgatório, que ele vai localizar nos antípodas de Jerusalém. Depois dele, muitos – entre os quais historiadores, poetas e exploradores do Renascimento, e no século XIX, Tennyson – retomaram o *Inferno* XXVI para sugerir que Ulisses teria inclusive descoberto a própria América. Não se trata de uma viagem infinita, mas seguramente uma enorme ampliação do espectro no espaço e no tempo.

Outra anomalia na profecia de Tirésias reside na visão que ele propõe da morte de Ulisses. Segundo o profeta tebano, Ulisses retorna da última viagem (o que exclui a possibilidade de que essa seja uma viagem sem fim). Mas, depois, Tirésias declara que a morte, a qual irá colher o herói "serenamente, consumido de velhice esplendorosa" e rodeado de "povos ricos", lhe advirá *ex halós*, do mar. O *ex* do original, porém, pode muito bem estar indicando que a morte surpreenderá Ulisses a partir "de dentro do mar" – por exemplo, através de um monstro marinho, ou de alguém que provenha do mar, ou, por fim, até mesmo de um naufrágio – ou então, ao contrário, em consonância com os últimos versos, pode significar "distante do mar", já esgotado de uma velhice esplendorosa e circundado por pessoas felizes em sua própria terra.

Também essa ambiguidade deu lugar a inúmeras vertentes de interpretação, tanto aos narradores quanto aos poetas: por exemplo, na *Telegonia*, que parece ter sido composta por Eugamon, Ulisses é morto por Telégono, o filho que ele teve com Circe naquele ano em que se demorou junto a ela. Telégono é enviado por Circe para procurar seu pai, é lançado por uma tempestade em Ítaca sem saber onde se encontra, e começa a pilhar os rebanhos de Ulisses, que vem em defesa de sua propriedade. Os dois começam o combate mútuo, e Telégono, ignorando quem seja o outro, mata o pai com sua lança, na ponta da qual fora aplicado um aguilhão venenoso de uma arraia. Uma coisa que veio "do mar" então foi o que matou o herói. Na versão originária de *A terra desolada*, de T. S. Eliot, ao contrário, o marinheiro que depois irá receber o nome de Flebas, o fenício, e que desde o início da IV seção do poema é um Ulisses (ele viu "muitas coisas e suportou muitas coisas", escreve Eliot com base no terceiro e quarto versos da *Odisseia*), sofre uma "morte pela água", isto é, um naufrágio, o que retoma a versão do Ulisses dantesco, citado no final do episódio.

A *Odisseia* é, pois, aberta e fechada ao mesmo tempo. Mas se vê definitivamente fechada através de alguns versos do livro XXIII. Quando Penélope, depois de ter reconhecido Ulisses na revelação em relação ao leito, corre ao seu encontro, abraça-o e beija-lhe a cabeça, ele a abraça firmemente, chorando. Então, o segundo Homero lança-se em uma similitude:

> Disse assim, e surgiu nele uma vontade ainda maior de chorar:
> chorava estreitando aos braços a esposa amada, que despertara.
> Como parece agradável a terra para os que nadam
> de quem Poseidon destruiu a firme nave,
> no mar, espremida pelo vento e pelas fortes ondas:
> foram poucos os que conseguiram fugir das águas nadando
> até a costa, e a salinidade formava crostas sobre o corpo,

mas com alegria colocam o pé em terra firme, fugindo ao perigo;
assim mostrava o amor ao esposo, contemplando-o.
Não retirava mais seus cândidos braços de seu pescoço.

Uma metáfora verdadeiramente portentosa, pois começa com Ulisses: "Disse assim, e surgiu nele uma vontade ainda maior de chorar: chorava estreitando aos braços à esposa amada, que despertara". É o que se vê confirmado nas imagens da metáfora: é ele. A história do poema o vê escapar por diversas vezes do naufrágio, ou pelo menos uma vez o poema o retrata com o corpo cheio de crostas de sal. Sim, é Ulisses, e esse é o seu poema. Mas o último verso da passagem declara que a metáfora se aplica a *ela*, Penélope: "assim mostrava o amor ao esposo, contemplando-o". É Penélope que, premida pelo vento e pelas fortes ondas, com a nave rompida, sobreviveu ao naufrágio, e se vê com o corpo recoberto de salinidade. Também Penélope escapara de um naufrágio e com alegria, agora, põe os pés em terra firme.

Penélope é como Ulisses, é Ulisses, e Ulisses é Penélope: ambos sofreram a *Odisseia* e tornam-se uma coisa só quando o poema vai se encaminhando para sua conclusão. O segredo da *Odisseia* são eles dois: a felicidade que lhe dá o fecho e a conclusão. Com eles, depois de tanto mar, coloca-se o pé em terra firme *com alegria*.

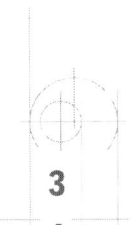

3
O nascimento do pensamento: mito e poesia

> Às musas heliconíades comecemos a cantar.
> Elas que dominam o grande e divino monte Hélicon
> em volta da fonte violácea e do altar do bem forte filho
> de Cronos com pés delicados
> e tendo banhado a tenra pele no Permesso
> ou no Hipocrene ou no Eumeu divino
> sobre o cimo do Hélicon formavam belas danças,
> sedutoras, e, apoiadas sobre os pés, cintilavam.

Assim abre-se a *Teogonia* de Hesíodo. Estamos no século VIII antes de Cristo, e a *Teogonia* assinala um momento fundamental no desenvolvimento da poesia e da cultura grega, porque, sendo seguramente sucessora da *Ilíada* e mais próxima à *Odisseia*, ela inaugura um tipo de poesia bem diferente: aquela que descreve o princípio, o primeiro dia do mundo. Não é o poema da força nem da piedade, como a *Ilíada*, nem o do retorno, de peripécias e de felicidade, como a *Odisseia*, mas o poema da feitura do mundo, a busca mítica das causas primeiras. Desse modo, diferentemente dos poemas homéricos, essa corresponde ao primeiro capítulo do Gênesis bíblico ou aos seus paralelos nas culturas sumério-babilônica e egípcia.

A *Teogonia* é um texto central importante porque relata, como afirma o próprio título, a gênese dos deuses, mas também porque, desde o início, estabelece um paralelo implícito entre o início do universo e aquele do canto, da poesia. São as musas que, por primeiro, "ocultas por uma névoa espessa", caminham pela noite, "toando numa voz belíssima" e celebrando os deuses. São elas, de forma mais explícita e ainda mais completa do que em Homero, que inspiram Hesíodo:

> Elas um dia a Hesíodo ensinaram belo canto
> quando pastoreava os cordeiros ao pé do Hélicon divino.
> Esta palavra primeiro disseram-me as deusas
> Musas do Olimpo, filhas de Zeus porta-égide:
> "Pastores que viveis nos campos, vis infâmias e ventres só,
> sabemos dizer muitas mentiras similares à realidade
> e sabemos, entretanto, quando queremos cantar a verdade".
> Assim falaram as virgens do grande Zeus hábeis no falar e
> por cetro deram-me um ramo de um loureiro florido,
> colhendo-o admirável, e inspiraram-me uma voz
> divina para que eu glorificasse o futuro e o passado,
> e deram-me ordem para celebrar a estirpe dos venturosos sempre vivos
> e a elas primeiro e por último sempre cantar.

Filhas de Zeus, as musas impõem ao poeta-pastor a obrigação de cantar o "verdadeiro", não as "inúmeras mentiras semelhantes à realidade", que são o tema de Homero. Hesíodo é como o pastor do livro VIII da *Ilíada*: observa o céu estrelado e exulta, porque vê ali espelhada a verdade, que está por trás dele. E eis que, ao ouvi-las, "a morada do pai" *brilha* como exulta o pastor de Homero:

> Ri a morada do pai
> Zeus troante diante da voz de lírio das deusas
> que se espalha, ressoando no cimo do Olimpo nevado
> e na morada dos imortais. Estes, lançando a voz divina
> glorificando por primeiro com o canto a estirpe venerável dos deuses
> desde o princípio: os que a Terra e o Céu amplo geraram
> e os deles nascidos deuses doadores de bens,
> depois Zeus pai dos deuses e dos homens.

Como acontece na Bíblia, Hesíodo canta para glorificar "o futuro e o passado", celebra os únicos que são eternos, os "bem-aventurados", e canta "sempre ao início e ao fim". E canta antes delas, por mais de cem versos, as musas, filhas de Zeus, e Memória: Clio, Euterpe, Tália, Melpômene, Terpsícore, Erato, Polímnia, Urânia e Calíope, "que é a maior de todas". Sua voz incansável "escorre docemente da boca", e "diz o que foi, o que será e o que já tem sido". Finalmente Hesíodo pode invocá-las por si mesmas:

> Alegrai, filhas de Zeus, concedei-me um canto sedutor.
> Celebrai a sagrada estirpe dos imortais sempre vivos,
> os que nasceram da Terra e do Céu constelado,
> os da noite tenebrosa, os que o mar salgado alimentou;
> dizei como no começo deuses e Terra nasceram e
> os rios, o mar infinito impetuoso de ondas,
> os astros brilhantes e o amplo céu no alto.
> [e aqueles que destes nasceram, os deuses doadores de bens],
> e como dividiram os bens, repartiram as honras
> e como no começo ocuparam o Olimpo cheio de desfiladeiros.
> Dizei-me isto desde o princípio, musas que habitais nas mansões do Olimpo,
> e dizei quem dentre eles foi o primeiro a nascer.

A poesia de Hesíodo, diríamos modernamente, é poesia da poesia, canto em primeiro lugar das musas (e de Apolo, que, junto com elas, é o pai dos cantores e dos tocadores de cítara), mas depois é cosmogonia magnífica em termos míticos, sagrados. É claro que não se trata de um Deus único, criador de todas as coisas, mas de "coisas", de seres divinos que "vêm a ser" no cosmo, e "geram" outros seres. Assim, a cosmogonia se transforma em teogonia:

> Por primeiro nasceu Caos,
> depois a Terra de amplo seio,
> de todos os imortais sede sempre segura,
> eles que habitam no cume do Olimpo nevado,
> e o Tártaro nevoento no fundo do chão de amplas vias,
> e Eros: o mais belo entre os deuses imortais,
> que solta os membros, dos deuses todos e dos homens todos
> ele doma no peito o espírito e a prudente vontade.
> Do Caos Érebos e Noite negra nasceram.
> Da Noite, aliás, Éter e Dia nasceram,
> gerou-os fecundada unida a Érebos em amor.

> Terra primeiro gerou igual a si mesma
> Céu constelado, para cobri-la toda ao redor
> e para que aos deuses venturosos fosse sede segura sempre,
> gerou altas Montanhas, graciosas moradas das deusas.

No princípio "nasceu" (o verbo original é *genet'*, da raiz *gígnomai*, "vir a ser") o Caos, e logo depois Terra, Tártaro e Eros. É esse último, Eros, "o mais belo dos deuses imortais", que Aristóteles e também Tomás de Aquino elegeram como o ente mais importante dessa abertura: porque, afirmam eles, Hesíodo compreendeu que não se pode falar de princípios meramente materiais, mas é preciso indicar também "uma certa causa, capaz de dar movimento e reunir as coisas". Eros, o amor, é o princípio que inspira verdadeiramente o cosmos.

A *Teogonia* explica os inícios e a estrutura do mundo em termos de geração: Caos gera Érebos e Noite, Terra gera o Céu estrelado, e assim por diante. Ela também aplica o conceito de geração às personificações, como Discórdia (Éris) e sua descendência:

> Por sua vez a Discórdia terrível gerou a Fadiga
> Dolorosa
> e Olvido, Fome e Dores cheias de lágrimas,
> Batalhas, Combates, Massacres e Homicídios,
> Litígios, Mentiras, Falas e Disputas,
> Ilegalidade e Imprudência, companheiras uma da outra, e Juramento.

A capacidade de abstração, de criar precisamente personificações, atesta que foi dado um passo para ultrapassar o pensamento arcaico, que ainda coexiste com o método, absolutamente típico de Hesíodo, da "abordagem múltipla", o que lhe permite, por exemplo, conceber a Noite como mãe do Dia e ao mesmo tempo como aquilo que precede o dia, seja enquanto filho de Caos, seja enquanto produto das visitas de Urano à Terra. Por outro lado, a estrutura narrativa da *Teogonia* não se baseia por inteiro na questão da geração, ou nas descendências que se estabelecem entre umas coisas e outras. Vamos encontrar ali interrupções e pausas nas quais se torna clara a tentativa de enfocar alguns problemas de importância específica: entra a descendência de Téa e Hipérion e a de Cronos e Réa, coloca-se um hino a Hécate, e diversas narrativas e descrições de diversas dimensões são inseridas em pontos cruciais do poema: a história de Prometeu, a *titanomaquia*, a seção dedicada a Tártaro, a *tifonomaquia*.

Em suma, a *Teogonia* não apresenta uma arquitetura "clássica", harmônica, no estilo daquela que caracteriza, por exemplo a *Genealogie deorum gentilium*, de Boccaccio, dois mil anos depois, dedicada ao mesmo tema; ela possui, antes, uma trama mutável. Ela vai concluir-se então com alguns algumas centenas de versos considerados espúrios por quase todos os estudiosos modernos e que, portanto, para que tivessem seu lugar no mundo antigo, mantendo-se firmemente também no mundo moderno, acoplados ao corpo da obra, devem ter uma importância especial. A última geração da *Teogonia* nos leva então ao último dos heróis semidivinos antigos e ao Ocidente da civilização grega, a Ulisses, aos etruscos e aos feácios:

Circe, filha de Sol Hiperionida,
amada por Ulisses de sofrida prudência,
gerou Ágrio, Latino irrepreensível e poderoso,
[e pariu Telégono, graças à áurea Afrodite].
Bem longe, no interior de ilhas sagradas,
E eles reinam sobre os ínclitos tirrenos.
Calipso divina entre as deusas em amores
unida a Odisseu gerou Nausítoo e Nausínoo.

Dá quase a impressão de que esteja passando da teogonia para a proto-história: Nausítoo é, pois, o primeiro rei dos feácios; Latino – que, junto com Ágrio, é tido como soberano dos etruscos – é o herói epônimo dos latinos, os vizinhos de Roma, e Telégono, que assassinou seu pai Ulisses sem saber, irá tornar-se o progenitor dos Cláudios, isto é, da família romana que, com Tibério, herdará o império da *gens* Júlia, descendente de Augusto, Júlio Cesar e Eneias.

Hesíodo não é apenas autor da *Teogonia*, mas também, dentre outras coisas, de um pequeno poema intitulado *As obras e os dias*. Se a *Teogonia* perpassa as gerações divinas e analisa o princípio do universo, *Os trabalhos e os dias* analisam o mundo do homem e seu destino. Depois de uma brevíssima invocação das musas, Hesíodo apresenta a primeira questão central da primeira parte da obra, a questão sobre a origem do mal: o irmão Perses, que dividiu com ele a herança, acabou a dissipando, fazendo surgir uma "contenda" entre eles. A resposta ao problema do mal é apresentada através de três relatos: o mito de Prometeu e Pandora, o mito das cinco idades do homem e a "fábula" do gavião e do rouxinol. O primeiro mal é a necessidade de ter de trabalhar, punição imposta por Zeus pelo fato de Prometeu ter dado o fogo aos homens. Os outros, em parte, devem-se ao fato de que a mulher, Pandora, os espalhou pelo mundo, mas entre suas causas vamos encontrar também a perda da felicidade e a progressiva decadência e corrupção do gênero humano nas cinco idades, e a falta de respeito para com a justiça (gavião e rouxinol). Hesíodo, no entanto, também consegue ver nas cinco idades uma evolução positiva, "de um estado de beatitude quase selvagem da primeira raça, para além do bem e do mal, ao estado, próprio da quinta idade, que consiste na capacidade de saber escolher cientemente entre uma coisa e outra".

Na segunda parte, ao contrário, são apresentados conselhos e instruções para as atividades cotidianas, dicas práticas para o trabalho, ou seja, fundamentalmente o cultivo dos campos, como é organizado nas várias estações do ano, e máximas éticas relativas ao comportamento para o bem de todo e qualquer ser humano. Eis um exemplo dessas últimas:

> Ama a quem te ama, liga-te a quem te procura.
> Dá a quem te dá, e não does a quem não te dá.
> Pois a quem dá será dado, mas nada se dá a quem não deu...

O recurso mais bonito dos primeiros versos talvez seja aquele em que Hesíodo mostra saber perfeitamente que a vida de todos os dias, das estações e dos meses deve ser regida segundo os tempos do céu noturno. Por exemplo, a colheita deve ser iniciada quando aparecem as plêiades:

> Quando as Plêiades, filhas de Atlas, se levantam no céu,
> começa a colheita; quando elas se põem, a lavra;
> por quarenta noites e quarenta dias
> estão escondidas; e, passando o ano,
> de novo aparecem pela primeira vez na época de se afiar as ferramentas.
> Esta é a norma para os campos, seja para os que perto do mar
> possuem sua morada, seja para aqueles que nos vales profundos
> longe do mar encapelado, na planura fértil,
> têm sua morada.

Para Hesíodo, o calendário agrícola inicia e termina com as plêiades ("então, depois que / as Plêiades e os Híades e o forte Órion / se puseram, então lembra de semear"), e a navegação também deveria se orientar pelas plêiades:

E se fores tomado pelo desejo da navegação perigosa,
saibas que quando as Plêiades, força poderosa de Órion,
fugindo, caem no mar nebuloso,
então os sopros de todos os ventos lançam-se furiosamente.
Então não mantenhas barcos no mar escuro,
mas trabalha a terra, lembrando-te do aconselho.
Puxa o barco para a terra firme e o rodeia com pedras
de todos os lados, para que assim resista à úmida força dos ventos que sopram,
e retira o tampão do fundo do barco, para que a chuva de Zeus não o apodreça.

Ora, a poesia prescreve o que se deve fazer em determinados períodos do ano, quando resplendem no céu certas constelações. Oitocentos anos mais tarde, também as *Geórgicas*, de Virgílio, vão cumprir, pelo menos em parte, essa função, a saber, uma sabedoria técnica e ao mesmo tempo moral. Nas épocas de Hesíodo, esse tipo de sabedoria parece colocar-se no mesmo nível daquela mítica, a que indaga a origem do Universo na divindade e as origens do mal nas façanhas de Prometeu, nas idades do mundo, e na fábula do gavião e do rouxinol. Em todo caso, é evidente que Hesíodo reflete atentamente sobre toda uma série de problemas que ocupam o centro, mais tarde, na meditação filosófica.

Como passa a cultura grega do estado mais antigo, aquele em que o pensamento se exprime através do mito (Homero e Hesíodo), para a fundação da filosofia verdadeira e própria, começando com os pré-socráticos e chegando depois a Sócrates e Platão? Nesse sentido, Bruno Snell defendia que "não é possível separar radicalmente o Iluminismo racional da iluminação religiosa, o ensino da conversão, e compreender a 'descoberta do espírito' como simples reencontro e desenvolvimento de ideias filosóficas e científicas. Mas muitas das contribuições básicas que os gregos deram ao desenvolvimento do pensamento europeu se apresentam sob formas que [...] estamos acostumados a associar à esfera religiosa e não à história cultural".

Giorgio Colli, por seu lado, procurava o início da filosofia – sem prejuízo do nascimento da outra, uma "reforma expressiva", "o surgimento de uma nova forma literária, de um filtro através do qual se condiciona o conhecimento de tudo quanto vinha antes disso" – na tradição da sabedoria. Apolo e Dionísio, no início dessa última: o oráculo e a "mania". Depois os mistérios de Elêusis, Orfeu e Museu.

Bruno Snell, por outro lado, publicou *I sete sapienti. Vite e opinioni* [*Os sete sábios*. *Vidas e opiniões*], em que lança mão de Diógenes Laércio e outras fontes, apresentava as opiniões de Tales de Mileto, Sólon, Quilão, Pítaco, Bias, Cleóbulo e Periandro, que viveram entre o final do século XII e o século V antes de Cristo, como *trait d'union* entre a sabedoria e a filosofia.

Marcel Detienne se volta aos *Mestres da verdade na Grécia arcaica*: em primeiro lugar Nereu, o velho do mar de Homero e Hesíodo, e Minos, o rei de Creta, que reúne em si as funções da soberania, da justiça e da mântica – portadores de uma *alétheia* sapiencial. Eu acrescentaria a esses ainda Tirésias, o profeta da *Odisseia* e do *Édipo Rei*, que "sabe" das coisas sem precisar alcançar tal sabedoria, como ao contrário fez seu adversário Édipo através de um processo de conhecimento laborioso e baseado na busca de indícios e deduções racionais.

Por fim, para retornar ao que os próprios clássicos disseram a respeito de si mesmos, Aristóteles nos deixou, nas primeiras páginas da *Metafísica*, uma reconstrução do início da filosofia, e da grega em particular, que tem um valor inestimável. É a história de uma aventura intelectual única, na qual a busca pela *arché*, o princípio das coisas, acaba se tornando um percurso emocionante, discriminatório através das ideias e das imagens que formaram o nosso pensamento.

Tudo começa com a admiração, a verdadeira *arché* do homem que contempla o mundo. O "filosofar" (*philosophéin*) – é, pois, o amor ao saber – tem suas raízes na admiração. Desdobrando uma ideia já presente no *Teeteto* de Platão, Aristóteles afirma que os seres humanos começaram a buscar o saber, "seja agora, seja ainda pela primeira vez", no início admirando-se das "aporias", ou os problemas "ao nosso alcance", depois passando a questões mais importantes, "como as fases da Lua, os fenômenos relativos ao Sol e às estrelas e sobre a origem do Universo". "Quem se coloca essas questões e se admira afirma ser ignorante (por isso, amante do saber, *philósophos*, é de certo modo amante do mito, *philómythos*, pois o mito se compõe de coisas que despertam a admiração)". É evidente que Aristóteles está falando aqui de tempos remotos, quando a humanidade primitiva se colocava os primeiros problemas, mas ao mesmo tempo tem em vista também a atualidade, quando o adolescente, o jovem, ou qualquer que comece uma pesquisa, se encontra tomado de estupor.

O mecanismo que desperta o amor à sabedoria é sempre o mesmo, no princípio e agora e sempre: é a admiração frente às coisas que não conhecemos. Mas é preciso notar a extrema amplidão dessa admiração, que Aristóteles estende ao amor pelo mito: quinze séculos depois, Tomás de Aquino comenta, *"Philosophus est aliqualiter philomythes, idest amator fabulae, quod proprium est poetarum"*. De algum modo o filósofo é um *filomito*, isto é, um amante do relato fabuloso, do mito, o que é próprio dos *poetas*. No assombro como causa primeira da busca, vamos encontrar o homem de ciência ("filósofo" é aquele que professa em primeiro lugar a "filosofia natural", isto é, o questionamento sobre fenômenos naturais como os da Lua, do Sol, das estrelas e da própria gênese do cosmo), o futuro filósofo de profissão e o artista.

Depois desses pressupostos gerais, Aristóteles passa a fazer uma resenha histórica, discutindo em primeiro lugar sobre aqueles que hoje são chamados de "pré-socráticos". A maior parte desses, defende Aristóteles, pensava que os princípios das coisas fossem materiais, mesmo que depois tenham surgido opiniões diferentes sobre o número e sobre a natureza de tais princípios. Tales de Mileto, "que iniciou esse tipo de filosofia", deu preferência à água, "deduzindo muito provavelmente essa opinião da visão de que todas as coisas se nutrem do úmido". Em relação à água, Aristóteles declara que, segundo alguns, "os antiquíssimos, que viveram muito antes da atual geração, e que foram os primeiros a teologizar", tinham a mesma opinião, fazendo de Oceano e Tétis "os pais da geração" (vimos isso na *Ilíada*), afirmando que "o juramento dos deuses" teria sido proferido sobre a água: sobre o Estige. Anaxímenes e Diógenes, prossegue Aristóteles, preferiram o ar à água, Hipaso e Heráclito preferiram o fogo, e Empédocles, todos os elementos. Anaxágoras, por fim, defendeu que os princípios são infinitos.

Era precisamente aí, todavia, que se iniciavam os problemas. Na maioria dos casos, geração e corrupção provêm de "alguma coisa que é uma, ou também de mais coisas". Mas por que, qual é a causa? Alguns dos autores que postulavam causas materiais começaram a se questionar sobre isso, e naturalmente não puderam concluir que fosse o "substrato" a causar a mudança em si mesmo: a madeira ou o bronze não podem modificar a si mesmos, nem produzir respectivamente uma cama ou uma estátua. Procurar a causa dessas mudanças significa, pois, investigar o "início do movimento". O próprio Hesíodo, afirma Aristóteles, deve ter se dado conta disso, quando na *Teogonia* postulou Eros – o desejo amoroso – como *arché*, princípio dos entes. Também Parmênides fez a mesma coisa. E assim Anaxágoras lançou a teoria de um Intelecto (*nous*) que opera a "fabricação do Universo", e Empédocles, a Amizade e a Discórdia, enquanto que os atomistas Leucipo e Demócrito, que adotam como causas materiais o cheio (o ente) e o vazio (o não ente), defendem que são as diferenças a causa do restante.

Por fim vamos encontrar os assim chamados pitagóricos, que, tendo estudado a Matemática, "pensavam que os princípios dela fossem princípios de todos os entes", e visto que entre esses números se constituem os primeiros elementos, "afirmaram ter descoberto nos números, mais do que no fogo, na terra e na água, muitas semelhanças com as coisas que são e que virão a ser, ou seja, que certa propriedade dos números seria a justiça, e uma outra, alma e intelecto, uma outra ainda seria o momento oportuno (*kairós*)". Por outro lado, vendo nos números "as características e as relações das harmonias musicais", decidiram que, uma vez que todas as demais coisas eram modeladas pelos números e que os próprios números vinham primeiro na natureza, pensaram que os "elementos dos números fossem elementos de todos os entes, e que todo o Universo nada mais fosse que harmonia e número".

Restam então a Aristóteles três desafios: os eleatas, Sócrates e Platão. Falha o primeiro, me parece, ao julgar que Xenófanes e Melisso seriam "muito rudes", permanecendo impressionado, embora com certa confusão, por Parmênides, de quem aprecia a posição sobre o uno; mas, vendo-se forçado a seguir os fenômenos, aprecia bem menos aquela opinião que o faria defender a existência segundo os sentidos de muito mais coisas e assim postular duas causas e dois princípios. Por outro lado, Sócrates é evitado, apesar de ter por ele admiração, porque nunca se ocupou da natureza, mas antes de problemas éticos nos quais procurou pelo universal, fixando pela primeira vez o pensamento "nas definições". Então começa o confronto com o mestre, Platão. Aristóteles acredita que, enquanto jovem, Platão teria se deparado com Crátilo e seus posicionamentos heraclíticos, segundo os quais "todas as coisas sensíveis estão em um fluxo perpétuo e assim não é possível conhecê-las". Assim, Platão deslocou a realidade para o mundo imutável das ideias e imaginou um demiurgo que forja as coisas tendo como modelo as próprias ideias: mas isso parece ser um *mýthos* poético em vez de *lógos* científico. É claro que Aristóteles tinha presente o mito narrado no *Timeu*, um dos mais fascinantes mitos já criados, mas o que ele buscava, na *Metafísica*, era propor a teoria dos primeiros princípios e causas, a "ciência divina" da metafísica. *Amicus Plato*, teria dito, *sed magis amica veritas*; Platão é meu amigo, mas é ainda mais minha amiga a verdade.

Na *Poética*, Aristóteles diz que se pode tentar transformar as *Histórias* de Heródoto também em versos: jamais se transformarão em poesia. Os pensadores pré-socráticos compuseram em versos, nos hexâmetros de Homero e de Hesíodo. Raramente atingiram os cumes do canto. Mas mostraram à exaustão o espírito que os moveu a buscar, o deslumbramento que desperta seu amor pela sabedoria. Naturalmente, é impossível entrar em detalhes sobre seus escritos aqui, com abrangência decente, mas alguns exemplos serão suficientes para mostrar a que tipo de poesia pertencem.

Primeiramente Parmênides, que abre seu poema *Sobre a natureza*:

As éguas que me levam até onde alcança o ânimo,
me carregavam, depois de haver me levado pela estrada rica de cantos,
divina, que leva o homem sábio para todas as coisas que são.
Ali eu vigiava: as éguas hábeis ali me carregavam
puxando o carro, moças guiavam seu percurso.

Conduzido no carro puxado por éguas, Parmênides alcança a presença de *Dike*, a Justiça, a qual possui as chaves da verdade e está em condições de ensinar ao filósofo como distinguir entre o discurso verdadeiro daquele discurso falso. Guiado pela deusa, Parmênides toma o caminho da verdade, proclamando que só o ser é, enquanto o não-ser não é. A moldura do poema é, portanto, alegórica, e a tentativa feita por Parmênides de imitar Homero e Hesíodo se dá apenas parcialmente, como no fragmento no qual a deusa promete ao discípulo que receberá a instrução completa sobre os mecanismos do cosmo:

> Conhecerás a natureza do Éter e também todos os sinais
> que há no Éter, conhecerás a pura luz do Sol brilhante,
> as obras desconhecidas de onde tiveram origem,
> conhecerás as obras volúveis da Lua do olho redondo
> e sua natureza, conhecerás também o Céu que tudo abarca,
> de onde este nasceu, e como a Necessidade o levou no cabresto a manter
> os limites dos astros [...].
> Como a Terra, o Sol e a Lua,
> o éter comum a todos, a Via Láctea celeste, o Olimpo
> Derradeiro, e até o ímpeto ardente das estrelas se moveu
> No nascimento...

Quando quer fazê-lo, Parmênides sabe compor poesia cósmica e evocar em poucos versos as constelações, o Sol, a Lua, a Via Láctea, seu princípio e a Necessidade que os guia. Assim também Empédocles, que inicia seu *Poema* invocando a musa imortal para que ela esteja presente quando ele abordar o tema dos "deuses felizes", dos "elementos não gerados", do rancor e da concórdia. A imaginação de Empédocles se acende ao modo de Homero (Aristóteles realmente o via como "homérico") precisamente nas passagens em que pode dedicar-se às metáforas de estilo épico, como quando trata do amor, que age sobre os elementos, misturando-os e harmonizando-os, ao modo como faz um pintor com as cores, ou então quando aborda a composição dos membros, obra de Afrodite:

> E como numa noite tormentosa, antecipando o caminho,
> alguém se arma de luzes, para todos os tipos de vento, ajustando
> a face de fogo ardente dentro das telas da lanterna;
> essas afastam o sopro dos ventos impetuosos,
> e, deixando sair a luz, quanto mais larga for a abertura,
> através dessa refulge com fortes raios;

era assim que a chama primordial estava encerrada nas membranas, e com linhos macios, Afrodite envolveu a abertura redonda, fixando-os com amorosos rebites.

Os fragmentos supracitados de Heráclito não se apresentam em forma de versos e tampouco remetem a um poema, mas antes a um livro que ele próprio depositara no templo de Ártemis em Éfeso, onde vivia. Porém a fama de sua tristeza e melancolia (é o "filósofo que chora"), a obscuridade e ambiguidade, e também a força de penetração de seus fragmentos, foram de tal ordem no curso do pensamento ocidental – de Platão a Plotino, de Eckhart a Hegel, de Nietzsche a Heidegger – que sua figura e seus escritos adotaram ares de mito. Mas quando se considera que dois fragmentos de Heráclito foram colocados como adendo por T. S. Eliot aos *Quatro quartetos*, isto é, à composição poética talvez mais elevada do século XIX, podemos fazer uma ideia da presença e da importância de Heráclito na literatura ocidental. Talvez não exista um ícone maior do pensamento pré-socrático do que ele, quando excluímos a lenda de Empédocles, que se lança ao Etna para provar a própria imortalidade ou que desaparece num grande clarão noturno.

Vale a pena lembrar pelo menos alguns desses fragmentos célebres. Em primeiro lugar, destaco os que têm algo a ver com a alma e com o si mesmo: "vá, e os confins da alma não encontrarás, mesmo que percorras todas as estradas: tão profundo é o discurso (*lógos*) que ela implica"; mas também, obedecendo ao preceito de Delfos e à ordem de Tales ("conhece a ti mesmo"), "questionei a mim mesmo"; e "a todos os homens é dado conhecerem a si próprios e ultrapassar o limite". O ciclo eterno da *psyche*: "a morte das almas é tornar-se água, a morte da terra tornar-se terra: e é da terra que se forma a terra e da terra que se forma a alma". Duas observações fenomenais sobre o nosso modo de ser: "Para cada um, o demônio é seu modo de ser"; "é difícil combater sua própria mente: paga o preço da própria vida pelo que quer".

Logo a seguir elencam-se os fragmentos que dizem respeito ao cosmo: "O conflito (*pólemos*) é o pai de todas as coisas e de todas é o rei: uns transformou em deuses, os outros, homens: uns servos, os outros livres"; "a natureza ama esconder-se"; "este cosmo, quem o fez não foi nenhum dos deuses e nenhum dos homens, mas sempre foi, é e será

fogo de eterna vida, que se acende com medida e com medida se apaga".
"Os limites da Aurora e da Véspera, a Ursa: e, oposta à Ursa, a abastança de Zeus radiante".

Os paradoxos, visíveis ou aparentes: "no mesmo rio entramos e não entramos, somos e não somos"; "imortais mortais, mortais imortais: vivendo a morte daqueles, morrendo a vida desses"; "o caminho para cima e o caminho para baixo são uma e a mesma coisa"; "o nome do arco é *bíos* e *bíos* é a vida: a ação dele é a morte dela"; "o Senhor de quem é o oráculo de Delfos não revela nem esconde: significa".

Alguns aspectos de crítica literária e filosófica, que foi exercida também por Heráclito, é sempre bem-vindo, visto que estamos nos ocupando tanto com literatura quanto com filosofia: "saber muitas coisas não ensina a ter intelecto: isso teriam ensinado Hesíodo e Pitágoras, e também Xenófanes e Hecateu"; "Homero merecia ser expulso dos certames e açoitado, e Arquíloco igualmente"; "Hesíodo foi mestre de muitos, e sobre ele sabem dizer também que sabia muito, e na verdade não conhecia nem a noite nem o dia, que, no entanto, são uma única coisa".

Mesmo partindo dessas poucas citações, é possível perceber o enorme fascínio que Heráclito tinha por outros, e a grande paixão que ele nutre pela verdade e a busca filosófica. "Única é a sabedoria", dizia, "conhecer a mente que através do mar da Totalidade marcou a rota da Totalidade". Os mais belos documentos para concluir esse breve excurso sobre o nascimento do pensamento na Grécia, porém, referem-se a Anaxágoras, o primeiro filósofo que, proveniente da Jônia, se estabeleceu em Atenas, na época de Péricles. A primeira é uma passagem da Ética *a Eudemo*, na qual Aristóteles celebra a paixão cósmica; a segunda uma frase de Eurípedes, que foi discípulo de Anaxágoras, segundo afirmava Diógenes Laércio:

> Diz-se que Anaxágoras, para alguém que tinha dúvidas sobre tais questões e lhe perguntava por qual razão se deveria preferir o ter nascido que não o ter, tenha respondido isto: "Para contemplar o céu e a origem de todo o universo".
> É feliz quem questiona e busca, não para trazer dano aos seus concidadãos nem para praticar ações iníquas, mas para observar a ordem imortal (*kósmon*) da natureza eterna, quando, onde e como essa ordem se revelou. A esse tipo de humano jamais ocorrerá a ideia de praticar ações torpes.

Os pensadores pré-socráticos são poetas apenas em algumas ocasiões. O grande poeta do pensamento e da filosofia é o romano Lucrécio, que vive sua breve vida quatro séculos depois de Heráclito, Empédocles e Parmênides (e três séculos depois de Demócrito), no século I antes de Cristo, e compõe um formidável livro de poesia, que teria despertado a inveja de qualquer pré-socrático, o *De rerum natura*. Para demonstrar tudo que Lucrécio era capaz de fazer, lanço mão antes de tudo de um método oblíquo, atravessando seu livro por meio de imagens, depois de modo direto, centrando-me em algumas passagens específicas.

A invocação a Vênus no *De rerum natura* sempre foi considerada célebre em função da extraordinária inspiração com que celebra a vida (no final da obra, no livro VI, em vez de morte, um verdadeiro espetáculo):

Mãe dos Enéadas, prazer dos homens e dos deuses,
ó Vênus nutriz, que sob os astros correntes do céu
atravessas o mar cheio de navios e a terra fecunda de frutos,
pois é graças a ti que todas as espécies dos viventes
são concebidas e, nascidas, contemplam a luz do Sol:
de ti, ó deusa, de ti fogem os ventos, de ti as nuvens do céu,
e à tua chegada, para ti a terra engenhosa
oferece as agradáveis flores, para ti riem as planícies do mar
e o plácido céu esplende com luz radiante.

Aqui, interessa-me as imagens do sorriso do mar e da luz que resplende no céu. A primeira provém do *Prometeu*, de Ésquilo, quando o Titã, acorrentado na rocha, contempla o oceano, que proclama "o sorriso infinito das ondas do mar". Em relação à tradição e mesmo a essa tragédia específica, a imagem é tão incomum que o ouvinte permanece por um instante como que petrificado, esquecendo tudo que julgava saber sobre o mar, enquanto entidade física, composta de água e de sais minerais, e do mar como o berço da vida, como o veículo da história, da navegação, do transporte, do comércio, e mergulha então por um instante no enigma estupefaciente da poesia. Então começa a se perguntar como que as ondas do mar podem sorrir; para depois constatar que, num dia de Sol resplendente, o reflexo cintilante das ondas encrespadas e da espuma, quando comparado aos sentimentos humanos, pode efetivamente se assemelhar a um sorriso. De certo modo já conquistado por tão bela imagem, o leitor é confirmado nessa conclusão pelo próprio Lucrécio, o qual escreve efetivamente que as ondas do mar "sorriem" ao poder gerador de Vênus: *ridente aequora ponti*.

Aqui, o ponto decisivo é o salto que passa do natural para o humano, que a própria poesia nos convida a fazer. Aquele salto, a metáfora poética, é a transferência da qualidade de uma coisa para outra, e é em sua capacidade de surpreender que vai encontrar inspiração a admiração enquanto fim último da poesia. E, na verdade, Lucrécio é mestre nesse tipo de transferência. Apresento dois outros exemplos. Depois dos versos sobre o sorriso das ondas, ele continua a celebrar Vênus, que instila o amor em todas as criaturas e torna possível a perpetuação das espécies viventes através do desejo. Aqui, ele lança mão de uma expressão tomada de empréstimo dos *Anais* do poeta arcaico Ênio, e escreve que "apenas tu governas a natureza das coisas / e sem teu auxílio nada poderá surgir nas margens divinas da luz [*dias in luminis oras*] / e nada de amável e alegre poderá se cumprir".

Lucrécio nunca é banal, nem se limita a fazer uso simplesmente de artifícios retóricos. Em vez de utilizar aquilo que para nós seria o *locus communis* do "ser nascido", isto é, vir à luz, ele intensifica a expressão já poderosa, de Ênio, *in luminis oras*, acrescentando o adjetivo qualificativo *dias*, divino. E visto que Lucrécio jamais se refere ao divino acidentalmente, precisamos deduzir que, aqui, o adjetivo tem uma função metafórica, indicando não o Olimpo, o reino dos deuses, mas antes o nosso mundo terrestre. "Divino" faz as vezes, então, de "sublime": tão extraordinário e imenso que parece sobrenatural. O Universo se transforma num abismo ilimitado de luz: com efeito, expresso no plural para sublinhar a infinitude, o divino se detém num limite de luz. As três palavras permitem que o leitor veja a luz como um oceano fulgurante que se expande na própria praia. Ademais, a imagem é tão dileta a Lucrécio que a repete por nove vezes no poema, enquanto que, junto com o predecessor Ênio, a transmite a Virgílio, que (omitindo a palavra *dias*) dela lança mão tanto nas *Geórgicas* quanto na *Eneida*.

Outro exemplo. No verso que se segue imediatamente ao verso que fala do sorriso das ondas, o poeta irá escrever o seguinte: "e o céu pacífico resplandece de luz radiosa (*placatumque nitet difuso lumine caelum*)".

Mas no livro III do *De rerum natura*, ao celebrar Epicuro, Lucrécio retorna àquele esplendor do céu, traduzindo uma passagem do livro VI da *Odisseia*, quando Atena, depois de ter aparecido em sonho a Nausícaa e tê-la inspirado a tomar conta do próprio enxoval, sai em direção ao Olimpo. Homero tinha se expressado do seguinte modo:

> Dito desse modo a glaucópide Atena se aviou
> rumo ao Olimpo, onde dizem ser a morada sempre serena
> dos deuses: não é agitada pelos ventos, jamais se vê banhada
> pela chuva, não cai neve, mas sem qualquer nuvem
> o ar se estende e se difunde um esplendor límpido.

Lucrécio reescreve, de modo maravilhoso, recorrendo ao *sorriso* do céu:

> Aparece o poder dos deuses e suas moradas tranquilas,
> que não são abaladas pelo vento e que as nuvens não molham com a chuva
> e a neve não conspurca, quando atingida por áspero gelo,
> caindo branca, e um céu sem nuvens
> forma a cobertura e sorri plenamente tomado por luz difusa.

Et large difuso lumine ridet, "E sorri plenamente tomado de luz difusa": vemos ali um golpe de gênio que ultrapassa Homero, lançando mão de Ésquilo, comparando pela luz o céu com o mar, e a revelação de Epicuro com a fecundidade de Vênus. A luz que vemos, ora, se parece com aquela de William Turner. O sorriso do mar e do céu já não é mais apenas uma metáfora: torna-se a expressão da benignidade e da amabilidade da natureza.

Com a próxima e última passagem, do livro V do *De rerum natura*, voltamos ao princípio do qual partimos nesse discurso. Trata-se aqui de poesia científica, com o fito de reconduzir à "verdadeira razão" aquilo que "os antigos poetas da Grécia" cantaram miticamente, os *primordia rerum*, escreve Lucrécio, não se postaram cada um em seu lugar "com intenção providente", nem estabeleceram quais os movimentos deveriam ser impressos: antes, por longo tempo, se desencontraram, rejeitados, ajuntados e dispersos, "testando todo tipo de união e de movimento", até que alguns acabaram se encontrando e se unindo improvisamente (*repente*), tornando-se muitas vezes (*saepe*) "origem (*exordia*) de grandes coisas, da terra e do mar e do céu e da estirpe dos viventes":

Naquele ponto não se conseguia distinguir a rota do Sol,
em seu alto voo, radioso de luz, nem as estrelas
do grande universo, nem o mar, nem o céu, nem sequer a terra e o ar
nem nada se conseguia ver de semelhante às nossas coisas,
mas como uma iminente tempestade, uma massa
formada de princípios díspares: a sua discórdia
promovendo batalha confundia intervalos,
caminhos, nexos, pesos, solavancos, encontros, movimentos,
visto que, por formas diversas e variadas figuras,
de tal modo não poderiam permanecer todos unidos,
nem se estabelecer entre si movimentos concordantes.
A partir de então começaram a se afastar por todo lado
e as semelhantes começaram a se unir com as semelhantes e a delimitar o mundo
dividindo seus membros e organizando suas grandes partes,
isto é, a separar o alto céu das terras,
e de outro lado o mar, para que se estendesse com águas separadas,
e também à parte os fogos do éter, puros e separados.

A concepção que domina esse universo apoia-se na ideia de diversidade, discórdia, acaso e movimento irregular dos átomos, e tem a grande vantagem (para os modernos) de apresentar uma imagem de conflito e de desordem do mundo. Virgílio, que acaba aderindo a uma ordem ideológico-política, a corrente augustana, bem mais rígido que o cosmo de Lucrécio, faz eco aos seus versos no célebre canto em que faz pronunciar a Sileno na *Écloga* VI, derivando temas tanto de Empédocles quanto de Epicuro, tanto dos órficos quanto de Museu. E Ovídio retomará algumas expressões da passagem de Lucrécio na abertura das *Metamorfoses*, em sua versão dos primórdios. Mas nenhum deles inventou um caos que se assemelhasse a uma *nova tempestas*, uma tempestade que seria ao mesmo tempo nova (depois daquela tempestade dos átomos) e iminente, tampouco nenhum inventou uma *moles coorta*: uma massa, um amontoado "de princípios disparatados", que nasce explodindo como se brotasse de uma tempestade. Não há dúvidas: Lucrécio é um poeta que sabe cantar a origem do cosmo de maneira até melhor que seus predecessores gregos.

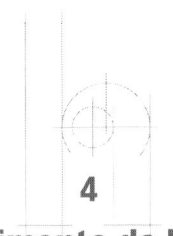

4
O nascimento da história

> Essa exposição das pesquisas de Heródoto de Halicarnasso, para que os eventos humanos não se percam no tempo e tudo de maravilhoso e grande que se imprimiu na história, realizado seja pelos gregos seja pelos bárbaros, não fiquem sem sua fama; em particular, as razões por que eles empreenderam guerras entre si.

São as frases de abertura das assim chamadas *Histórias* de Heródoto, publicadas por volta – ou um pouco antes – de 425 antes de Cristo. Creio que se possa afirmar que elas seguem o nascimento da historiografia, mesmo que, como demonstrou Santo Mazzarino com maestria absoluta cerca de cinquenta anos atrás, sejam precedidas por um lento desenvolvimento, no qual confluem o orfismo, a lírica de Mimnermo de Calino, a crítica de Epimênides, as *Genealogias* de Acusilau e Hacateu, a *Periegesi* desse último e, inclusive, *Os persas* de Ésquilo. Trata-se propriamente de "pesquisas" (o significado da palavra *historía*) feitas pelo autor, com o objetivo de perpetuar a glória dos "grandes e maravilhosos feitos", empreendidos – há que se destacar – não só pelos gregos, mas também pelos "bárbaros", e em especial de identificar a causa das guerras que empreenderam gregos e bárbaros, uns contra os outros.

Organizadas pelos gramáticos alexandrinos em nove livros – cada um levando no título o nome de uma musa –, as *Histórias* cobrem um período de, aproximadamente, oitenta anos, desde a subida ao trono por parte de Ciro, no ano 560, até a batalha final do conflito entre gregos e persas, em Micale, no ano de 479. Mas na realidade elas cobrem muito mais que isso, porque ao fio cronológico central Heródoto acrescenta a história dos bárbaros e as célebres digressões, as quais vão desde os hábitos e costumes dos egípcios ou dos citas até a discussão sobre questões, para mencionar apenas algumas, de geografia, mitologia e religião. Os nove livros da obra partem de um prólogo que examina as causas míticas das guerras entre gregos e persas (os raptos), passando depois (I-IV) a descrever os desdobramentos do Império Persa desde a vitória de Ciro sobre o lídio Creso e da conquista da Assíria até o fracasso na dominação dos masságetas (I); a história e os costumes dos egípcios desde o primeiro rei, Minos, ao faraó Amásis no século (II); a conquista do Egito por parte de Cambises, filho de Ciro (III); o reino de Dario, com sua tentativa de subjugar os citos (IV); a primeira guerra entre gregos e persas, com a revolta da Jônia e digressões sobre a história de Atenas e Esparta (V); o resgate dos gregos, com a vitória de Maratona (VI); a Segunda Guerra Persa, com as batalhas das Termópilas, de Salamina, de Plateia e Micale (VII-IX).

Trata-se de uma descrição grandiosa e intensa, que Heródoto empreende com parcimônia e cuidado, permitindo-se, entretanto, todas as observações e digressões que lhe pareçam necessárias ("desde o início o relato me exigiu aditamentos", declara ele no livro IV), e combina a dimensão temporal com a dimensão espacial, de modo que sua história é igualmente uma geografia, em geral experimentada pessoalmente ou examinada de forma crítica. "Quem, pois, falando sobre o Oceano", escreve no livro II, "conduziu o relato a coisas desconhecidas, sequer poderá ser refutado; mas, de minha parte, não conheço a existência de um rio chamado Oceano; acredito, antes, que Homero ou um dos poetas que viveram antes dele tenha inventado o nome ou o tenha introduzido na poesia". No livro IV, ele se ocupa com a noção tradicional dos hiperbóreos (um povo que viveria "para além do vento do norte", Bóreas), defendendo ironicamente que, como um paralelo geométrico proposto pelos geógrafos iônicos, deveriam então existir também os "hipernóteos", isto é, pessoas que viveriam para além dos ventos do sul, Noto. A essa altura, acrescenta:

Dou risada quando vejo que muitos já teriam desenhado mapas geográficos da terra, mas não têm capacidade mental para explicá-los. Eles desenham o Oceano que se estende ao redor da terra, a qual seria redonda como se tivesse sido desenhada por um compasso, colocando a Ásia igual à Europa. Eu, porém, vou demonstrar, com poucas palavras, a grandeza dessas partes e qual seja a configuração de cada uma.

É exatamente isso que fará Heródoto nos capítulos imediatamente sucessivos, declarando abertamente que ninguém sabe se a Europa seria circundada pelas águas, tanto a Oriente quanto ao norte, e que se deve ao persa Dario a exploração da parte setentrional da Índia. Heródoto chega a ponto de corrigir a geografia usual *por meio da história*, como quando, ainda no livro IV, conta sobre a circum-navegação da África, confiada pelo faraó egípcio Neco (o soberano que já fora mencionado no livro II por ter desejado escavar o canal que levaria ao Mar Vermelho) aos fenícios. Trata-se de uma notícia sensacional:

Em todo o seu contorno, a Líbia é banhada por águas, exceto a parte que faz limite com a Ásia: quem nos trouxe essa informação primeiro foi Neco, rei dos egípcios; ele, quando desistiu de cavar o canal que levaria do Nilo ao Golfo Arábico, mandou alguns fenícios com algumas naves, ordenando que, no caminho de volta, navegassem através das colunas de Héracles, até alcançar o mar setentrional e, assim, o Egito. Tendo partido, portanto, do Mar Eritreu, os fenícios navegaram pelo mar meridional, na estação da semeadura, atracavam e semeavam a terra naquele ponto da Líbia, onde, vez por outra, se encontravam no curso da navegação, e aguardavam a colheita. Uma vez tendo colhido o trigo, retomavam o curso marítimo, e assim tendo-se passado dois anos, no terceiro, vencidas as colunas de Héracles, alcançaram o Egito. Eles contavam um episódio que poderá ser confirmado por alguma outra pessoa, mas não eu: que, quando estavam circum-navegando a Líbia, tinham o Sol à sua direita.

Heródoto exerce a mesma acribia em relação à teogonia e à *archaiología*, ou seja, em relação aos relatos míticos sobre as origens dos deuses e sobre o início das guerras entre persas e gregos, mais tarde proclamando explicitamente que, quanto a ele, é preciso "relatar aquilo que foi narrado, mas não é obrigado a crer nisso – e isso vale para todo e qualquer relato". Sobre a religião grega, Heródoto defende que ela se desenvolveu em três fases: "deuses indiferenciados e sem nome; introdução de nomes e de personalidades do Egito, por obra dos pelasgos; sistematização desse material por parte dos gregos, em especial por Homero e Hesíodo". No livro II das *Histórias*, ele escreve:

> De quem nasceu cada um dos deuses, se todos existiram desde sempre e quais seriam suas formas, até pouco tempo atrás – para não falar até ontem – não se sabia. Afirmo, todavia, que Hesíodo e Homero me precederam já há quatrocentos anos, e não mais que isso. Foram eles que compuseram para os gregos uma teogonia, dando epítetos aos deuses, distribuindo-lhe as honras e competências, apontando suas formas. Os poetas que se diz terem vivido antes deles, na minha opinião, viveram depois deles. As primeiras coisas de que falei foram ditas pelas sacerdotisas de Dodona; as últimas, que dizem respeito a Hesíodo e Homero, sou eu que que as digo.

O problema da credibilidade dos mitos antigos e dos poetas, em especial Homero, é colocado por Heródoto desde as primeiras linhas das *Histórias*, quando relata com bastante concisão a história do rapto de mulheres, que as partes conflitantes atribuíam uma à outra como causa do início das hostilidades entre Oriente e Ocidente. Os persas acusam os fenícios de terem raptado Io de Argos e depois de tê-la levado ao Egito, e atribuem, portanto, aos gregos a culpa de terem raptado Europa em Tiro, na Fenícia. Depois, os gregos teriam sido culpados de um segundo delito, o rapto de Medeia da Cólquida, pelo qual se recusaram a fazer justiça. Uma geração mais tarde, eis que Alexandre (Páris), filho de Príamo, "tendo sabido dessa história, quer procurar para si uma mulher na Grécia e raptá-la, sabendo, portanto, que não pagaria o preço desse ato, visto que aqueles próprios não o pagaram no passado". Páris raptou Helena, e os gregos a reivindicaram por via diplomática. Então os troianos cobraram deles o rapto de Medeia, e chegou a guerra, com a destruição total da cidade. Por isso, os persas consideram a conquista de Troia como o início de sua inimizade com os gregos (enquanto que os fenícios, de sua parte, defendem que Io não foi raptada, mas teve relações com o dono da nave em Argos, e tendo engravidado, partiu com os fenícios para não ser descoberta).

Essa trama lendária e quase que romanesca de raptos é considerada algo fútil por Heródoto: "De minha parte", vai escrever no início do livro I, "não vou afirmar que os fatos se desenrolaram desse modo, ou de algum outro modo; depois de ter indicado aquele que sei que teria sido o primeiro a ter cometido um delito contra os gregos, vou me embrenhar no relato". O personagem indicado aqui é Creso, rei da Lídia, com as questões pelas quais se iniciam, logo em seguida, verdadeira e propriamente as *Histórias*. Mas Heródoto não negligencia em nenhum momento a Guerra de Troia, nem Homero. Quando Xerxes reúne um exército gigantesco para lutar contra a Grécia, o historiador recorda – no livro VII – que nem sequer o exército com o qual Agamemnon e Menelau tinham atacado Troia era tão imenso. Quanto a Homero, no livro II, dedicado ao Egito, Heródoto vai se ocupar com a lenda segundo a qual Helena jamais alcançara Troia, mas teria permanecido antes no Egito. Foi ali que Páris chegou no curso de sua errância pelo mar entre Esparta e Troia e onde Proteu o obrigou a deixar a mulher que ele conquistara através do ultraje e da traição. É esta a versão que lhe comunicam os sacerdotes egípcios, pelos quais Heródoto tem o máximo respeito. O historiador falará então que Homero a conhecia muito bem, "mas como não era versada no canto épico como a outra de que se vale, deixou que se perdesse, mostrando que conhecia também a essa": como vão demonstrar algumas passagens da *Ilíada* e da *Odisseia*, citadas logo em seguida por Heródoto e que, segundo ele, provam de modo inequívoco que os *Cantos cípricos* não são de Homero, mas de outra pessoa.

O que lemos em passagens como essa poderia ser qualificado como um grande exercício de mitologia (sobre os raptos) comparada com a realidade dos fatos (a responsabilidade de Creso), e, por outro lado, um vislumbre de alta crítica literária; a questão de Helena no Egito não se adapta propriamente ao canto épico (irá empregá-la, mas de modo bem distinto, Eurípedes em *Helena*), para a qual se faz necessária uma imaginação especial, que tenha como trama central um emaranhado e, sobretudo, como já vimos na primeira dessas *Lições*, a beleza "tremenda" de Helena. Pouco depois, porém, no mesmo livro II, Heródoto irá desconstruir a lógica do canto épico. Ele próprio afirma aderir à versão dos sacerdotes egípcios: pois, "se Helena tivesse estado em Ílio, teria sido restituída aos gregos, quisesse ou não quisesse Alexandre". "Nem Príamo nem seus familiares eram tão fracos de mente de querer colocar em perigo suas vidas, a de seus filhos e sua cidade, simplesmente para permitir a Alexandre viver com Helena". Entretanto, se "nos primórdios houvessem pensado desse modo", depois seguramente a teriam restituído. Os troianos estavam morrendo às centenas todos os dias, eram mortos todos os dias ("se convém falar a partir dos poetas épicos") dois, três ou até mais filhos do próprio Príamo: mesmo que tivesse sido o próprio Príamo a viver com Helena, ele a teria restituído a fim de livrar-se do assédio e da contínua carnificina. E, ademais, o herdeiro do trono não era sequer Páris, mas sim Heitor, e não convinha a Heitor ceder ao irmão que estava cometendo injustiça, ainda mais que "os grandes males que se abatiam sobre Heitor, em especial, e sobre todos os troianos, se davam por causa dele". Mas o fato é que, conclui Heródoto, os troianos não podiam restituir Helena porque não mais dispunham dela, e os gregos não poderiam crer neles mesmo se dissessem a verdade: "isso porque – como penso – um deus predispunha que, morrendo os troianos totalmente arruinados, deixassem isso claro: que, para as grandes culpas, também as vinganças dos deuses são grandes. E assim expus meu ponto de vista".

Podemos imaginar o efeito de tal tipo de discurso no público ateniense, para o qual Heródoto mantinha verdadeiras conferências, extraídas do material de suas pesquisas. A *Ilíada* era sagrada, e colocar em dúvida suas razões em favor de ciências propostas por sacerdotes estrangeiros teria sido quase que um sacrilégio. É verdade que, na própria *Ilíada*, os anciãos de Troia, depois de terem ficado encantados com a beleza de Helena quando ela se aproxima deles perto das muralhas, afirmam entre si que seria melhor devolvê-la. E Heitor, no momento decisivo da discussão com Aquiles, tomado pelo terror, pensa que poderia oferecer ao inimigo a devolução da mulher. Mas, na *Ilíada*, Helena está ali em Troia, terrivelmente semelhante a uma deusa: e não se fala em devolvê-la. Heródoto contesta a ficção homérica partindo da hipótese "negacionista" de que Helena jamais chegara a Troia: introduz o princípio de realidade no mito poético, repetindo por duas vezes que essa é apenas sua opinião, seu ponto de vista particular. Ele também substitui a teologia, a qual na *Ilíada* era proclamada por Príamo, recebendo Helena junto às muralhas ("por mim, não tens culpa alguma, quem tem a culpa são os deuses / que me atiçaram a guerra malfadada dos aqueus"), aquela retributiva pela qual um deus (um *daimon*) "predispunha" que a morte de tantos troianos tornasse manifesta a vingança dos deuses por uma grande culpa.

Para o leitor das *Histórias*, essas discussões têm o mesmo fascínio que possuem a descrição de lugares e de costumes, ou muitos dos "relatos" que elas apresentam. As primeiras estimulam nosso apetite intelectual mais sofisticado, ao passo que os segundos estimulam o nível em que este tem contato com os sentidos. Ninguém jamais pode resistir à descrição da Babilônia e da assim chamada Babel no livro I e à da pirâmide de Quéops no livro II, a primeira maciça, "larga e comprida um estádio", e sobre essa uma outra torre e, depois, uma terceira, e uma outra até chegar a oito torres, com um templo em cima, e dentro do templo um grande leito, e junto desse uma mesa de ouro; a segunda, construída primeiramente em etapas por meio de máquinas incríveis, que são feitas para subir passo a passo. Mas os costumes de algumas populações indianas, no livro III, exercem uma atração toda particular no que diz respeito ao horror e ao macabro:

> Outros indianos, que vivem a oriente deles, são nômades, comem carnes cruas e se chamam padeus. Diz-se que seguem os seguintes costumes: se um dos cidadãos adoece, tanto faz se for uma mulher ou um homem, ele é assassinado pelos homens que lhe são mais próximos, os quais sustentam que, consumido pela doença, esta vai lhes estragar as carnes; ele nega que esteja doente, mas os outros, que não acreditam nele, matam-no e o comem. Do mesmo modo, se adoece uma mulher, as mulheres que são suas amigas especiais fazem o mesmo que os homens. Se por acaso alguém alcança a velhice, sacrificam-no e comem-no durante um banquete. Mas entre eles não são muitos os que alcançam essa meta, uma vez que antecipadamente vão matando todos aqueles que ficam doentes.

Lendo Heródoto, é de admirar a variedade de seus interesses e pela força de sua curiosidade. Não existe nenhum detalhe que lhe escape e que não busque conhecer, de modo que com razão poderia ser qualificado não somente como "pai da História", mas também como "pai da micro-história". Inclusive como pai da história romantizada: ao contar, por exemplo, a trama intrincada entre Astíages, Hárpago e Ciro, no livro primeiro, Heródoto sequer passa da dinastia dos medos e dos persas, mas se detém por muitos capítulos a detalhar um assunto entretecido de sonhos e interpretações, de crianças expostas sobre o cimo deserto de uma montanha e trocados de agradecimentos e revelações, de carnes humanas cozidas, assadas e comidas.

Por outro lado, são memoráveis suas descrições das batalhas e das catástrofes que marcam a guerra entre gregos e persas: Maratona, Termópilas, Salamina, Plateia. Para quem lê as *Histórias* dos trezentos de Leônidas que, depois de terem perdido as lanças, combatem com as espadas, com as mãos, com os dentes antes de sucumbir um após o outro (a hipérbole do autor do *Sublime*), ou, então, da Acrópole que queima numa Atenas deserta, ou, por fim, de Xerxes que, sentado no trono no cimo do monte Egaleu, contempla o desastre da frota persa em Salamina – para o leitor dessas histórias essas imagens ficam fixadas na mente de forma indelével.

Há outras frases ainda que ficam gravadas na memória, porque, sublinhando as diferenças entre gregos e bárbaros, fixam identidades bem precisas e pontos essenciais de um credo que não é apenas político, mas diz respeito a uma civilização como um todo. Vou escolher algumas do livro VII, o mais denso nesse sentido. A primeira nos vem com a resposta do espartano Demarato a Xerxes, que estava seguro de que os gregos, desunidos, não combateriam contra um exército infinitamente mais numeroso e, por estar submisso ao comando de uma única pessoa, bem mais forte do que o deles. Demarato responde assim:

> Eu não pretendo ser capaz de combater contra dez homens ou contra dois; por mim, não combateria com nenhum sequer. Mas se fosse necessário ou se fosse constrito por um grande desafio, combateria de bom grado com um desses homens que dizem valer, cada um deles, três gregos. Assim também os lacedemônios, quando combatem um por um, não são inferiores a ninguém; unidos são os melhores de todos os homens. De fato, apesar de serem livres, não são plenamente livres; eles têm um patrão que os comanda, a lei, que temem bem mais do que os teus súditos temem a ti. Eles cumprem tudo que manda a lei, e essa ordena sempre a mesma coisa, não permitindo que se fuja da batalha frente a qualquer que seja o número dos inimigos, mas resguardam seu próprio posto, vencer ou morrer.

Jacqueline de Romilly escreve que essa é uma passagem na qual culmina aquela "descoberta da lei" que caracteriza a Grécia do século V. O

Nómos, ou seja, a lei, junto com a liberdade, é para os espartanos um soberano mais poderoso do que Xerxes. Mais tarde, os espartanos são detidos por Hidarnes, comandante persa "das populações marítimas da Ásia", que lhes oferece, em troca de sua rendição, o governo das províncias gregas em nome do rei. Eles replicam o seguinte: "Hidarnes, o conselho que estás nos dando não procede de uma experiência equitativa. Tu aconselhas, pois, sendo especialista em uma coisa, mas não na outra: tu aprendeste a ser escravo, mas ainda não saboreaste a liberdade, se é algo doce ou amargo. Se a tivesses provado realmente, não nos aconselharias a combater por ela com as lanças, mas também com os machados".

Entre liberdade e lei, a identidade grega se define contra o invasor, que só conhece servidão e governo absoluto. As guerras contra os persas são, como nos dão a entender essas passagens com muita clareza, conflitos de mentalidade: os asiáticos de modo algum conseguem compreender como que, ao preço de combates sanguinolentos destinados via de regra à vingança, se possa preferir a liberdade à honra e à promoção junto ao rei, e a lei é para eles o comando daquele rei.

Mas, para Heródoto, não basta apresentar os espartanos como defensores da Hélade. Ele sabe muito bem, por uma série de considerações táticas elaboradas desde há muito tempo, que, sem a resistência concomitante e determinante de Atenas, o invasor teria tido razão em relação à Grécia. Ele intervém, então, em primeira pessoa, elaborando um raciocínio perfeito: "Nesse ponto", afirma, "me vejo premido pela necessidade de exprimir uma opinião desagradável à maior parte das pessoas; todavia, não vou me abster sobre aquilo que me parece ser verdadeiro". Se os atenienses, continua ele, tivessem abandonado a sua terra ou se tivessem se rendido a Xerxes, já não haveria quem se contrapusesse a ele no mar. E na terra os espartanos teriam ficado sós, morrendo com nobreza ou então fechando um acordo com Xerxes. Então, toda a Grécia acabaria caindo em mãos persas:

> Mas, pelo modo como se desenvolveram as coisas, quem afirmasse que foram os atenienses os salvadores da Grécia não estaria longe da verdade: dos dois desenvolvimentos possíveis dos eventos, aquele para o qual eles tivessem se orientado teria sido o preponderante. Escolhendo que a Grécia permanecesse livre, acabaram despertando todo o restante da Grécia que

não estava favorável aos medos e foram eles a afugentar o rei, naturalmente depois dos deuses.

É também desse modo que se faz a história, respeitando o "verdadeiro" (ou, como dizia David Asheri, daquilo que "é mais ou menos verossímil") e o desenvolvimento da razão: não apenas através do conhecimento direto (ópsis) e dos testemunhos orais (*akoé*), mas também através da meditação da razão ("entre a epistemologia iônica e a sofística") e tendo bem presentes tanto o "ciclo" nos assuntos humanos – palavra pronunciada por Creso de Ciro – que "quando se dá não permite que a boa sorte caia sempre nas mesmas pessoas", quanto a sábia "providência divina", que, como declara o autor no livro III, rege a história universal e o equilíbrio biológico, "naturalmente depois dos deuses", Heródoto escreve na passagem que acabei de mencionar acima.

Heródoto sequer havia falecido e suas *Histórias* já circulavam em sua época, quando entra em cena o segundo grande historiador da Grécia clássica, o ateniense Tucídides. As Guerras Persas terminaram no ano de 479, mas nem cinquenta anos depois (no ano de 431, quando Heródoto ainda estava vivo) explodiu a Guerra do Peloponeso, entre Atenas e Esparta, que só acabou em 404. Tucídides relatou o estopim e os desdobramentos dessa guerra até o ano de 411, enquanto que os últimos anos fazem parte da temática dos primeiros dois livros das *Helênicas* de Xenofonte. O objeto de busca aqui é diferente, visto que Tucídides se ocupa de uma guerra que se dá no presente e totalmente dentro da Grécia. A abordagem do historiador é, portanto, distinta daquela de Heródoto, que, no entanto, é citado pelo próprio Tucídides (e, às vezes, ridicularizado).

Na sua *Guerra do Peloponeso* não vamos encontrar a referência ao mito e nenhuma intervenção divina. As causas dos acontecimentos são apenas humanas, que Tucídides procura abordar do modo mais objetivo possível: "quem começou" aquela guerra, escreve ele, "foram os dois, espartanos e atenienses, depois de terem declarado o fim da paz de trinta anos, que fora estipulada depois da tomada da Eubeia". Os *casus belli*, tanto de um lado quanto do outro, foram muitos, mas Tucídides compreende de pronto qual teria sido a "motivação mais profunda, mesmo que inconfessada" do conflito. Foi "o crescimento do poderio ateniense e o temor que isso já incutia nos espartanos" que tornou o "conflito *inevitável*". É essa postura que mais tarde se tornará um modelo fundamental para os historiadores gregos e latinos *in primis* e depois para os modernos. E isso pode ser visto, inclusive, no tom com que Tucídides abre a narrativa:

> Tucídides ateniense narrou a guerra entre os peloponenses e os atenienses. Colocou mãos à obra de pronto, já nos primeiros sintomas, imaginando que seria uma guerra grande e mais memorável que todas as precedentes: ele deduziu isso do fato de que ambos entraram nessa guerra justo no momento em que estavam no ápice de suas forças em todos os setores do aparato bélico, e da constatação de que o restante do mundo grego se alinhava com um ou com o outro lado, alguns alinhavam-se de pronto e outros tinham intenção de fazê-lo. Foi o maior acontecimento que se deu no mundo grego e, de certo modo, também no não grego: em resumo, para grande parte da humanidade.

Eis aí, então, a Guerra do Peloponeso entre Atenas e Esparta: o acontecimento mais importante da história não apenas da Grécia, mas de toda a humanidade; esse é o modelo que Tucídides quer nos propor. A Grécia é o país mais civilizado de sua época, um fato com o qual nós também podemos concordar. O que acontece na Grécia – a cisão entre Esparta e Atenas, que não aconteceria até a Guerra do Peloponeso, visto que Esparta e Atenas combateram juntas contra a invasão persa; a separação, a divisão, as hostilidades, o conflito aberto que acaba com a derrota de Atenas, isto é, da parte aparentemente mais civilizada e mais culta, aquela que terá maior repercussão na história romana e de todo o Ocidente – é o tema grandioso de Tucídides.

Para abordar esse tema, o historiador não hesita em reconstruir brevemente a história precedente da Grécia, evitando propositadamente o modo pelo qual os poetas "embelezaram" os acontecimentos, "agigantando-os", e o modo dos logógrafos, "os quais tinham em vista mais o deleite dos ouvintes do que a própria verdade". Não: ele irá "encontrar" os eventos, tomando como "base os indícios mais evidentes", apoiando-se em dois modos de reconstrução: os "fatos", tomados não do primeiro contato, mas analisados escrupulosamente, seja quando são testemunhados em primeira pessoa, seja quando tomados de terceiros; os "discursos" pronunciados de um lado e de outro e escritos, "atendo-se, é claro, ao sentido geral daquilo que foi efetivamente dito" – "como me parecia que qualquer um teria falado apropriadamente nas diversas circunstâncias". Em outras palavras, os discursos da *Guerra* tendem a ir adquirindo o *status* de probabilidade de "fatos", espelhando na visão do autor as ideias-guias, o pensamento de fundo, não só dos personagens em cena, mas de comunidades inteiras. Não importa se esse procedimento irá implicar a perda de atenção dos ouvintes nas leituras públicas:

> É muito provável que o meu relato não seja lá muito agradável numa leitura pública, até porque ele não tem finalidade artística. Para mim, basta o fato de que seja considerado útil a todos aqueles que queiram ver com precisão todos os fatos passados e orientar-se no futuro frente a todos os acontecimentos que se estejam para acontecer, iguais ou semelhantes, em razão da natureza humana. O que eu escrevi é uma aquisição perene, e não um ímpeto de bravura com objetivos de sucesso imediato.

"Uma conquista perene", afirma Tucídides, porque os fatos e os discursos que ele apresenta se expõem com base em leis fundamentadas naquilo que é próprio do homem, sobre a "natureza humana". A ela pertence antes de tudo o desejo de "crescimento", de fortalecimento, de expansão, tanto em nível individual quanto em nível comunitário. E é esse desejo que, em última instância, leva ao desencontro com o outro, à guerra. Conduzem à guerra também o desejo de honra e de prestígio, e a utilidade, enquanto que a simples postura de defesa leva ao medo. No entanto, a guerra está fundada, para ambas as partes, em bases materiais absolutamente semelhantes: os armamentos, por trás dos quais está a disponibilidade financeira, o dinheiro: o espartano Arquídamo e o ateniense Péricles dizem isso abertamente no livro I, no início do iminente conflito.

Mas, no livro II, o discurso que esse último proferirá posteriormente aos atenienses sobre as primeiras capitulações da guerra ultrapassa e muito o mero horizonte material. Naquele celebérrimo discurso, Péricles elogia o tipo de governo que tem Atenas e o modo de vida de seus habitantes:

> Vou deixar de lado aqui os empreendimentos de guerra feitos por nossos pais e por nós, graças aos quais nosso império foi se estendendo gradativa-

mente, ou as operações de defesa que tiveram o empenho nosso e de nossos pais rechaçando os ataques feitos pelos nossos inimigos bárbaros ou gregos – não quero fazer longos discursos diante de quem já conhece todas essas coisas. Antes de tudo, quero expor quais foram os princípios inspiradores que nos motivaram a chegar até esse ponto, sob que forma de governo e com que modo de vida nasceu nosso poderio: só então poderei passar a tecer elogios aos que tombaram, visto que me parece que a ocasião seja particularmente propícia para abordar esses assuntos, e que seja muito útil dá-los a conhecer a toda a multidão de cidadãos e de estrangeiros que aqui se reuniu. O nosso sistema político não se propõe a imitar as leis de outros povos: nós não copiamos ninguém, ao contrário, somos nós que estabelecemos um modelo para os outros. Esse modelo se chama democracia, pois a administração é qualificada não em relação às minorias, mas à maioria. As leis regram as controvérsias privadas de tal modo que todos possam ter um tratamento igual, mas quanto à reputação de cada um, o prestígio de que possa desfrutar quem já tenha se estabelecido em algum campo não deve ser alcançado com base em seu status social de origem, mas em virtude do mérito; e também, por outro lado, quanto ao empecilho que é a pobreza, que não seja um obstáculo para ninguém que tenha a capacidade de trabalhar de acordo com o interesse do Estado a modéstia da posição social. Nossa vida, porém, é uma vida livre, não apenas no que se refere às relações com o Estado, mas também no que diz respeito às relações do dia a dia, usualmente marcadas por suspeita mútua: ninguém se escandaliza se o outro se comporta como bem lhe agrada, e nem por isso o olha com suspeita, algo de *per si* inócuo, mas que não deixa de provocar compaixão.

Democracia, liberdade, igualdade, tolerância: aqui, pela primeira vez, ouvimos proclamar esses valores. Junto com essas, vemos também a celebração do bom gosto e do belo, a educação direcionada aos prazeres intelectuais e físicos, o desenvolvimento da personalidade. Em poucas palavras, Péricles delineia aquela medida única do bem, do belo e do justo que marca a civilização ateniense.

E, no entanto, logo que Péricles terminou de falar, no relato do cronista Tucídides, os peloponenses invadem a Ática e começam a devastá-la, e enquanto a ocupam irrompe a epidemia em Atenas. É essa epidemia que levará o próprio Péricles e boa parte da população de Atenas: foi a primeira pestilência descrita na literatura ocidental, aquela que vai inspirar Lucrécio e irá retornar nas páginas de Boccaccio, de Manzoni e de Camus. A descrição da peste de Atenas na *Guerra*, de

Tucídides, é uma das partes mais famosas da obra, uma passagem de onde emergem juntas a força da escritura, a potência devastadora da enfermidade e a explosão da *týche* – o acaso –, que domina as questões e preocupações humanas:

Pelo que se diz, a doença se manifestara inicialmente na região da Etiópia, além do Egito, e depois desceu ao Egito, na Líbia e na maior parte dos territórios do rei da Pérsia. A cidade de Atenas foi tomada por ela de repente: os primeiros a serem contagiados foram os habitantes do Pireu, e esses disseram por isso que os peloponenses tinham envenenado os poços de água (no Pireu, na época, ainda não havia fontes de água nascente). Depois o contágio difundiu-se também na cidade alta, e o número de mortos cresceu espantosamente. Ninguém, seja médico ou leigo, poderá exprimir sua opinião a respeito: qual teria sido provavelmente sua origem, e quais teriam sido as causas que levaram a uma turbulência tão grande, capaz de operar um efeito assim desastroso; de minha parte, limito-me a descrever o modo como a doença se manifestava e os sintomas que se observam, caso irrompa uma nova epidemia, para que se possa reconhecê-la a tempo e poder nutrir alguma esperança de salvação; é o que vou referir, depois de ter sido atacado eu mesmo pela doença, e eu próprio ter visto muitos outros acometidos por ela. Na opinião geral, aquele era um ano aparentemente imune de outras enfermidades; mas quaisquer que fossem as enfermidades que alguém pudesse ter sofrido anteriormente, todas acabavam se transformando nessa doença. Para outros, a doença sobrevinha sem qualquer causa: de repente pessoas sadias eram acometidas primeiramente por um forte calor na cabeça, com vermelhidão e inflamação na região dos olhos: as partes internas, garganta e língua, logo se viam cobertas de sangue, provocando um hálito irregular e malcheiroso. Sucessivamente, depois da manifestação desses sintomas, vinham os espirros e rouquidão e em bem pouco tempo a doença descia ao peito com forte tosse; descia e se fixava na boca do estômago, revirava-o e prorrompiam evacuações da bile de todo tipo, segundo a descrição dos médicos, o que causava um sofrimento enorme.

A terrível precisão médica na descrição que faz Tucídides não se detém até ter descrito todos os sintomas e suas consequências: um calor insuportável, impossibilidade de repousar, insônia, a dor de cabeça que descia e se espalhava para a cavidade abdominal e as extremidades, perda das genitálias, das mãos e dos pés, dos olhos, da memória e da noção de si próprio. "A natureza da epidemia superou a possibilidade de descrição por meio da palavra", escreve o historiador. Desencorajamento e desespero de quem é atingido, inexorável contágio a quem lhe presta auxílio, um caos de corpos amontoados por todos os lados: enfim, "propagação da corrupção". Ricos que morrem de repente, e miseráveis que tomam posse de suas riquezas, abandono a "prazeres passageiros" e à "satisfação dos sentidos", perda de toda hesitação nos confrontos da lei humana ou divina.

Nem mesmo depois de ler uma passagem como essa espera-se que o autor entabule um diálogo verdadeiro e próprio, como se fosse uma discussão dramática do *Filoctetes* ou do *Antígona*, de Sófocles. Mas Tucídides leva a efeito também esse *tour de force*, e o famoso diálogo dos embaixadores atenienses e dos magistrados melianos, que discutem secretamente o ataque dos primeiros à neutralidade da ilha, desvela as razões do imperialismo, sua falta de limites, a crueldade que ele exerce em nome da lei do mais forte.

Os atenienses proclamam que "não só entre os homens, mas como se sabe e é bem claro, também entre os deuses, existe um impulso natural e necessário que impinge os homens a dominar aqueles que puderem subjugar". "Não fomos nós que estabelecemos essa lei", eles afirmam, "nem fomos nós os primeiros a dela nos valermos; já a recebemos de quem nos precedeu e, de nosso lado, vamos repassá-la a quem nos sucederá, e terá valia eterna. E sabemos muito bem que, qualquer outro, inclusive vós, se vos encontrásseis em condições de dispor de uma força igual à nossa, vos comportaríeis assim".

É a inexorável lei da força, que os próprios atenienses experimentam ao final da guerra, quando foram estrondosamente derrotados, primeiro na Sicília, depois em sua própria terra. Ei-los, então, aqui, presos nas pedreiras, ao final do livro VII. A Guerra do Peloponeso vai se estender ainda por mais dez anos, mas essa descrição parece ser e é sepulcral:

> Quanto aos homens presos nas pedreiras, num primeiro momento os siracusanos trataram-nos com dureza. E visto que se encontravam num grande número vivendo dentro de cavas estreitas, primeiro foram afligidos pelo Sol e pelo calor, visto que não havia cobertura, mas depois sobrevieram as noites de outono frias a predispô-los, com suas alterações climáticas, a enfer-

midades. E visto que, em vista da falta de espaço, eles faziam todas as suas necessidades no mesmo lugar e que também acabavam sendo amontoados uns sobre os outros os cadáveres dos que morriam por causas dos ferimentos, das alterações climáticas e outros fatores, começavam a se formar miasmas insuportáveis; ao mesmo tempo, viam-se cada vez mais enfraquecidos por causa da fome e da sede [...]. Por cerca de setenta dias permaneceram assim amontoados; mas, à parte os atenienses, os siceliotes e italiotas, que lutaram como aliados, eles venderam todos os demais. É difícil de calcular com precisão o total dos homens prisioneiros, mas seguramente não eram menos do que sete mil homens. *Esse acontecimento foi o maior dentre os que se deram nessa guerra, e na minha opinião também entre os gregos, à cuja tradição pertencemos, sendo também o mais glorioso para os vencedores e o mais desafortunado acontecimento para os vencidos: esses últimos foram totalmente derrotados em todos os aspectos, sofreram grandes privações em todos os campos, e no que se poderia chamar de "destruição total" acabaram se perdendo as infantarias, as naves, e nada se salvou; e de tantos que partiram para a guerra, muito poucos retornaram à pátria.* Foram esses os acontecimentos da Sicília.

5
Tragédia e justiça

O décimo ano é esse,
de quando o poderoso adversário de Príamo,
o soberano Menelau e Agamemnon, sólida dupla de
Átridas,
que Zeus honrou com trono e cetro dúplices,
levaram dessa terra a multidão
de argos carregados em mil naves,
um socorro em armas.
Soltavam gritos de guerra
como abutres,
que na dor solitária pelos filhos
volteiam no alto por sobre o ninho
no bater das asas revoando,
cegos para com os pequenos no ninho, com dificuldade
vigiados.
E, do alto, um deus, talvez Apolo ou Pã ou Zeus,
tendo ouvido o brado agudo desses suplícios
em voz de pássaros,
envia contra os transgressores
Erínia, tarda punidora.
Assim, o poderoso Zeus hospitaleiro
envia os filhos de Atreu contra Alexandre,
por causa de uma mulher de muitos homens,
muitas e graves lutas aos membros,
de joelhos dobrados no pó,
e de lanças no primeiro assalto quebradas,
trazendo o mesmo destino a dânaos e troianos,

> É como está a coisa agora: mas se cumprirá
> no rumo do que está destinado;
> não será queimando vítimas,
> nem com libações, que alguém
> conseguirá aplacar as iras inexoráveis
> de sacrifícios rejeitados pelo fogo.

É isso que canta o coro logo depois do início da *Oresteia*, a última trilogia trágica que, aparentemente, Ésquilo teria apresentado (junto com o drama satírico *Proteu*) às Grandes Festas Dionisíacas de Atenas em 458 a.c., com a qual se sai vitorioso: as palavras que me agradam assinalam o auge do nascimento da tragédia na Grécia; natural e significativamente, com o retorno à Guerra de Troia e à maldição que essa guerra proporciona à casa dos Átridas, para Menelau e Agamemnon. A *Oresteia* é a história de Orestes que está ligada à história de seu pai, Agamemnon, e à perseguição que as Erínias farão a Orestes no último drama da trilogia, as *Eumênides*.

"É como está a coisa agora", proclama o coro, "mas se cumprirá no rumo do que está destinado": é assim que estão as coisas, agora, mas acabará se cumprindo o que foi estabelecido pelo destino. Tudo está vinculado pela necessidade e pelo fato: a *móira*. Depois da vitória de Troia, Agamemnon retorna a Argos trazendo consigo, como escrava, a filha profetisa de Príamo, Cassandra, e logo é assassinado no banho por sua mulher, Clitemnestra, e Egisto, o amante dela. Pela lei do Talião, o filho Orestes deve cumprir a *némesis*, a vingança: punir os assassinos do pai. No segundo drama da trilogia, as *Coéforas*, Orestes retorna a Argos, reconhece sua irmã Electra e com ela se une para cumprirem o assassinato da mãe e de Egisto. Mas o assassinato da mãe exige igualmente uma punição. Desencadeia-se uma corrente sem fim, na qual as Fúrias e as Erínias são enviadas por um deus – Zeus, Apolo ou Pã – a punir *todos* os transgressores, desde Atreu até Agamemnon, Clitemnestra e Orestes. No final da trilogia, as Erínias estão perseguindo precisamente Orestes, que vai encontrar refúgio, finalmente, em Atenas. A corrente de delitos, de ira e de vinganças que domina a *Oresteia*, em que a *móira* e a *némesis* exercem seu domínio avassalador, é verdadeiramente terrível. Basta ouvir os poucos personagens em cena ali, e em especial as mulheres: Clitemnestra, Cassandra e Electra. Elas preponderam claramente sobre os personagens masculinos, "tomam conta" do cenário. Cassandra, a virgem profetisa, filha de Príamo, trazida como escrava para a Grécia, "sente" e "vê" o que está acontecendo dentro do palácio de Argos:

CASSANDRA Ai, ai, o que estás considerando?
Que nova dor é essa? Considera que grande, grande desventura nessas casas, insuportável aos caros, incontornável: e distante está o socorro, muito longe!
CORO Nada compreendi desses vaticínios, mas conheço os antigos: grita toda a cidade!
CASSANDRA Ah, infeliz, é isso que fazes, enquanto o esposo, companheiro de tálamo, lavas e limpas: como poderei dizer o fim?
Logo isto sucederá, e mão sobre mão se lança para atacar.
CORO Ainda não compreendo: por causa desses enigmas em oráculos obscuros agora estou perdido.
CASSANDRA Ai, ai, que visão é essa?
Talvez uma rede, armada por Hades?
Mas a armadilha é a esposa, a cúmplice do assassinato.
Discórdia insaciável da estirpe elevas júbilo sobre sacrifício digno de lapidação.

Como já acontecera em Troia, as visões de Cassandra são uma desgraça terrível, e deixar que o delito se mostre através da mente e da voz dos deuses – como, numa proporção ainda maior, vamos encontrar no *Agamemnon* de Sêneca – é infinitamente mais eficaz do que apresentá-lo diretamente na cena: nela, pouco depois, vamos ouvir apenas a voz de Agamemnon que se faz ouvir quase que como um eco, derramada pela profecia.

Por outro lado, Clitemnestra imagina ter uma justificação por ter assassinado o marido. Como se não bastasse a infidelidade de dez anos vivendo com Egisto, a alegação dela é a punição pelo fato de Agamemnon consentir com o sacrifício de Ifigênia, que, segundo os adivinhos, era necessário para deixar partir a frota grega rumo a Troia:

> Não morte ignóbil
> teve aquele, eu creio.
> Não foi ele a trazer um infortúnio fraudulento
> nas casas? Mas ao meu rebento
> que dele nasceu e mal crescera,
> Ifigênia, chorada grandemente,
> tendo ele causado um ato injusto,
> essa compensação sofrendo,
> não se vanglorie no Hades,
> pois, morto pelo machado, pagou o que fizera.

"Pagou o que fizera". A lei, aqui, é precisamente a lei de Talião: olho por olho, dente por dente – como vemos no início da Escritura hebraica, na Bíblia. O coro, que representa o povo de Argos e de modo especial seus anciãos, se mostra horrorizado pelo delito, mas, na realidade, concorda com a lógica da lei. Quando Clitemnestra se recusa a aceitar o exílio ao qual quereria condená-la Argos pelo assassinato, o coro retoma aquela mesma lei:

> O teu espírito é soberbo, dissestes palavras desprezíveis:
> E como delira tua mente por evento que goteja massacre;
> a mancha de sangue
> se sobressai bem clara sobre teus olhos.
> Mas desonrada, privada de amizades, tu, *ao contrário*
> *tens que pagar golpe por golpe.*

Não fica claro aqui se com essas palavras o coro está aludindo à punição de Clitemnestra pelo exílio com o qual fora ameaçada pouco antes ou, então, à vingança de Orestes; todavia, é significativo que, mesmo no primeiro caso, a punição da assassina se traduz numa troca, pagar o delito *golpe por golpe*. Egisto, por seu lado, não deixa por menos. Ele atribui sua participação no assassinato de Agamemnon à mesma lei. Ao assassinar Agamemnon, Egisto realmente se vinga dos malfeitos que o pai dele, Atreu, cometera contra o seu próprio pai, Tiestes, e, em especial, o horrível banquete em que Atreu lhe servira a carne dos filhos, aquele que vamos assistir horrorizados no *Tiestes,* de Sêneca:

Oh, luz amiga de um dia que traz justiça! Agora, então, posso afirmar que os deuses vingadores dos mortais do alto observam as preocupações da terra: agora que vi, coisa que me agrada muito, esse homem jazendo nas túnicas tecidas das Erínias, compensando as insídias da mão de seu pai. De fato, Atreu, senhor dessa terra e pai dele, expulsou da cidade e do palácio o meu pai Tiestes, e para dizer com toda clareza, seu próprio irmão, lutando pelo reino. E quando o miserável Tiestes retornou à pátria, suplicante pelo lar, obteve destino certo de, ao morrer, não derramar seu sangue na terra dos pais. Mas seu ímpio pai, Atreu, mais movido por precipitação do que por afeto, fingindo celebrar com alegria um dia de festa de boas-vindas, ofereceu ao meu pai um banquete de carnes dos filhos: eliminou as pontas dos pés e as últimas falanges das mãos, sentado lá no alto separado, a fim de que não fossem reconhecidos. E Tiestes, por ignorância, tomou logo desses e comeu, alimento funesto, como vês, para a estirpe. Mas depois, tendo reconhecido a má ação, ululou, precipitou-se vomitando a matança e imprecou sorte insuportável aos Pelópidas: com um chute à mesa derrubou a ceia, lançando a justa maldição, que assim pereça toda a estirpe de Plístene. Vês agora que ele está ali caído abatido por ela; e eu sou o justo tecelão desse assassinato: pois que, junto com o infeliz do meu pai, eu, o décimo terceiro filho, um bebê vestido em faixas, fui mandado para o exílio; mas quando cresci, Dice me reconduziu para casa. E, no entanto, estando distante e fora do palácio, me ocupei disso, amarrando toda essa trama hostil. Assim, para mim também é doce morrer, depois de tê-lo visto nas redes de Dice.

Egisto, como Clitemnestra antes dele, evoca a própria Dice, a Justiça em pessoa. É evidente que os dois comungam do mesmo sentido, o qual leva ao resultado esperado por eles: "fazer justiça", para eles, significa retirar do caminho aquele que eles julgavam culpado de um delito, direta ou indiretamente, em primeira pessoa ou através da hereditariedade, Ifigênia e Atreu.

A justiça coincidiria, portanto, com a *nêmesis*, a vingança, e em última análise com a força empregada na própria vingança. Isso porque, é claro, Orestes e Electra poderão invocar Dice, reivindicando como justa a punição de Clitemnestra e de Egisto. "Ares contra Ares", dirá Orestes, "Dice contra Dice". É o que canta também o coro nas *Coéforas*, o segundo drama das trilogias, quando Orestes retorna a Argos para cumprir seu papel de vingador:

> Oh, Moiras poderosas, pela vontade de Zeus
> que assim se encerre
> procedendo segundo a justiça:
> "Na troca de palavra inimiga,
> que se cumpra a palavra inimiga", cobrando o que é devido,
> grita alto Dice.
> "Na troca de golpe mortal, golpe
> mortal se pague: quem agiu, sofra":
> é o que proclama a palavra vetusta.

Por sua vez, as Erínias poderão perseguir Orestes por causa do matricídio, bradar por vingança e justiça nos seus confrontos. Esse desencadeamento só terminará quando aquela estirpe específica tiver sido eliminada totalmente ou quando um elo dessa corrente demonstrar ser irresistível e definitivamente mais forte que o outro: precedente, sucessivo ou contemporâneo.

Em suma, o processo está imerso nos conflitos inextricáveis da tragédia, desde há tempos imemoráveis ou vetustos, como assevera o coro. Isso parece demonstrar a mesma inexorabilidade da vida que é mencionada muitas vezes como "afã", "fadiga", "pena". É claro que o debate a respeito de Dice entre Electra, Orestes e o coro está localizado no ponto central das *Coéforas,* onde culminam os dois pontos fundamentais. O primeiro se dá no começo, quando Electra afirma, "invoco justiça da injustiça / escutai, ó Terra, ó potências inferiores!", e o coro responde com uma imagem de violência inusitada:

> Mas é lei: gotas de massacres
> vertidas por terra outro sangue
> invocam, pois o extermínio invoca Erínia,
> ruína das antigas vítimas,
> notícia que traz ruína.

Áte sobre áte, achaque sobre achaque, ruína sobre ruína: eis a lei, o *nómos* da existência humana. Um pouco depois, Orestes compreende a questão desde seu fundamento, quando vê o conflito insanável entre justiça e justiça, ao preconizar que "Ares combaterá contra Ares. Dice contra Dice." Electra, por sua vez, insiste para que os deuses cumpram o destino "segundo a justiça". Mas o coro replica redirecionando a atenção sobre a "fadiga" da estirpe, "terrível sanguinária / espancada por Ate", e comentando desesperadamente: "Ai, luta insuportável de pranto funesto / ai, dor sem tréguas!".

Dice traz lutas, dores e ruína. Paradoxalmente, um único momento no *Oresteia*, antes da solução imposta por Atena no final, denota um vislumbre de esperança. É um momento de conhecimento e reunião, quando muitos anos depois do assassinato de Agamemnon, Orestes volta para casa. O primeiro obstáculo que ele tem de superar é ser reconhecido pela irmã Electra, de quem precisa para levar a cabo a vingança. Daí Ésquilo reconstruirá uma cena de reconhecimento muito bonita, que terá uma forte repercussão a partir do século V antes de Cristo até o século XX.

Quando está depositando libações no túmulo de seu pai, Electra encontra sobre o sepulcro uma mecha de cabelos e, no chão, algumas pegadas. Com o coração em sobressalto, se dá conta de que ninguém a teria cortado, exceto ela mesma: "são na verdade os inimigos a quem seria apropriado tal luto", observa a corifeia. Electra logo se dá conta de que aqueles cabelos são semelhantes aos seus, e o coro alude que esses poderiam ser "um presente furtivo de Orestes". Electra conclui: "Mandou essa mecha cortada em homenagem ao pai". Depois se embrenha num monólogo que se prende no fio da esperança e do conhecimento; se pelo menos essa mecha "tivesse voz evidente à semelhança de um anúncio, para que eu não me mantenha cravejada pela dúvida", exclama ela. E enquanto está tomada pela angústia e continua a observar a mecha, se dá conta das pegadas no chão: são pegadas de dois pés diferentes, "dele pessoalmente e de alguém mais que o acompanha". Chama a essa de uma "segunda prova", observando que "os calcanhares e o traçado dos pés, a sua medida, coincidem perfeitamente" com os próprios passos. Angustiada e perturbada, Electra se detém: justo no instante em que Orestes, seguido de Pílades, avança e vai ao seu encontro.

Uma cena que, sem sombra de dúvidas, é muito chamativa e que logo vai se tornar célebre, uma vez que foi retomada, como veremos, por Eurípedes e Sófocles, que Platão alude no *Teeteto* falando de "pegadas" e de "reconhecimento", e que, por fim, Aristóteles consagrou na *Poética* como paradigma de um tipo de *anagnórisis*, isto é, um traço preciso de reconhecimento, o que ele proclamou "através do silogismo" ou o seguinte raciocínio: "Electra argumenta que chegou alguém igual a ela, mas ninguém lhe é igual senão Orestes, portanto, foi ele quem chegou". Uma dedução que se baseia nos dois "sinais", nas provas (a mecha e as pegadas), já mencionados por Electra de Ésquilo e que demonstra a grande fé do dramaturgo na capacidade da razão.

Todavia, Ésquilo é um escritor refinado demais para não saber que nessa cena a razão deve vir acompanhada da emoção. Então ele expressa as dúvidas de Electra ("tivesse uma voz clara à semelhança de um mensageiro"), e quando aparece Orestes se dá um belíssimo diálogo entre irmão e irmã, e se revela a prova decisiva: um tecido feito pela própria Electra no qual está estampado um desenho de caça, símbolo da família dos Átrides. O diálogo culmina no breve discurso com o qual Orestes convence Electra de sua identidade:

> Agora que estás me vendo pessoalmente, tens dificuldade em me reconhecer: ao contrário, quando viste esta mecha cortada para a oferta fúnebre, a esperança te deu asas e tinhas a impressão de ver-me, e, a mesma coisa, quando examinavas minhas pegadas. O cacho de cabelo de teu irmão, semelhante ao que trazes em tua própria cabeça, coloca-o ali onde foi cortado, e observa; então, olha para esse tecido, obra de tuas mãos, a ação da lançadeira e o desenho da caça. Concentra-te e não esmoreça tua alma pela alegria: sei muito bem que nossos mais caros parentes são hostis a nós dois.

Por fim, irmão e irmã podem celebrar o reencontro naquilo que, de ora em diante, será conhecido como o "dueto do reconhecimento". Na versão de Ésquilo não entra em cena apenas a explosão das emoções, mas exalta a recomposição da *domos*, a casa do pai: a "linhagem da águia".

A cena de reconhecimento constitui a única passagem de enlevo de toda a *Oresteia* até o desenlace conclusivo: conhecimento e amor fraterno contra ódio e Ate. Conhecimento não abstrato, mas encarnado: Electra chama Orestes de pai, mãe, irmão, apostrofando-o com "meu olho feliz", "desejo caríssimo da casa paterna, esperança chorosa de uma semente de salvação". Mas se trata de um breve interlúdio. Orestes tem consciência, e vai declará-lo logo em seguida, que deve cumprir a vingança: assassinar a mãe de Egisto. O coro também sabe disso, ao dizer:

Firme está o fundamento de Dice:
e o destino que forja a espada
prepara a arma,
e acrescenta esse filho
ao sangue vertido na antiga habitação.
A insigne Erínia na memória profunda
com o tempo exige expiação do delito.

Então Orestes assassina Egisto e depois sua mãe, apesar de todos os protestos dela. Logo, as "raivosas cadelas da mãe", as Erínias começam a persegui-lo. Orestes foge para o templo de Apolo, em Delfos, onde o deus lhe assegura proteção e apoio, depois para o templo de Palas Atena, na Acrópole de Atenas, onde as Erínias já conseguiram ser ouvidas pela deusa, e onde Orestes lhe suplica para que o julgue com equidade. O movimento vai se revelar decisivo. Isso porque Atena é a deusa da sabedoria e da razão, e porque é a protetora suprema de Atenas, a cidade onde Ésquilo vivia e que havia vencido as Guerras Persas (o próprio Ésquilo lutara em Maratona, Salamina e Plateia) e representava o berço da democracia, além da capital de Péricles e da cultura grega. Atena decide instituir um tribunal para os delitos de sangue junto do Areópago. Com isso, anuncia também os princípios em que vai se inspirar a aplicação da nova lei: "respeito aos cidadãos e o temor conjunto", pois sem o temor não há justiça que persevere. Com isso, Atena se vê forçada a identificar um ideal de Estado: "sem anarquia e sem despotismo", afirma a deusa:

Escutai agora essa lei, povo da Ática, vós que julgais a primeira causa de sangue derramado. Também no futuro essa assembleia de juízes durará para sempre para o povo egeu. Aqui é a colina de Ares, onde as amazonas estabeleceram morada e tendas quando vieram trazer a guerra por ódio a Teseu. Mas a cidade recente foi munida aqui de altas torres, sacrificando a Ares, donde este penhasco e esta colina terem o nome de Ares. E neste lugar o respeito dos cidadãos e o temor conjunto não vai lhes permitir cometer delitos, tanto de dia quanto de noite, até que os próprios cidadãos não introduzam novas leis: com curso de águas impuras e com lodo, corrompendo a água límpida, jamais encontrará bebida. Aos cidadãos aconselho que respeitem reverentemente um estado sem anarquia e sem despotismo, e de não lançar para fora da cidade todo o temor. Pois, qual dentre os homens é justo sem o temor? Mas precisamente quando respeitardes esse poder venerável, vós tereis um baluarte salvador da região e da cidade como ninguém mais possui, nem entre os citas nem na terra dos pélopes. Constituo essa assembleia de juízes, intocado por ganhos, venerando, severo, auxílio da terra, sempre vigilante na defesa de quem dorme. Estendo essa exortação aos meus cidadãos para o futuro. Levantem-se agora! Proferi os votos e julgai a causa no respeito do juramento. Tenho dito.

É aqui, no lugar onde séculos depois pregaria o apóstolo Paulo e onde todos os ouvintes, com exceção de poucos, o abandonariam, que se desenrola a última parte da *Oresteia*, um processo verdadeiro e próprio: com Orestes sendo acusado de matricídio, as Erínias como acusadoras, Apolo na qualidade de testemunha. O debate se estende em toda a amplitude, envolvendo também o assassinato de Agamemnon, e, portanto, toda a ação do drama. Por fim, Atena convida os juízes a votarem. O resultado apresenta uma igualdade perfeita entre os que estão a favor e os que estão contra Orestes. Então Atena, na qualidade de juiz supremo e presidente do tribunal, lança mão do próprio direito e vota em favor de Orestes, que, por isso, é absolvido. Atena também encontra uma nova função e nova tarefas para as Fúrias: com o novo nome de Eumênides, elas serão veneradas em Atenas e vão protegê-la.

Assim, a *Oresteia* sanciona um momento no qual se substitui a justiça do talião e da vingança, dominada pela Moira e por Ate, pela lei: um processo que se dá na corte, onde um tribunal humano, feito de jurados verdadeiros e próprios, escuta o acusado, a acusação, as testemunhas, e vota depois segundo suas próprias convicções – um progresso fundamental de civilidade que, apesar de não eliminar as tragédias sanguinolentas, regulamentará os resultados, suspendendo pelo menos intencionalmente a necessidade implacável da violência.

O "desenlace" da *Oresteia* não vai resolver os problemas que estabelecem uma ligação entre tragédia e justiça. Permanece pelo menos um nó fundamental. Quem estabelece as leis? É obrigatório respeitá-las, mesmo quando elas parecem ser ou são injustas? Mais adiante, no capítulo VII, vamos nos familiarizar com o processo e a morte de Sócrates: ali, segundo a história, termina o grande século V de Atenas, no ano de 399 a.C., com a condenação à morte e à execução do filósofo, que convencera Críton, no célebre diálogo platônico, que se deve obedecer às leis, mesmo quando sua aplicação por parte de um tribunal está equivocada ou é injusta. Mais ou menos quarenta anos antes disso, porém, o segundo dos grandes tragediográficos gregos, Sófocles, colocara em cena, como parte de uma trilogia "tebana", *Antígona*, dedicada exatamente ao problema mais "íntimo" da justiça.

Ficou revelado que Édipo, rei de Tebas, acabou sendo o culpado pela pestilência que tomou conta da cidade, porque assassinou o pai Laio sem saber, e sem saber acabou juntando-se com sua mãe, Jocasta. Tendo vazado seus olhos, Édipo vagou pela Grécia em companhia das filhas Antígona e Ismênia e posteriormente foi "morto" em Colono, não longe de Atenas. Os filhos de Édipo, Etéocles e Polinice, entram em conflito entre si para saber quem vai governar Tebas, e nessa guerra fratricida entre os dois participam todos os grandes heróis da Grécia da época: Tideu, pai de Diomedes, Melanipo, Capaneu, Anfitrião, Partenopeu e outros. Em *Os sete contra Tebas*, Ésquilo colocou em cena essa história, que depois foi recontada em hexâmetros latinos por Estácio.

Durante a guerra, Polinice e Etéocles se matam, enquanto o governo de Tebas acaba sob o controle de Creonte, irmão de Jocasta, que parece ter a intenção de sepultar Etéocles, mas de deixar o cadáver de Polinice insepulto, entregue aos cães e pássaros. Creonte decreta pena de morte a qualquer um que queira enterrar Polinice. Antígona, por outro lado, quer sepultar também esse irmão, apesar da proibição do novo rei. Ela prossegue mesmo assim, sustentando que existe uma lei mais forte do que aquela de Creonte, ou do estado. É a lei, divina e humana, da piedade: o corpo é sepultado. O corpo de um irmão deve ser sepultado pela irmã, sendo a única que permanece viva.

É daqui que nasce a desavença entre Creonte e Antígona, que vai se transformar logo num conflito aberto quando Antígona é presa, porque procura sepultar Polinice. O conflito acaba novamente no fórum da justiça: entre a lei, o *nómos*, proclamada por uma autoridade, e a que Antígona sustenta ser mais elevada, mais verdadeira e mais justa, a lei dos ágrapta nómina, as leis não escritas dos deuses.

A discussão sobre esse problema, sobre qual das duas justiças deve prevalecer, dura pelo menos até Hegel, que dedicou páginas importantes a *Antígona*, e, além dele, até os estados autoritários do século XX. É justo, por exemplo, obedecer às leis do Estado se essas leis, inclusive as leis desumanas sobre o extermínio de judeus, são proclamadas pelo governo do Partido Nazista, ou será mais justo liberar-se e agir segundo a própria consciência e a própria natureza dos seres humanos, a saber, com a *pietas* inspirada pelos deuses? Eis as razões de Antígona, em diálogo com Creonte:

CREONTE   Digo a ti, a ti que inclinas teu rosto para o chão: admites ou negas tê-lo feito?
ANTÍGONA Confirmo tê-lo feito e não o nego.
CREONTE   Responde sem muito pensar e de forma direta: sabias que fora proclamado que não se deve fazer tal coisa?
ANTÍGONA Sabia: e como poderia não saber? Estava claro.
CREONTE   E mesmo assim ousaste transgredir essa lei?
ANTÍGONA Para mim, não foi Zeus quem proclamou aquela proibição, nem Dice, que habita com os deuses do submundo, a fixar tal lei para os homens. E não pensava que teus éditos tivessem tanta força, que um mortal pudesse transgredir as leis não escritas e indeclináveis dos deuses. De fato, essas leis não são de ontem nem de hoje, mas vivem desde sempre, e ninguém sabe quando surgiram. E eu não queria cumprir a pena dessas leis na presença dos deuses, por medo da vontade de algum homem: sabia que deveria morrer, sim, eu o sabia muito bem, mesmo que tu não o tivesses proclamado. E se eu morrer antes do tempo, vou considerar isso como um ganho: qualquer um como eu, que vive entre tantas desventuras, como não poderia considerar morrer um ganho? Assim, para mim, receber essa sorte não significa uma dor, de modo algum; mas se o filho de minha mãe, depois de sua morte, tivesse deixado o cadáver insepulto, isso sim me faria sofrer: mas sobre isso, não é motivo de sofrimento para mim. Mas se te parece que agora eu estou agindo como uma louca, essa loucura, talvez eu a deva a algum outro louco.

A partir desse momento, Antígona acaba se transformando no exemplo daquela (ou daquele) que defende as leis mais profundamente divinas e, por isso, mais humanas. Aquelas que temos de levar em consideração sempre, mesmo que a lei do Estado proclame o contrário.

Mas um drama de Sófocles jamais é assim tão simples, tanto na perspectiva da trama quanto na perspectiva dos temas. Aqui não é seguramente o lugar para aprofundar os temas, que em suas facetas deixam transparecer o drama bem menos monolítico do que no passado. Mas eis que também o desdobramento da ação sofre reviravoltas imprevistas bem no seu final.

Creonte poupa a vida a Antígona e manda prendê-la numa gruta para que vá languescendo. Mas Antígona é a prometida esposa de Hêmon, filho do próprio Creonte, e Hêmon procura interceder junto ao pai para que liberte a prisioneira. Creonte mostra-se irredutível, mas pouco depois recebe a visita de Tirésias, que proclama que Tebas está contaminada pela "maleita", provinda do cadáver insepulto de Polinice. O rei manda Tirésias embora debaixo de xingamentos, acusando-o de querer tirar proveito da situação, mas depois acaba ordenando que sepultem Polinice e libertem Antígona.

Tudo andava bem e o drama se encaminharia para um *happy ending* se dois mensageiros não chegassem trazendo algumas outras notícias: Antígona, temendo ter de ficar presa por toda sua vida naquela gruta, se suicidou. Hêmon a seguiu, e o mesmo aconteceu com Eurídice, mulher de Creonte, que proclama desesperado: "Vem, ó, vem, / que se apresente a mais belas das sortes, / a suprema, / trazendo-me o dia derradeiro. Vem, ó, vem, / que eu não veja mais amanhecer outro dia!". Creonte, que agora já não se considera "mais do que nada", pagou por sua presunção tirânica: o decreto injusto de um homem não pode suplantar leis não escritas dos deuses.

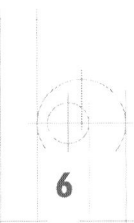

6
Tragédia do conhecimento

Ó, abóbada do céu esplendoroso e ventos de rápidas asas,
que surgem dos rios, e tu, mar – sorriso de ondas infinitas –
e terra, que és a mãe de todas as coisas, e Sol,
olho onividente, eu vos suplico: vede
quantas dores se me abateram por ação dos deuses, eu,
que também sou um deus!
Reparai o ultraje que me consome,
a luta que tenho de suportar
pelo tempo de infindos anos.
[...]
Para os mortais, roubei o dom, eu, infeliz,
e agora subjugado a esse destino:
da nascente do fogo, furtivamente
– que é mestre de todas as artes para os homens
e um recurso maravilhoso – eu me apoderei,
e a escondi no côncavo de um caniço.
Pago a culpa desse delito,
sob o livre céu livre humilhado pelos grilhões.

Para os gregos, na origem do conhecimento humano há um gesto de generosidade e compaixão, além de presunção: trata-se do gesto feito pelo titã Prometeu ao doar o fogo aos seres humanos. Presunção e excesso, pois um deus não deveria ter tido piedade do homem, que é infinitamente inferior aos seres celestes, e não deveria ter concedido aos homens um privilégio divino. É por isso que Prometeu foi condenado por Zeus a viver para sempre acorrentado em uma rocha em frente ao mar, e mais tarde a suportar que uma águia pique seu fígado. É assim que nos descreve Ésquilo na primeira cena de *Prometeu acorrentado*. O conhecimento é proibido ao ser humano, um tanto parecido ao que se descreve no livro bíblico do Gênesis, em que Deus proíbe Adão e Eva de comer da árvore do conhecimento do bem e do mal.

Apesar das inúmeras hipóteses propostas pelos estudiosos, não sabemos com precisão o que significa "conhecimento do bem e do mal" no âmbito bíblico. Sabemos, por outro lado, com precisão o que quis fazer Prometeu ao doar o fogo aos seres humanos. Ele próprio o esclarece, na tragédia de Ésquilo, descrevendo as misérias humanas, antes que ele tornasse os seres humanos "donos de sua própria mente", como crianças:

> Eles viam, e o seu era um olhar vazio: escutavam, mas sem ouvir; semelhante às formas dos sonhos, transcorriam sua longa existência, confusos e sem meta, e não sabiam construir casas de tijolos expostas ao Sol nem conheciam a arte de trabalhar a madeira, mas viviam debaixo da terra, como formigas ágeis, habitando o fundo escuro das cavernas.

Os seres humanos eram ignorantes de tudo: dos números, das letras, da astronomia, da domesticação dos animais, da navegação, da medicina, da adivinhação e até da extração de minerais. A humanidade primitiva, ainda criança em tudo e por tudo, estúpida, animalesca, realmente uma sombra troglodita de sonho que vive por acaso, deve o conhecimento de tudo isso a Prometeu. Era o que escrevia também Platão no *Protágoras*, fazendo com que isso fosse sustentado pelo pai da sofística, cerca de uma década mais velho que Sócrates:

> Mas eis que Epimeteu, que era um pouco idiota, sem se dar conta gastou todas as faculdades para os seres irracionais, enquanto ainda lhe faltava criar o gênero humano e não tinha mais o que lhe dar. Enquanto está ali, tomado por esse dilema, eis que lhe aparece Prometeu examinando a distribuição e observa que os demais animais estão convenientemente habilitados com tudo de que precisam, mas o homem, ao contrário, nu, descalço, sem leito, sem armas; e já se aproximava o dia fatal, no qual também o homem deveria sair da terra para a luz. Então Prometeu, não sabendo mais que recurso inventar para a defesa do homem, rouba a perícia técnica de Hefesto e de

Atena junto com o fogo (que, separada deste, era impossível para qualquer um conquistá-la ou dela se servir) e a presenteou ao homem. E foi desse modo que o homem recebeu a sabedoria para a vida prática; mas não detinha a sabedoria política, pois essa estava junto de Zeus; e Prometeu já não tinha mais permissão para entrar na Acrópole, morada de Zeus [...]. Mas então o que é que ele faz? Entra sorrateiramente na casa onde Atena e Hefesto trabalhavam juntos, e tendo roubado a arte ígnea de Hefesto e a outra que era própria de Atena, as entrega ao homem, que, desse modo, facilitou conquistar sua vida. Mas, mais tarde, Prometeu, segundo se conta, deveria pagar pelo furto que cometera. Depois que o homem se tornou partícipe da condição divina, e sobretudo o único dentre os animais, começou a crer nos deuses e erguer altares e imagens sagradas. Depois, com a arte, não tardou a articular a voz em palavras, inventou casas, vestimentas, calçados, leitos, e descobriu os alimentos que a terra fornecia.

Os debates em relação a que tipo de conhecimento o ser humano primitivo teria aprendido e como o teria alcançado – se foi por dom divino ou pelo desenvolvimento de uma faculdade inata – deveria ter sido, ademais, muito candente na Grécia do século V. Para Anaxágoras, o instrumento essencial para isso deveria ter sido as mãos, e o ser humano teria se destacado dos animais por sua capacidade de empregar a experiência, a memória, o saber e a técnica. Aristóteles e Galeno, por seu turno, objetam que é mais plausível pensar que o ser humano tenha mãos porque é o mais sábio dos viventes, e não é o mais sábio dos viventes porque tem mãos. Demócrito, ao contrário, defendia que os seres humanos foram discípulos dos animais por meio da imitação, nas artes mais importantes: "da aranha, no tecer e remendar, das andorinhas, no construir casas, dos pássaros canoros, do cisne e do rouxinol, no cantar" (e Plutarco, que reproduz essa passagem, exclama: "nós somos bastante ridículos quando celebramos as bestas como modelos para a nossa capacidade de aprender"). Mas na *Pequena cosmologia*, Demócrito relatava a história primitiva da humanidade de maneira mais detalhada:

> Os seres humanos daqueles primeiros tempos, então, eivados de simplicidade e de inexperiência, não conheciam nenhum gênero de arte nem de cultivo e nenhuma outra coisa sabiam, não sabiam o que fosse doença ou morte, mas apenas isso, que, lançando-se sobre seu leito no chão arrefe-

ciam-se sem compreender o que lhes acontecia; e só unidos pelo apego mútuo conseguia levar a vida em comum, saindo como se fossem ovelhas para as pastagens e alimentando-se usualmente de frutas de cascas lenhosas e de legumes. Prestavam auxílio mútuo para vencer as feras e combatiam nus, usando apenas as mãos como suas armas: e, encontrando-se assim desnudos, carentes de cuidados e de recursos e não tendo qualquer ideia da possibilidade de acumular em depósitos as frutas frescas e secas, mas limitando-se a comer o alimento que encontravam no dia a dia, muitos pereciam na chegada do inverno. Em seguida, pouco a pouco a necessidade acabou sendo sua mestra e começaram a estabelecer as escavações das árvores como moradas, o denso dos bosques, as fendas das rochas, as cavernas, e apreendendo pouco a pouco a descobrir quais eram as frutas que podem ser conservadas, colhiam-nas todas de uma vez, depositando-as em suas cavernas e, então, se alimentavam durante todo o ano. Vivendo juntos em tais condições, antes de conhecer o fogo, levavam uma vida simples, sem nada de supérfluo e em plena harmonia, e não tinham rei nem magistrados nem patrões, não conheciam vida militar nem violência nem rapina, só a harmonia e aquela vida livre e sem nada de supérfluo. Mas depois que se tornaram mais prudentes e previdentes, descobriram o fogo, desejaram coisas mais quentes e, portanto, foram querendo ter mais coisas manufaturadas, substituindo aquela vida livre e sem supérfluos por aquela diversão e condição das quais o mundo tira seu adorno e das quais derivamos o prazer, a alegria e todas as delicadezas que, à maneira de uma mulher, nos tornam mais relaxados, e é justamente isso que o poeta chama de "artifício de mulher".

A passagem é realmente fascinante: apresenta uma *história* articulada e pensada do ser humano primitivo, na qual a guinada decisiva é representada pela descoberta do fogo e a motivação central da evolução é representada pela necessidade, inicialmente, e depois pelo crescimento dos desejos e o aumento das habilidades. Posteriormente, no livro V do *De rerum natura*, inspirado em Epicuro, foi Lucrécio quem forneceu um quadro grandioso da evolução humana.

Dentre os dramaturgos, além de Ésquilo com o *Prometeu*, também participam dessa discussão Sófocles e Eurípedes. Em *Antígona*, inicialmente o coro celebra com grande ímpeto a capacidade autônoma do ser humano, a coisa "mais admirável" que possa haver. É um dos hinos mais célebres da era de Péricles:

Muitas são as coisas admiráveis, mas nenhuma
é mais admirável que o ser humano:
ele atravessou o velho mar,
mesmo em meio ao tempestuoso Noto
avança, entre as ondas encrespadas
que, em torno, afogam;
e, excelsa entre os deuses, a Terra
eterna, incansável, ele trabalha,
girando os arados ano após ano,
revirando-a com os cavalos jovens.

E os bandos de pássaros despreocupados
e a estirpe das feras selvagens
e as criaturas marinhas das ondas
nos laços de suas redes
envolve e captura
o homem cheio de engenho; e vence
com suas armadilhas o animal
agreste que vaga pelos montes, e o cavalo
de grossas crinas ele submeterá, encurvado, sob o jugo,
e o touro indomável das montanhas.
E palavra e pensamento
rápidos como o vento aprendeu sozinho, bem como
os impulsos para o ordenamento civil; e a fugir
de frios inóspitos
e de chuvas pesadas e tempestades do céu
rico de recursos. Jamais desprovido de recursos
avança rumo a algum evento futuro: só não
poderá fugir do Hades,
mesmo tendo descoberto a cura
para doenças inexoráveis.

Para além de toda esperança, dominando
a inventividade da arte, que é sagacidade,
às vezes move-se em direção ao mal, às vezes em direção ao bem.
Se as leis da terra aí ele insere
e a justiça da qual fez votos aos deuses,
eleva a sua pátria; mas sem pátria ele é
aquele que, por temeridade, se junta ao mal:
não habite em meu lar
nem pense como eu
quem age desse modo.

O Teseu das *Suplicantes* de Eurípedes retorna, ao contrário, à ação do divino:

> Louvores ao deus que colocou ordem em nossa vida
> libertando-a do caos e da bestialidade,
> antes de tudo, nos infundindo inteligência
> e, depois, nos dando a palavra como mensageira do pensamento
> e nos permitindo reconhecer a linguagem.
> Deu-nos o alimento que nos vem dos frutos
> e as gotas de chuva que caem do céu
> para nutrir os dons da terra, irrigando seu ventre;
> e, ainda, os abrigos para o inverno e para o Sol ardente, e a navegação,
> para que cada país possa trocar com outro os recursos de que necessita.

Discutir se a civilização humana surgiu por generosidade e impulso dos deuses ou por qualidades inatas no próprio ser humano não é algo desprovido de sentido: significa interrogar-se sobre a total dependência ou autonomia do gênero humano e fornecer uma resposta mítico-religiosa ou científica aos problemas sobre o princípio de onde surgiram os seres humanos. Há que se observar que esse princípio está no meio termo entre o princípio "material" que, como foi visto, os pensadores pré-socráticos buscavam no cosmo, e o princípio absoluto, ou seja, metafísico, da sabedoria, que é defendido por Aristóteles. Na reconstrução desse processo mencionado, não há nenhum aceno do maravilhar-se que desperta as perguntas da humanidade ainda infante e a impinge a "filosofar" – nem no Platão do *Protágoras*, que antes, no *Teeteto*, defendia que a filosofia provinha da admiração –, nem sequer no Anaxágoras, apaixonado pela busca e contemplação das estrelas, isso se dá. Na verdade, o que os gregos fundamentam nesse campo é uma *antropologia histórica* de grande fôlego e envergadura, que tem diversos pontos em comum com a antropologia edificada pelos pensadores modernos.

O *Prometeu* de Ésquilo apresenta uma versão mítica e poética de grande poder evocativo dessas questões. A própria figura do titã acorrentado, que se lamenta e protesta violentamente contra o arbítrio de Zeus, acabou se tornando um ícone da imaginação popular. Prometeu só tem pena de seu irmão Atlas, condenado a carregar nos ombros, de pé no extremo Ocidente, o pilar dos céus e da terra; e do monstro Tifão, que se rebelara contra todos os deuses e foi esmagado pelo Etna. Rebelado contra as ordens do Olimpo, Prometeu torna-se um herói do conhecimento: ele "pensa primeiro" (esse é o significado de seu nome), sabe se adiantar com a mente, prever. Reconhece que virá o dia em que será libertado; sabe que esse momento ainda não chegou, que a *Moira* que "tudo leva a consumação" não o quer, por ora: que a are, que é *téchne*, da qual ele é o protetor, é mais "débil" que a *anánche*, que a necessidade. Contra a muralha insuperável do destino de nada vale ser engenhoso, e contra isso não tem valia e efeito mesmo a imensa força de Zeus. Logo vai se mostrar o quão impotente é o engenho nos assuntos de Édipo, mas talvez seja oportuno nos determos por um instante para considerar que tipo de conhecimento humano seria possível segundo um poeta trágico como Ésquilo.

Vamos descobrir essa realidade lendo *Agamemnon*, o primeiro dos três dramas que compõem a *Oresteia*. No *Agamemnon*, em certa altura o coro entoa o célebre hino a Zeus, no qual se invoca a divindade suprema do panteão grego com seu nome, apenas para indicar quem é o deus mais elevado e mais poderoso do mundo:

> Zeus, quem quer que seja, se é esse o nome
> pelo qual ele gosta de ser invocado,
> assim dirijo-me a ele: nada encontro com que pudesse compará-lo,
> pois peneirando tudo atentamente,
> exceto Zeus, se realmente se deve lançar fora
> o peso vão do próprio pensamento.
>
> [...]
> Mas quem eleva o grito epinício
> colherá a sabedoria em abundância –
>
> a Zeus que destinou os mortais
> a serem sábios, que institui como lei válida
> "sabedoria através do sofrimento".
> Em lugar do sono [ou então: "também no sono"] destila frente ao coração
> uma angústia prenhe da lembrança das dores:
> mesmo para quem não a quer, a sabedoria vem.

Então, o sofrimento é o pré-requisito para o conhecimento. Se o Gênesis hebraico postula que o preço do saber seria a morte, os gregos sabiam perfeitamente que o conhecimento só pode ser adquirido através da dor. Era sabido por todos desde os tempos de Homero e Hesíodo, mas foi precisamente Ésquilo, no início da tragédia, quem exprimiu esse fato de modo memorável.

Páthei máthos: é essa a indicação de Zeus para o *phronéin* humano, a "prudência" que é sabedoria e sagacidade. Uma angústia que lembra os sofrimentos: uma *dor* imensa oprime o coração do homem e representa a própria fonte do saber.

Conhecimento através do sofrimento. Não existe conhecimento para o ser humano que não passe pelo padecer. O exemplo máximo dessa realidade, assim como da impossibilidade de o simples engenho humano suplantar o destino, é Édipo. Justo por causa de sua sabedoria e de sua inteligência, Édipo derrotou a Esfinge, adivinhando o enigma que lhe fora proposto: qual é o animal que, quando é pequeno anda de quatro patas, quando é adulto caminho com duas e quando é velho, apoiando-se no cajado, anda sob três pés? É o ser humano, naturalmente; sempre ele está no centro de tudo. Por ter enganado a Esfinge, Édipo foi recompensado com o governo absoluto de Tebas e com a honra de desposar Jocasta, a viúva do rei precedente, Laio. Mas agora Tebas estava tomada por uma pestilência, e Édipo enviou seu cunhado Creonte a Delfos para consultar o oráculo e descobrir o que se deveria fazer para debelar a peste. O oráculo responde que o *miasma*, o contágio, se deve à presença de um ser impuro: daquele que é culpado pelo assassinato de Laio. Édipo é o patrono do conhecimento: por isso toma para si a tarefa de descobrir o culpado e através de um inquérito bem feito e reviravoltas inesperadas acaba descobrindo quem fora o assassino.

A primeira fase da indagação consistiu em interrogar Tirésias, o profeta-adivinho que já encontramos na *Odisseia*. Tirésias é depositário de um saber não racional, não lógico, que nada tem a ver com o saber de Édipo, sendo muito mais antigo. De início de modo oblíquo, mas depois de modo cada vez mais direto, Tirésias acusa Édipo de ser o culpado pelo assassinato de Laio. Furioso, Édipo o persegue, acusando-o de urdir um complô com Creonte para usurpar o poder. Num colóquio sucessivo com Creonte, repete a acusação e anuncia que quer condená-lo à morte; assim, por pressão do coro, decide que vai exilá-lo. A segunda etapa da indagação é o encontro com Jocasta. Ela revela que uma profecia havia predito a Laio que seria morto por um filho: mas, ao contrário, isso se deu por "saqueadores estrangeiros na convergência de três estradas". Ora, depois do nascimento, Laio mandou amarrar-lhe as juntas dos pés, "e mandou lançá-lo, através de outras pessoas, num monte inacessível". O oráculo estava errado, portanto. Mas Édipo está perturbado. Pergunta qual teria sido o lugar do assassinato, quanto tempo passara desde então, qual era a aparência de Laio, se ele estava viajando com um pequeno séquito ou era seguido por muitas pessoas – em suma, faz todas as perguntas circunstanciais que faria um detetive. A cada resposta de Jocasta, Édipo se mostra mais perturbado, até lhe perguntar se não seria possível convocar o próprio homem que teria dito tudo isso a Jocasta; ela lhe diz então que seria o filho de Políbio e Mérope, senhores de Corinto. Certo dia, chamado por um bêbado de falso filho do pai, Édipo pediu explicações aos seus pais, mas depois quis consultar o oráculo de Delfos a respeito. Apolo não lhe deu uma resposta, mas lhe predisse que se juntaria com a mãe e assassinaria o pai. Então, ele abandonou Corinto para sempre e fugiu para onde não poderia mais encontrar pai e mãe. Nos lugares mencionados por Jocasta, precisamente no encontro de três estradas, deparou-se com um carro com um velho de aspecto semelhante ao que ela descreveu, acompanhado de um arauto. Os dois empurraram-no violentamente para fora da estrada, Édipo reagiu, o velho o golpeou com um chicote e Édipo, num ímpeto de ira, o atacou com uma vara lançando-o ao chão, e ele acabou caindo do carro enquanto Édipo matou também o arauto. É decisivo para Édipo, portanto, interrogar o pastor que testemunhou aqueles eventos, para descobrir se Laio teria sido morto por um ou "mais" homens. No primeiro caso, ele, Édipo, seria inocente; no segundo, ele seria culpado.

Mas logo chegou a surpresa. Um mensageiro provindo de Corinto traz a notícia de que o povo de lá está em vias de eleger Édipo como rei da região do Istmo: Políbio, portanto, está morto. Embora Édipo concorde com Jocasta que os oráculos, uma vez que ele não matou Políbio, não têm valor algum, ele declara, no entanto, que não quer ir para Corinto por medo de ser "contaminado pelos pais". Mas o mensageiro retruca que Políbio e Mérope nada representavam para ele, não eram seus verdadeiros genitores, e que ele próprio o havia entregue aos dois ainda criança, desamarrando-lhe "os tornozelos furados" dos quais deriva seu nome ("Oidipous", provém de "saber", óida, e "pés", poús). A criança lhe fora entregue, acrescenta durante o interrogatório ulterior ao qual o submete Édipo, por um outro pastor, "da casa de Laio". Jocasta, conclui, poderia confirmar tudo.

Mas Jocasta compreende: enquanto que Édipo afirma que nada vai detê-lo de apurar a verdade e de saber qual é a sua origem e sua estirpe (*génos* e/ou *spérma*). Jocasta brada: "Desafortunado, que jamais saibas quem és!", e corre sozinha para dentro do castelo. Então Édipo pronuncia um verdadeiro ato de fé em si mesmo:

> Aconteça o que acontecer, eu quero saber qual é a minha origem [*spérma*], mesmo que seja humilde. Ela, certamente soberba como todas as mulheres, se envergonha de meu nascimento ignóbil. Eu, que me considero filho da sorte [*týche*], aquela que assegura o bem, não vou sentir-me desonrado. Essa foi realmente a minha mãe, e os meses de minha vida me tornaram pequeno e grande. Essa é a minha origem: e eu não poderia ter resultado diferente, a ponto de não conhecer o meu nascimento [*génos*].

Pouco depois chega o pastor tebano que entregara o menino ao de Corinto. Submetido ao forte interrogatório de Édipo e ameaçado de tortura, ele admitiu que teria recebido, por sua vez, o bebê de Jocasta com a ordem oficial de matá-lo por causa da velha profecia segundo a qual ele próprio assassinaria seus pais. O interrogatório é concluído; o detetive é ele próprio o culpado: "Ai, ai", exclama Édipo, "tudo se cumpriu exatamente como predito! Oh, luz, que eu te veja agora pela última vez, eu que fui gerado por quem não me devia gerar, e com quem não deveria ter me juntado, e quem não deveria assassinar!".

Enquanto um *thriller*, como reconstrução de delitos que são um parricídio e um incesto, o *Édipo Rei* de Sófocles é fantástico: talvez o melhor *thriller* já escrito, dotado de um mecanismo de encadeamento preciso, que não dá trégua até a surpreendente reviravolta em sua conclusão. Édipo quer conhecer o seu *génos*, mas quando chega a conhecê-lo, descobre ser filho de um homem que ele assassinou e de uma mulher, a mãe, com a qual se juntou e gerou filhos. O conhecimento que obteve se revela uma tragédia. De fato, Édipo cega-se para não ver mais o mundo no qual cometeu tanto mal.

Para nós, modernos, o problema reside numa questão essencial: Édipo é culpado de ter cometido esses horrores? No drama sucessor da série tebana de Sófocles, Édipo em Colono, ele próprio irá defender que não sabia de nada, e, portanto, não era culpado. Cada um dos acontecimentos teria sido imposto a ele pela combinação de Fato e Tyché, a sorte. E no entanto, na realidade, para os gregos, Édipo é culpado, mas não mais nem menos do que todo e qualquer ser humano. Pois cada ser humano está sujeito à *falibilidade*: não à culpa individual no sentido cristão, e não, portanto, ao pecado, mas à possibilidade de errar e cair – à falibilidade. Édipo cometeu uma *hamartía*, isto é, um erro com culpa; a palavra *hamartía*, se no grego clássico quer dizer "erro", significa, no grego dos cristãos, "pecado".

Há uma grande diferença entre os dois conceitos, visto que o pecado é cometido tendo-se ciência do ato (como quando Adão e Eva comeram o fruto que lhe fora expressamente proibido comer por Deus), enquanto que a culpa pode ser perfeitamente atribuída a qualquer um sem que ele tenha ciência ou, no fundo, seja responsável. Édipo de modo algum sabia que o homem que ele estava assassinando era seu pai, nem que a mulher com a qual estava se juntando era sua mãe, e assim fez todo o possível para evitar fazer as duas coisas. Todavia, Édipo é culpado, profundamente culpado, como são todos os seres humanos. Podemos dizer que ele está marcado com uma "culpa original" – que não quero chamar de "pecado original" para evitar confusão com um âmbito diferente –, uma culpa original que diz respeito a todos nós. Todos nós que queremos conhecer as nossas origens, o nosso *spérma* e o nosso *génos*, por meio da razão e da ciência. Todos nós que roubamos o fogo junto com Prometeu, ou que o recebemos dele.

E pensar que Sófocles, que descreve de forma tão brilhante, numa virtualidade extraordinária, de um ponto de vista dramático esse precipitar-se do conhecimento no nada, esse Sófocles era quem, junto com

Ésquilo, porém de maneira diversa, celebrara o conhecimento. Isso porque, na série dos dramas sobre Electra, todos inspirados pelas *Coéforas* de Ésquilo, a *Electra* de Sófocles que vem em terceiro lugar, parece, depois da de Eurípedes, parece asseverar fortemente a fé na razão. Nas *Coéforas* vamos encontrar uma cena de reconhecimento da qual já falei no capítulo anterior. No túmulo do pai, Agamemnon, Electra encontra uma mecha, a aproxima de seus cabelos e observa: "esses cabelos são parecidos com os meus". Elabora então aquilo que Aristóteles irá chamar na *Poética* de *syllogismós*, um silogismo, um raciocínio dedutivo: "os cabelos dessa mecha são semelhantes aos meus, ninguém pode ter cabelos iguais aos meus a não ser meu irmão Orestes, logo Orestes veio". O mesmo acontece um pouco mais tarde com os vestígios de um pé que Electra encontra no cão, uma cena da qual se lembrará Platão no *Teeteto*, quando fala do processo de conhecimento como reconhecimento de um sinal já inscrito na memória. Novamente Electra desenvolve um *syllogismós*: "Aqui existe uma pegada, meu pé é semelhante a essa pegada, ninguém pode ter pés semelhantes aos meus a não ser Orestes, logo, é Orestes que chegou".

É um momento emocionante esse em que Electra começa a raciocinar ao estilo de Sherlock Holmes, Perry Mason ou Nero Wolfe – em suma, como um detetive moderno que tira conclusões da evidência, dos indícios que descobriu: a mecha e as pegadas. Os dois raciocínios que Electra elabora a partir de tais indícios não são suficientes, como ela própria reconhece, para demonstrar de maneira definitiva a presença de Orestes, mas indicam que a mente humana pode percorrer racionalmente boa parte do percurso necessário para a aquisição do conhecimento: em suma, declaram que o dramaturgo Ésquilo acredita na razão.

Mas essa cena logo foi contestada por Eurípedes, que em sua *Electra* irá inserir um episódio que reescreve o episódio narrado originalmente por Ésquilo. No drama de Eurípedes, o velho pedagogo chega diante de Electra (a qual desposou um camponês) anunciando: "Fui até o túmulo de teu pai, encontrei uma mecha de cabelos que são exatamente iguais aos teus, e, portanto, deve ter sido Orestes quem a deixou cair". Em suma, o velho repete o silogismo de *Electra* de Ésquilo. Mas a Electra de Eurípedes frequentou a escola dos sofistas e lhe retruca: "Desculpa, mas nunca viste os cabelos de uma mulher e os cabelos de um homem? Eles não correspondem um com o outro: são completamente diferentes! E depois falas de 'pegadas deixadas no chão', mas as pegadas de uma mulher são bem menores do que as de um homem. Como podem ser iguais?" Eurípedes tripudia porque Ésquilo não empregara a palavra "igual" (*hísos*), mas "proporcional a", *symmetros*. Mas, no fundo, a Electra de Eurípedes faz um bom julgamento atacando e destruindo o raciocínio de Ésquilo: ou melhor, no desconstruir as provas contextuais que serviriam para estabelecer como válido aquele raciocínio. A conclusão inevitável que se deveria tirar é que não se pode adquirir conhecimento racional, dedutivo, a respeito da presença de Orestes.

Contudo, o reconhecimento que se dá entre Orestes e Electra também se apresenta na *Electra* de Eurípedes, em que é representado segundo um comprovado modelo homérico, através da cicatriz que Orestes tem na fronte e que adquiriu brincando quando era ainda criança. Naturalmente, essa cicatriz é a versão trágica daquela que Ulisses traz estampada na coxa, por meio da qual a velha ama Euricleia o reconhece. Tanto o pedagogo quanto Electra estão de acordo em relação a esse sinal. É bastante provável que, com essa mudança em relação à cena esquileana, Eurípedes tenha desejado assinalar seu ceticismo em relação à fé no racionalismo exibida por seu colega mais velho.

Então, eis que entra em cena a *Electra* de Sófocles, o dramaturgo que já compôs e representou o *Édipo Rei* e que já atingira a idade de oitenta anos. Em sua versão do drama, Sófocles divide a cena de reconhecimento em duas. Na primeira cena, um velho pedagogo leva a Electra e Clitemnestra a notícia de que Orestes foi morto durante uma corrida com os cavalos nos jogos délficos. A urna que contém suas cinzas logo entra em cena através de Pílades. Pouco depois, a irmã de Electra, Crisótemis, conta que esteve junto ao túmulo de Agamemnon e que encontrou ali uma mecha de cabelos:

> Como vejo que o lugar é tranquilo, me aproximo do túmulo. E sobre ele descubro uma mecha de cabelo recém-cortada. E logo que a vi despertou na minha alma uma imagem familiar, pois era um sinal de Orestes, o irmão mais querido que possa existir. E então, a toco com as mãos, sem conseguir dizer palavra, e de alegria os olhos se enchem de lágrimas. E, agora, penso

como então: essa oferenda esplêndida não pode ser senão dele. A quem poderia pertencer, além de nós dois? E sei muito bem que não fui eu, nem foste tu. Mas então? Tu não podes distanciar-te dessa casa impunemente, nem sequer para ir até ao templo dos deuses. Nossa mãe também não tem costume de fazer tal coisa, e, ademais, não poderia ter feito isso furtivamente. A homenagem foi feita por Orestes, e apenas ele.

Essa passagem de emoção intensa é a primeira resposta de Sófocles ao problema de Ésquilo e Eurípedes. Também Sófocles se serve da mecha e faz com que Crisótemis a considere como uma prova, mas não através de um raciocínio baseado na semelhança com os próprios cabelos, mas por um processo sutil e misterioso com base na lembrança e na associação de ideias. Uma repentina luz invade a alma de Crisótemis: a imagem-pensamento de ver um sinal de Orestes. Por ora não se vê ali nenhum traço de racionalidade. Crisótemis recolhe a mecha como que para se apropriar do sinal, para tocar com suas mãos a prova de seus próprios sentimentos e dos próprios pensamentos e, circundada pelo silêncio, irrompe em lágrimas. No que diz respeito a ela, o reconhecimento já se deu.

O *syllogismós* pertence ao presente, é a realização sucessiva de um processo intuitivo. Ora, pode-se proceder por exclusão: se não fui eu, nem tu, nem nossa mãe, então deve ter sido Orestes. Depois da crítica de Eurípedes, Sófocles elimina completamente o conceito de semelhança que estava na base do silogismo esquileano, mas insiste no valor do raciocínio, afirmando implicitamente que esse é possível e que deriva diretamente, na mente humana, da apreensão da realidade através da intuição dominada pela emoção.

Na realidade, a solução se dá no âmbito da própria cena e compreende um duplo reconhecimento. A urna, acompanhada por Orestes, aparece diante de Electra. É permitido a ela tomar a urna em mãos e proferir um lamento comovente sobre ela. Enquanto suas últimas palavras se apresentam cheias de consolação filosófica do coro, Orestes sente que não pode continuar a fingir e reconhece a irmã: "Ai de mim, ai de mim! O que posso dizer? De que palavras posso lançar mão? Já não posso conter minha língua [...]. Essa tua figura real é de Electra?" O diálogo entre os dois se desdobra rapidamente. Electra nota que o interlocutor é o único que tem compaixão dela e Orestes responde: "Somente eu estou sofrendo os mesmos males que tu". Electra pensa que pode ser um parente distante. Então Orestes se decide a contar-lhe toda a verdade. A urna conteria as cinzas de Orestes apenas segundo um relato enganador. O túmulo do jovem não existe, pois os vivos não têm túmulo. O enigma se dissolve no reconhecimento:

ELECTRA   Vives, então?
ORESTES   Sim, se eu estou vivo.
ELECTRA   Tu és ele?
ORESTES   Tu deves olhar isto, esse selo do pai, e dize-me se sou verdadeiro.
ELECTRA   Oh, luz amantíssima!
ORESTES   Amantíssima, sim, eu concordo.
ELECTRA   Oh, voz, tu vieste?
ORESTES   Sim, e não perguntes a mais ninguém.
ELECTRA   Tenho-te entre os braços?
ORESTES   E sempre me terás.
ELECTRA   Oh, mulheres amantíssimas, oh, concidadãs, eis aqui Orestes, contemplai-o: artificialmente morto, mas agora, pelo mesmo artifício, são e salvo.

O ato final de reconhecimento, portanto, consiste naquilo que Aristóteles chamaria de um "sinal externo", o anel pertencente ao pai de Orestes, Agamemnon, que prova definitivamente a sua identidade. Mas o reconhecimento em si seria impossível sem os dois versos-chave: "vendo em ti os sinais de muitos sofrimentos" e "o único, porém, que se aproxima de ti sofrendo as mesmas dores". O que significam esses dois versos é que Orestes reconhece Electra por causa de seus sofrimentos e que ela deveria reconhecê-lo porque ele partilha dos mesmos sofrimentos. Logo, o reconhecimento aprofunda suas raízes na experiência comum do *páschein*: do sofrimento, das penas, da dor. Como se dissesse que se adquire o conhecimento sofrendo: *páthei máthos*. O testemunho supremo disso é precisamente aquele Édipo cujo conhecimento racional se rompia contra as muralhas do acaso e do destino no Édipo *Rei*. Quando, no último drama de Sófocles, Édipo em Colono – composto quando já beirava os noventa anos –, chega um Édipo velho e cego na vila de Colono, nos arredores de Atenas, acompanhado por Antígona e subitamente reunido com Ismênia, seus sofrimentos já o haviam redimido. Ele está prestes a morrer, como acontecerá em breve com Sófocles. Já não tem a necessidade de fazer indagações racionais e já fala com uma entonação profética semelhante à de Tirésias: sabe com certeza, ele afirma, que chegou a hora, aqui e agora.

7
Morte e *lógos*

"Vede agora por que razão vos estou contando tudo isso: quero vos mostrar onde nasceu a calúnia contra mim. Tendo ouvido a resposta do oráculo, refleti deste modo: 'O que será que quer dizer o deus? O que estará escondendo sob esse enigma? Pois, por mim mesmo, não tenho consciência de ser sábio, nem pouco, nem muito. O que será que quer dizer o deus, quando afirma que eu sou o mais sábio dos seres humanos? Decerto que ele não mente, pois não pode mentir'. – E por longo tempo permaneci com essa dúvida: o que será que o deus quis dizer? Por fim, embora bem a contragosto, pus-me a procurar. Fui procurar uma dessas pessoas que têm fama de serem sábias; pensando que só assim poderia desmentir o oráculo e responder ao vaticínio; 'eis que esse aqui é mais sábio do que eu, e tu dizias que era eu'. – Mas enquanto eu estava examinando a este – não será preciso que vos mencione o nome dessa pessoa, ó atenienses; basta que saibais que era um desses nossos homens políticos, esse com quem, examinando-o e raciocinando junto com ele, fiz a experiência que quero vos contar –; ora, esse bom homem me parecia realmente, e também aos olhos de muitos outros e particularmente de si mesmo, ter ares de ser sábio, mas na realidade não era; então experimentei dar-lhe a entender isso, que ele acreditava ser sábio, mas na realidade não o era. E assim, a partir daquele momento, não só acabei sendo odiado por ele, mas também por muitos daqueles que estavam ali presentes. E me afastando dali

tive que concluir comigo mesmo que eu era mais sábio que esse homem, pelo menos: nesse sentido, tanto um quanto o outro de nós dois poderia não saber nada nem do bem nem do belo; mas ele acreditava saber e não sabia, eu, ao contrário, como não sabia, tampouco acreditava saber. E me pareceu, por fim, que pelo menos numa pequena coisa eu era mais sábio que ele, pelo fato de que aquilo que eu não sei tampouco acredito sabê-lo. Depois, acabei indo procurar outra pessoa, dentre os que tinham fama de serem mais sábios que aquele, e me aconteceu precisamente a mesma coisa; e igualmente aqui acabei angariando o ódio dele e de muitos outros."

Sócrates encontra-se diante dos juízes de Atenas, sendo acusado de ter corrompido os jovens e atacado a religião tradicional. Busca reconstruir como poderia ter surgido uma calúnia como essa e acaba concluindo que deve provir da inveja e da incompreensão de seus detratores. Isso nos coloca no coração daquele escrito sensacional que é a *Apologia de Sócrates*, composta por um de seus discípulos, Platão. Sócrates explica que recebeu de Delfos não apenas a mensagem tradicional "conhece-te a ti mesmo", mas também a investidura oracular: em Atenas, não há ninguém mais sábio do que ele. Mas ele quer compreender como é que "o deus" pode pronunciar um tal oráculo. É claro que o deus não pode mentir, então Sócrates começa uma "busca" específica que consiste em perambular e interrogar os que têm fama de serem sábios. Consulta os especialistas em cada assunto, os poetas, os dramaturgos, e acaba descobrindo que eles acreditam ser sábios, mas de fato não o são e que ele é mais sábio do que eles, simplesmente porque ele sabe que não sabe. As indagações de Sócrates não são bem recebidas: cada um daqueles aos quais ele se dirige para constatar sua ignorância reage com ódio para com ele. Fica explicada assim a hostilidade demonstrada a Sócrates em seus confrontos.

O processo de Sócrates é um daqueles momentos cruciais na história do Ocidente, cuja importância se fará sentir pelos próximos 2.500 anos. Em vários pontos, ele antecipa o processo sofrido por Jesus de Nazaré, descrito nos evangelhos: da mesma forma como esse marca o nascimento do cristianismo, o primeiro assinala o início da verdadeira e própria filosofia; é o mais elevado testemunho de um velho pensador, um filósofo, ou seja, precisamente um amante da sabedoria. Uma sabedoria que já não se volta aos fenômenos naturais, aos "princípios" materiais do cosmo, como era o caso com os assim chamados pré-socráticos, mas, como disse Aristóteles na *Metafísica*, às questões éticas, isto é, ao homem, e "ao âmbito daquelas buscas universais". É significativo que essa nova pesquisa se precipite e se estabeleça num processo, avizinhando-se, portanto, do problema da justiça.

Em primeiro lugar, o problema é saber se o processo sofrido por Sócrates é justo ou não, e se Sócrates agiu corretamente ao aceitar a condenação à morte derivada dele. Mas o que significa um processo "justo"? E Sócrates deverá ater-se às leis de Atenas, mesmo que seja considerado culpado, e mesmo considerando-se inocente dos atos de que é acusado? Esses problemas ocupam o centro dos primeiros diálogos de Platão, da *Apologia de Sócrates*, e do *Críton*. Depois de ter sido condenado, Sócrates recebe dos amigos e discípulos o convite para abandonar Atenas e fugir. Fugindo ele não faria mais do que subtrair-se a uma condenação injusta. Houve outros pensadores que partiram para essa saída: Anaxágoras, protegido por Péricles, fugiu e salvou sua vida. No entanto, Sócrates não fez isso. Sócrates permanece em Atenas e discute na *Apologia* e no *Críton* o que significa respeitar as leis. Na passagem culminante do *Críton* ele imagina que, quando se encontra a ponto de fugir, se vê confrontado com as leis que o repreendem. Diz a Críton, "enquanto estamos a ponto de... sim, de escapulir daqui",

> ou como queiras dizer, de outra parte, se toda a cidade e as leis viessem ao nosso encontro, nos afrontassem perguntando-nos: "Dize-me, Sócrates, o que estás pensando fazer? Com essa atitude que estás em vias de tomar, por acaso, não tens a intenção de nos destruir, isto é, as leis, e conosco toda a cidade, se essa é tua intenção? Ou crês que possa ainda viver e não ser subvertida de alto a baixo a cidade em que as sentenças pronunciadas não têm valor, antes, são tornadas vãs e destruídas por cidadãos particulares?"

Existe, continuam as leis, um pacto entre elas e Sócrates, que seria infringido se ele se dispusesse a fugir. Ademais, foram elas que o geraram, o fizeram crescer e o educaram: advertiram-no clara e demoradamente que "se a qualquer cidadão essas leis não agradem, ele tem total liberdade de juntar suas coisas e evadir-se para onde quer que seja". Mas se ele permanecer na cidade, então, sim, "está realmente obrigado" a cumprir o que determinam as leis.

Em resumo, existe um pacto e uma obrigação moral de respeitá-lo, com o perigo, caso contrário, de destruir a ordem da cidadania. Sócrates não pode fugir depois de ter sido sentenciado, uma vez tendo aceitado os quadros das leis de Atenas. Existe ainda outra coisa a considerar, e até mais fundamental. Sócrates comprometeu-se publicamente a morrer. Ele disse isso com muita determinação frente aos juízes que o condenaram. Num primeiro momento, como que esboçando o raciocínio que ele irá expor a Críton, ele vincula a morte com o respeito à lei:

> Digo, pois, ó atenienses, que minha conduta seria muito singular e estranha na medida em que, quando os mandatários que vós elegestes para me dar ordens me designaram a permanecer em Potideia, Anfípolis e Délio, e lá eu fiquei, como qualquer outra pessoa, e corri perigo de morte; mas aqui, ao contrário, tendo recebido ordens do deus, pelo menos o tanto que pude compreender e interpretar essa ordem, segundo a qual deveria viver filosofando e me ocupando seriamente em conhecer a mim mesmo e aos outros, seria estranho, afirmo, se aqui então eu tivesse desertado do posto que o deus me assinalou por medo de morrer e de qualquer outro mal que me pudesse atingir.

Depois, passa a defender firmemente a escolha que fez de permanecer firme em seu lugar e morrer. Logo que foi condenado à morte, expõe como jamais se deve temer a morte, e por que a morte seria um bem. Ou morrer significa perder tudo, precipitar-se no não ser – afirma – e então não se deve ter qualquer temor da morte, visto que "não ser" significa *não ser*: não sentir mais nada, não ver mais nada, não sofrer mais nada. Ou então, como defende a tradição, a morte é uma descida ao Hades, e no Hades reencontrar todos aqueles que nos precederam: nossos antepassados mortos. Não só os da família, mas também nossos antepassados, os grandes do passado, e conversar com eles; ademais, no caso de Sócrates, continuar a questionar depois da morte como ele fazia enquanto vivo. Não há necessidade de temer a morte. Que grandeza há nesse ensinamento de Sócrates! Observe que ele está partilhando esse ensinamento com os juízes que o condenaram à morte, que ele compara, com desprezo soberano, aos "verdadeiros" juízes como Radamanto, Minos, Éaco e Triptólemo. E, enfim, não seria bom entreter-se com as figuras míticas?

Por outro lado, supondo que a morte seja como uma mudança de endereço, daqui para outro lugar, e se for verdade aquilo que dizem, que naquele lugar para onde se vai se encontram todos os mortos, que bem poderá haver, ó juízes, maior do que esse? Que se alguém, uma vez que tenha chegado ao Hades, agora livre daqueles que aqui se fazem passar por juízes, encontrar lá os verdadeiros juízes, a saber, aqueles que no Hades se diz que exerçam o ofício de juízes, Minos, Radamanto, Éaco, Triptólemos e tantos outros que entre os semideuses foram justos em sua vida: será que isso seria uma mudança desagradável? E, ainda, para partilhar da companhia de Orfeu e Museu, Homero e Hesíodo, o que cada um de vós não pagaria por isso? Por mim, se isso é verdade, gostaria de morrer não uma só vez. Que consolação extraordinária eu teria em uma passagem por lá, quando eu encontrasse Palamedes, Ájax, filho de Telamão e como todos os outros antigos heróis, que tiveram que morrer por uma sentença injusta; e que alegria, creio, eu teria em comparar os meus casos com os casos deles! E o maior prazer, acima dos outros prazeres, seria continuar também lá, como eu fazia aqui, a estudar e a pesquisar quem é realmente sábio e quem apenas crê sê-lo, mas não é. Quanto daria um de vós, ó juízes, para interrogar e conhecer aquele que conduziu contra Troia o grande exército, ou então Ulisses ou Sísifo, e quantos outros inumeráveis que se poderiam recordar, homens e mulheres? Raciocinar por lá, viver junto com eles interrogando-os, seria realmente o auge da felicidade. Isso sem contar que, por esse motivo, não há perigo de eles condenarem à morte alguém; eles que, além de ser, ainda por outros motivos, mais felizes do que nós, também são agora por toda a eternidade imortais, se é verdade aquilo que se diz.

Enquanto Hesíodo, os pré-socráticos e o Platão do *Timeu* se preocupam com os primórdios do cosmos, Sócrates aborda a questão do fim do ser humano e considera-o como um final que não termina. Ele lança mão de concepções arcaicas do Hades, à visão do mito e da poesia – de Homero. Repetirá essas afirmações no final do *Fédon*, um pouco antes de morrer, quando, ao esclarecer sua ideia própria do Universo, começa a expor sua concepção do outro mundo; contempla a morte com os olhos da *imaginação* e, mesmo tendo sido condenado por impiedade e desprezo pela antiga religião, tem uma fé infinita nas crenças tradicionais.

Mas Sócrates ainda não chegou ao fim de suas questões. Com uma urgência inesperada, volta-se para os juízes como seres humanos sujeitos, eles mesmos, à morte:

> Vós também, senhores juízes, deveis bem esperar diante da morte e ter em vosso íntimo que uma coisa é certa, ou seja, a de que para o homem bom, não é possível que intervenha nenhum mal, quer na vida, quer na morte, e tudo o que ocorre é ordenado pela benevolência dos deuses. Do mesmo modo, aquilo que a mim ocorre agora não é obra do acaso; vejo claramente que era melhor para mim morrer agora e ficar livre de fadigas. Por isso é que o sinal do deus nunca me impediu de prosseguir na estrada. Não tenho rancor algum contra os que votaram contra mim ou me acusaram. Verdade é que não me acusaram e condenaram com esse modo de pensar, mas na suposição de que me causavam dano: nisso são dignos de censura. Contudo, só tenho um pedido a fazer: quando meus filhos crescerem, castigai-os, *ó cidadãos, procurando-lhes os mesmos tormentos que vos procurei*, se achardes que eles estejam cuidando da riqueza ou de outra coisa, mais do que da virtude; se derem mostras de acreditarem ter um valor que não tenham, repreendei-os, como fiz eu a vós, por não cuidarem do que devem e por suporem valer algo, quando, na verdade, não têm valor algum. Se vós assim o fizerdes, eu terei recebido de vós aquilo que era justo que eu tivesse; eu e também meus filhos. Bem, é chegada a hora de partirmos – eu, para a morte, vós, para a vida. Quem segue melhor rumo, se eu ou se vós, é obscuro para todos, menos para deus.

Uma frase memorável que conclui a *Apologia* em tom oracular. O seguinte diálogo, *Críton*, já ambientado no cárcere, volta novamente, como vimos, a abordar o problema da lei. É importante observar que, tanto na *Apologia* quanto no *Críton*, estamos assistindo ao nascimento da dialética, isto é, aquele modo todo especial de discutir ponto por ponto, através do raciocínio, um problema específico qualquer (por exemplo, no *Críton*, a observância da lei). Poderíamos dizer, inclusive, que o método dialético usado por Sócrates durante toda sua atividade de pensador itinerante e questionador (e já atestado no *Eutífron*) ganha mais refinamento e profundidade na *Apologia* e no *Críton*, como se, nas proximidades de sua morte, o filósofo buscasse se apoiar cada vez mais no *lógos* – o discurso lógico, racional –, abandonando gradativamente as formas mais tradicionais do pensamento mítico: ou seja, o *mýthos*.

No quarto diálogo platônico, *Fédon*, fica ainda mais marcante a impressão de que a dialética tenha sua origem no morrer: Platão imagina precisamente que Sócrates, quando está para beber a cicuta e então morrer, experimente, com a lógica, a imortalidade da alma! Mas avancemos devagar. Depois do diálogo com Críton, Sócrates permanece na prisão onde foi relegado. *Fédon* contém o relato feito por Fédon, que estava presente no local, a Equécrates sobre as últimas horas de Sócrates. O momento de sua morte se aproxima. Quando chega esse momento, Sócrates passa um pouco de tempo explicando a Cebes por que compunha poesias, adaptando as fábulas de Ésopo e o proêmio a Apolo, depois por que o filósofo deveria evitar o suicídio e acolher, antes, a morte. Essa liberta o homem do corpo, sendo assim o cume de uma vida empregada na busca da sabedoria, uma vez que o corpo impede o filósofo em sua tentativa de compreender as ideias das coisas.

Um Sócrates cada vez mais platônico (por causa de uma doença, Platão não está fisicamente presente na cena) se lança nas três demonstrações – o argumento dos contrários, aquele da reminiscência e o da afinidade –, que o levam a expor a existência de uma vida após a morte, a natureza do Universo e a imortalidade da alma. Sócrates reproduz e às vezes tripudia das teorias de Empédocles, Anaximandro e Heráclito, aprova algumas das ideias de seu contemporâneo mais idoso, Anaxágoras, e como a personagem que falava na *Apologia*, lança mão de materiais míticos e até relatos órficos sobre o além. Tártaro, Oceano, Aqueronte, Estige, Piriflegetonte e Cócito, todos os nomes de rios e de lugares do outro mundo que são encontrados na poesia, e em especial na *Odisseia*, são mencionados aqui.

Os novos mortos, afirma Sócrates, são julgados logo após a passagem e enviados aos destinos que lhes são próprios. Aqueles que viveram vidas medianas são enviados ao Aqueronte e, depois de tê-lo atravessado, ao pântano Aquerúsia, onde permanecem até se purificar. Aqueles que cometeram delitos inexpiáveis são lançados na profundidade do Tártaro, "e jamais sairão dali". Os seres humanos que "são marcados entre todos pela santidade de sua vida" têm permissão para viver na superfície da Terra, enquanto que os que são purificados por meio da filosofia viverão sem o corpo e alcançarão habitar numa beleza inefável. "É claro que", afirma

Sócrates, "persistir na sustentação de que as coisas estejam exatamente como eu as descrevi não convém a um homem que tenha juízo, mas seja assim ou um pouco diferente das nossas almas" e de suas habitações, depois que se demonstrou que a alma é imortal, isso sim é apropriado, e é também crença pela qual vale arriscar-se: e o arriscar-se é belo. "E convém fazer esse tipo de encantamento a si mesmo; e justo por isso, já de há algum tempo que estendo minha fábula".

A essa altura, Sócrates diz aos seus discípulos que em algum tempo todos eles realizarão a mesma viagem. Para ele, chegou o momento: deve tomar um banho antes de beber o veneno, porque prefere que as mulheres não precisem lavar seu corpo depois de sua morte. É nesse espírito que Sócrates prepara a si mesmo e seus discípulos. Quando Críton lhe pergunta como gostaria de ser sepultado, Sócrates responde: "Como vocês quiserem, supondo que consigam me carregar e eu não escape de suas mãos!" e ri tranquila e gentilmente. Críton, afirma, não compreendeu uma única palavra de suas explicações. Eu sou Sócrates, esse Sócrates aqui que está raciocinando com vocês: mas ele pensa que Sócrates seja o cadáver que verá dentro em breve. Mas eu não serei aquele corpo. Prometi a Atena que permaneceria na prisão e não fugiria, como Críton queria que eu fizesse. Depois de minha morte, ah, então, no mesmo instante, vou voar para longe daqui, "bem-aventurado entre os bem-aventurados". Sepultem-me "como quiserem e como vocês acreditam que seja melhor de acordo com as leis comuns".

Seguido por Críton, então Sócrates se encaminha para uma outra sala para tomar o banho, enquanto os demais esperam seu regresso. Depois do banho, os dois filhos pequenos e o maior são trazidos junto com as mulheres, e ele lhes dá instruções de como devem cumprir sua vontade, depois os despede e se reúne aos seus discípulos. Fala com eles poucos minutos até que, logo antes do pôr do sol, aparece o guarda para anunciar que a hora de beber a cicuta está chegando. O oficial se sente muito embaraçado: se acostumou a ver a Sócrates como "o mais gentil, o mais simpático e mais bondoso" de todos os prisioneiros que já teve sob sua custódia e afirma estar seguro que Sócrates não criará problemas para ele. Antes de sair o saúda e irrompe em lágrimas. Sócrates, por seu lado, o saúda e pede a Críton que lhe traga o veneno.

Críton replica que não, o Sol ainda está alto sobre os montes, e, ademais, muitos outros jantaram, tomaram vinho e gozaram a companha de seus amigos até bem depois da hora em que receberam o comunicado. Mas Sócrates retruca que não há qualquer razão para retardar, que o beneficiaria em nada beber a cicuta um pouco mais tarde, e que acabaria se tornando verdadeiramente ridículo para si mesmo caso se agarrasse à vida agora e ficasse protelando quando já não havia razão por que protelar. Então Críton obedece. Um servo seu vai chamar o servo que traz o veneno. Quando ele entra, Sócrates lhe pergunta o que deve fazer. Deve apenas beber, aquele lhe responde, e caminhar um pouco até que já sinta que as pernas começam a ficar pesadas. Então deverá se deitar e o veneno fará seu efeito por si mesmo. Entrega a taça a Sócrates, que a toma com toda disposição, sem tremer, sem empalidecer ou mudar de expressão, e pergunta se não poderá fazer uma libação a algum deus. O homem retruca que não há mais líquido, preparamos só a dose suficiente. "Compreendo", disse Sócrates. "Mas, enfim, rezar aos deuses para que a passagem deste mundo para o além ocorra alegremente, creio que isso se possa fazer; antes, seria bom fazer isso. E essa então é a minha oração, e assim seja". Enquanto pronuncia essas palavras, Sócrates esvazia a taça num só gole, sem mostrar qualquer repugnância. Incapazes de conterem-se mais, os discípulos irrompem em lágrimas e ele os repreende de forma jocosa: "Que coisa estranha é essa, meus amigos? Não foi por outro motivo que pedi para que mantivessem longe daqui as mulheres, para que não cometessem semelhantes impropérios. E também ouvi dizer que se deve morrer ouvindo palavras de votos alegres. Contenham-se, portanto, e sejam fortes".

Os discípulos se recompõem. Sentindo as pernas já pesando, Sócrates se deita. O homem que lhe trouxe o veneno belisca os pés e as pernas, com uma mão sobre ele. Todos podem observar que o corpo de Sócrates vai se esfriando e enrijecendo. Quando o frio alcança o coração, Sócrates descobre o rosto e diz a Críton: "ainda devemos um galo a Asclépio: oferta-o e não se esqueça de fazê-lo". "Será feito", responde Críton, "mas vê se queres dizer-nos ainda alguma outra coisa". E não obtém resposta. O homem o cobre: os olhos já estão rijos. Fédon e Equécrates dizem, "esse foi o fim de nosso amigo: podemos dizer, o melhor homem dentre todos os que conhecemos e, sem comparação, o mais sábio e o mais justo".

O processo e a morte de Sócrates devem ter tido grande repercussão na Atenas do século V a.C., como atesta a versão da *Apologia* composta por Xenofonte. O discípulo que estava ausente, Platão, os expõem, porém com um senso dramático perfeito, como se fosse um verdadeiro Sófocles compondo o *Édipo Rei* e ainda mais o *Édipo a Colono*. Antes vem o processo, com a defesa de Sócrates apaixonada, lógica – dialética –, e a primeira menção do tema da morte. Depois em *Críton*, onde a lei toma o controle sobre a morte. Por fim, em *Fédon*, Platão apresenta a longa exposição sobre a imortalidade da alma e a morte de Sócrates num contraposto perfeito. A única coisa que Xenofonte acrescenta ao nosso tema é que, ao deixar os juízes, o seu Sócrates diz aos discípulos chorosos: "Por acaso não sabeis já de há muito que desde o momento em que nasci já fora condenado à morte pela natureza?" É melhor morrer agora, defende o Sócrates de Xenofonte, do que viver com as dificuldades da velhice.

Como vimos, o Sócrates de Platão é bem mais articulado. Sua primeira afirmação é dizer aos juízes – é possível imaginar como esses acolheram isso – que a morte ou representa o fim de tudo, ou então ela abre a passagem para o outro mundo, o qual, como defende o mito e a religião tradicional, deve ser mais feliz que o nosso. Do ponto de vista do discurso racional, filosófico, não há dúvidas de que os três argumentos empregados por Sócrates – contrários, reminiscência, afinidade – constituem ainda hoje a resposta racional mais satisfatória de todas para o problema que atormenta o homem.

Ora, fica claro que ao final do próprio processo, a inclinação de Sócrates vai se deslocando pouco a pouco do aniquilamento total para o outro mundo. Tendo se decidido a permanecer em Atenas e aceitar a pena de morte, Sócrates toma como referência a vida depois da morte. Quanto mais se aproxima da morte, tanto mais vai falar da imortalidade da alma. E apesar de que esse seja o Sócrates de Platão, como indicam as alusões às ideias em *Fédon*, os argumentos em favor da imortalidade da alma são o tipo de argumento que o Sócrates socrático, para usar essa expressão, poderia ter desenvolvido. Trata-se de argumentos racionais, com base no puro *lógos*, os quais demonstram sem sombra de dúvida que a alma do ser humano é imortal.

É nesse ponto que Sócrates entra no reino do *mýthos* (palavra empregada por ele próprio), ou seja, de um discurso que não corresponde necessariamente à "verdade" factual, mas é "muito parecido" com essa. Sócrates parece estar disposto a suspender a incredulidade. Para todos os efeitos, ele afirma que essa é uma crença que "vale o risco" e que "o risco é belo" (*kalós*). Um pouco antes disso, afirmara aos seus amigos que para exorcizar o medo da morte eles deveriam ter proferido um "encantamento" sobre ele todos os dias até que se dissipassem todos os seus medos. Ora, ele afirma que todos nós devemos empregar os relatos "míticos" para "encantar-nos" a nós mesmos. Risco e encantamento são temas que associaríamos com mais facilidade ao Édipo *a Colono* do que ao Sócrates dos diálogos platônicos, e, no entanto, nos deparamos com eles aqui. Vale a pena correr o risco de acreditar no outro mundo asseverado pela tradição, e esse risco é belo. Temos que nos deixar encantar pela visão desse – como o chamara Dante – *status animarum post mortem*. Não é qualquer questão insignificante, por si mesma ou porque antecipa o imaginário cristão.

O relato tem um *pathos* muito intenso e para mostrar isso poderíamos aplicar as considerações do Anônimo do *Sublime*, que tem muito apreço ao estilo platônico e o considera "grande" porque "homericíssimo". Sua intensidade deriva do contraste entre os sentimentos dos familiares e amigos de Sócrates, de um lado, a postura de Sócrates, de outro. As mulheres e os discípulos – e nós com eles – sofrem e choram, enquanto que Sócrates sorri com uma calma perfeita. O leitor se vê atingido pela simplicidade e serenidade que emergem da perfeita orquestração dramática das cenas e do forte efeito do diálogo. A impressão que se tem é de que Sócrates já havia digerido a morte muito tempo antes de morrer. Sendo o primeiro de uma longa série de pensadores condenados à morte pelas autoridades ou pelo povo – Sêneca, Hipátia, Boécio –, Sócrates adentrou a morte, quase que deslizando para dentro dela, de maneira muito mais profunda do que qualquer outro ser humano antes dele, na cultura ocidental.

Parece que a morte de Sócrates tenha sido necessária ao pensamento para fecundar a si mesmo e tornar-se filosofia no sentido pleno da palavra. Aqui não há espaço para explanar com mais detalhes essa questão, mas quero mencionar brevemente os resultados mais chamativos. Algumas décadas depois de *Fédon*, Platão compõe o *Timeu*, um dos mais belos diálogos de Platão e o único que teve a sorte de sobreviver à catástrofe do mundo antigo graças às traduções latinas de Calcídio. O *Timeu* é dedicado ao "mito verossímil" do nascimento e da formação do cosmo por obra do demiurgo e tem grande importância para todas as concepções da criação que são elaboradas na Idade Média. É atravessado por um ímpeto enorme e recheado de imagens de um imenso fascínio. As passagens escolhidas se referem à estrutura do Universo, mas a última demonstra, de uma vez por todas, o que significa realmente filosofar. Eis a primeira:

> Assim, o tempo foi, pois, feito junto com o céu, para que, engendrados simultaneamente, também simultaneamente sejam dissolvidos – se é que alguma dissolução ocorra para eles. E foi feito de acordo com o modelo da natureza eterna, para que lhe seja o mais semelhante possível. Pois o modelo existe para toda a eternidade, e o céu por todo o tempo até o fim existiu, existe e existirá. Portanto, a partir do raciocínio e do pensamento de um deus em relação à origem do tempo, e para que ele fosse criado, foram feitos o Sol, a Lua e os cinco astros, que têm o nome de "planetas", para distinguir e olhar os números do tempo. Tendo construído os corpos de cada um deles – que eram sete –, o deus os estabeleceu nas órbitas, sete, também estas, nas quais movia-se o círculo do outro: a Lua na primeira em torno da Terra, o Sol na segunda, acima da Terra; Lúcifer [a estrela da manhã] e o planeta que dizem ser consagrado a Hermes, com uma órbita de igual velocidade à do Sol, mas com direção contrária à dele [...].
> Foram estes os motivos pelos quais foram gerados os astros não errantes, seres vivos divinos e eternos, girando uniformemente no mesmo lugar, sempre permanecendo firmes ao passo que aqueles que giram e possuem um curso errático, como antes se disse, foram gerados desse modo [...].
> Mas as danças desses astros e seus encontros, os recuos e a ocorrência de seus círculos, e quais são os deuses que se encontram em proximidade entre si e quantos estão opostos uns aos outros, cobrindo-se mutuamente, e quais sejam os tempos em que se escondem de nós para tornarem a aparecer, e enviam maus presságios e sinais das coisas futuras àqueles que não conseguem fazer esses cálculos, seria inútil toda essa explicação sem ter a imagem desses fenômenos diante de nossos olhos. No entanto, isso é suficiente para nós e, no que se refere à natureza dos deuses visíveis e engendrados, vamos encerrar nosso discurso aqui.

O Platão cosmológico é realmente impressionante: tem a capacidade de encontrar a imagem certa para uma reflexão bem elaborada, uma capacidade extraordinária para um filósofo. Platão, afirmava o autor do *Sublime*, sabe se expandir "pomposamente, como um oceano que se para todo lugar numa grandeza imensurável". Ele "não teria podido fazer florescer tanta beleza em suas doutrinas filosóficas e se aventurar de modo tão frequente na matéria e na linguagem da poesia, se ardorosamente não se tivesse embrenhado a pelejar pela primazia com Homero, como um jovem desafiador que vai se comparar a um campeão no auge de sua fama". Mas quando Platão identifica o princípio do filosofar, a exatidão da observação se amplia em espirais cada vez mais vastas:

> Ora, a observação do dia e da noite, dos meses e dos períodos dos anos, forneceu o número e proporcionou a noção do tempo, e assim, a busca em torno da natureza do Universo. A partir disso nós adquirimos o gênero da filosofia, da qual não há bem maior nem nunca haverá para o gênero mortal, como dom oferecido pelos deuses.
> Afirmo que este foi o maior benefício dos olhos. Por que razão havemos de celebrar os outros que são inferiores a estes? E quem, não sendo filósofo, se lamentasse de ter sido privado disso pela cegueira, se lamentaria em vão. Quanto a nós, sobre isso declaremos que nos foi dado pelo seguinte motivo: o deus descobriu e nos concedeu a visão, para que, ao contemplar as órbitas do intelecto no céu, as aplicássemos às órbitas da nossa mente, que são afins às órbitas celestes, embora as nossas sejam desordenadas, ao passo que as celestes possuem ordem. E assim, ensinados e tornados participantes dos raciocínios verdadeiros e próprios, segundo a natureza, imitando as órbitas da divindade, que são regulares, possamos também nós corrigir a irregularidade das nossas.

A vista permitiu a contemplação dos movimentos celestes, e por consequência permitiu que as "órbitas" da nossa mente se aproximassem ainda mais às voltas da Inteligência que supervisiona os céus e às quais elas são afins, possibilitando assim o nascimento do amor à sabedoria: a filosofia, o maior dos bens que possui a humanidade. Enfim, Platão associa à vista também a voz e a audição: também esses, declara Timeu, "nos foram dados pelos deuses para a mesma finalidade e pela mesma causa". Também a palavra foi direcionada para o mesmo fim, e ela muito concorre para isso, e, assim, toda a utilidade do som musical foi dada à audição por causa da harmonia". O *homo* não seria *sapiens* se não pudesse olhar as estrelas. A semelhança entre "as voltas da inteligência" e as da mente humana denota o "amor à sabedoria", a filosofia: e essa é a mais marcante celebração da riqueza filosófica.

O terceiro do grande grupo de pensadores gregos foi Aristóteles, discípulo de Platão, como Platão fora de Sócrates. Platão concebe haver uma realidade hiperurânia (a realidade do mundo das ideias, da qual o mundo em que vivemos não passa de sombra), enquanto Aristóteles defende que a verdadeira realidade seja aquela na qual vivemos: os objetos que vemos e tocamos são "aquilo que são", individuais e universais ao mesmo tempo. Platão está convencido de que, em última análise, a poesia seja um engano. Aristóteles a considera a coisa mais séria e mais filosófica da história porque fala do universal. Todavia, sobre as metas, os fins e a felicidade que comporta o filosofar, Platão e Aristóteles estão perfeitamente de acordo, e essas passagens são o testemunho de que o pensamento grego, aquele que cresce com Sócrates e chega à maturidade com Platão e depois com Aristóteles, celebra a si mesmo – celebra o pensar, celebra a filosofia – de maneira inequívoca antes e talvez também de maneira inequívoca depois, porque essa é uma verdadeira e própria descoberta fenomenal.

Aristóteles, um escritor que está bem distante do estilo platônico, consegue, via de regra, concentrar em uma única frase todo o teor de uma longa meditação. Por exemplo, na *Metafísica*, resume todo o caminho que o homem deve trilhar para alcançar o bem: "Partindo do bem de qualquer um é preciso fazer com que o bem integral se torne o bem de cada um". Quando nos detemos a considerar essa afirmação, nos damos conta de que essa é a máxima de toda ética. Bastaria respeitar essa regra e a *práxis* ética alcançaria uma qualidade ética nunca antes alcançada.

Contudo, Aristóteles também sabe se expressar de forma mais ampla. Na Ética a Nicômaco ele afirma que o fim principal do homem é a felicidade. Mas como se pode alcançá-la? E em que consiste a suma felicidade? Faço um resumo para os que têm pressa e deixo ao contento dos demais a fruição do próprio texto de Aristóteles. Se a felicidade é uma atividade em consonância com a virtude, escreve Aristóteles, é lógico que o seja em consonância com a mais elevada virtude. E essa é a virtude de nossa melhor parte, o intelecto, a parte que julga e possui parte com o divino. Ora, a atividade dessa parte, segundo a virtude que lhe é própria, será a felicidade perfeita. Em outras palavras, a felicidade perfeita consiste na atividade contemplativa: não no agir, não no governar, não no administrar a justiça, e tampouco no beber, no comer, nas relações sexuais, mas na contemplação. A felicidade perfeita do homem, segundo Aristóteles, reside na contemplação – aqui na terra, agora:

> Se a felicidade é atividade conforme a virtude, será razoável que ela esteja também em concordância com a mais alta virtude; e essa será a do que existe de melhor em nós. Quer seja a razão, quer alguma outra coisa esse elemento que julgamos ser o nosso dirigente e guia natural, tornando a seu cargo as coisas nobres e divinas, quer seja ele mesmo divino, quer apenas o elemento mais divino que existe em nós, sua atividade conforme à virtude que lhe é própria será a perfeita felicidade. Que essa atividade é contemplativa, já o dissemos anteriormente. Ora, isto parece estar de acordo não só com o que muitas vezes asseveramos, mas também com a própria verdade. Porque, em primeiro lugar, essa atividade é a melhor (pois não só é a razão a melhor coisa que existe em nós, como os objetos da razão são os melhores dentre os objetos cognoscíveis); e, em segundo lugar, é a mais contínua, já que a contemplação da verdade pode ser mais contínua do que qualquer outra atividade. E pensamos que a felicidade tem uma mistura de prazer, mas a atividade da sabedoria filosófica é reconhecidamente a mais aprazível das atividades virtuosas; pelo menos, julga-se que o seu cultivo oferece prazeres maravilhosos pela pureza e pela durabilidade, e é de supor que os que sabem passem o seu tempo de maneira mais aprazível do que os que indagam. Além disso, a autossuficiência de que falamos deve pertencer principalmente à atividade contemplativa. Porque, embora um filósofo, assim como um homem justo ou o que possui qualquer outra virtude, necessite das coisas indispensáveis à vida, quando o homem justo está suficientemente provido de coisas dessa espécie, precisa ter com quem e para quem agir justamente, e o temperante, o corajoso e cada um dos outros se encontram no mesmo caso; mas o filósofo, mesmo quando sozinho, pode contemplar a verdade, e tanto melhor o fará quanto for mais sábio. Talvez possa fazê-lo melhor se tiver colaboradores, mas ainda assim é ele o mais autossuficiente de todos. E essa atividade parece ser a única que é amada por si mesma, pois dela nada decorre além da própria contemplação, ao passo que das atividades práticas sempre tiramos maior ou menor proveito,

à parte da ação. Pensa-se que a felicidade depende dos lazeres; na verdade, trabalhamos para poder ter momentos de ócio, e fazemos guerra para poder viver em paz. Ora, a atividade das virtudes práticas se exerce nos assuntos políticos ou militares, mas as ações relativas a esses assuntos não parecem encerrar lazeres. Principalmente as ações guerreiras, pois ninguém escolhe fazer guerra, nem tampouco a provoca pelo gosto de estar em guerra; e um homem teria a têmpera do maior dos assassinos se convertesse os seus amigos em inimigos a fim de provocar batalhas e matanças. Mas a ação do estadista também não encerra lazeres, e — além da ação política em si mesma — visa ao poder e às honras despóticas, ou pelo menos à felicidade para ele próprio e para os seus concidadãos — uma felicidade diferente da ação política, e evidentemente buscada como sendo diferente. Portanto, se entre as ações virtuosas aquelas de índole militar ou política se distinguem pela nobreza e pela grandeza, e estas não encerram lazeres, visam a um fim diferente e não são desejáveis por si mesmas; se, por outro lado, a atividade da razão, que é contemplativa, tanto parece ser superior e mais valiosa pela sua seriedade como por não visar a nenhum fim além de si mesma e possuir o seu prazer próprio (o qual, por sua vez, intensifica a atividade), se, enfim, a autossuficiência, os lazeres, a isenção de fadiga (na medida em que isso é possível ao homem) e todas as demais qualidades que são atribuídas ao homem sumamente feliz são, evidentemente, as que se relacionam com essa atividade, segue-se que essa será a felicidade completa do homem, se ele tiver uma existência completa quanto à duração (pois nenhum dos atributos da felicidade é incompleto). Mas tal vida é inacessível ao homem, pois não será na medida em que é homem que ele viverá assim, mas na medida em que possui em si algo de divino; e tanto quanto esse elemento é superior à nossa natureza composta, o é também a sua atividade ao exercício da outra espécie de virtude. Se, portanto, a razão é divina em comparação com o homem, a vida conforme a razão é divina em comparação com a vida humana. Não devemos seguir os que nos aconselham a nos ocuparmos com coisas humanas, visto que somos homens, e com coisas mortais, visto que somos mortais; mas, na medida em que isso for possível, procuremos nos tornar imortais e envidar todos os esforços para viver de acordo com o que há de melhor em nós. Na verdade, ainda que seja pequeno quanto ao lugar que ocupa, supera a tudo o mais pelo poder e pelo valor. E dir-se-ia, também, que esse elemento é o próprio homem, já que é a sua parte dominante e a melhor dentre as que o compõem. Seria estranho, pois, que não escolhesse a vida do seu próprio ser, mas a de outra coisa. E o que dissemos atrás tem aplicação aqui: o que é próprio de cada coisa é, por natureza, o que há de melhor e de aprazível para ela; e assim, para o homem a vida conforme à razão é a melhor e a mais aprazível, já que a razão, mais que qualquer outra coisa, é o homem. Donde se conclui que essa vida é também a mais feliz.

Não é por acaso que esse pensador é chamado de "mestre dos que sabem". É ele que abre o grande projeto da *Metafísica* com a frase memorável "todos os homens buscam por natureza o saber". É ele ainda que interliga filosofia, ciência e poesia no princípio que as move, a admiração.

Foi Aristóteles quem, numa carta escrita já com idade avançada, declara que, quanto mais velho e mais sozinho ele se encontra, tanto mais se torna "amante do mito".

8
Nós, eu, eles, ele: a lírica

> Semelhante a um deus parece-me aquele homem
> que está sentado diante de ti, e de perto
> te escuta enquanto falas
> com doçura
> e com encanto sorris. E isso
> faz sobressaltar meu coração dentro do peito.
> Basta que te veja, e de pronto já não posso
> mais falar:
> a língua se torna pesada; um leve fogo sob a pele
> percorre meu corpo inteiro;
> nada vejo com os olhos e os ouvidos
> ficam ensurdecidos;
> sou invadida por um suor frio: um tremor
> me agita por inteira; sinto-me mais verde
> que a grama; minha condição é bem
> pouco distante de estar morta.
> Mas é possível suportar tudo...

É um dos fragmentos mais extensos da lírica de Safo, que inicia a fala da entrada do *eu* na poesia. Lançamos um olhar na *Ilíada* e na *Odisseia*: são relatos feitos na terceira pessoa, em que um poeta ou um aedo narra os acontecimentos dentro dos quais então vamos encontrar os protagonistas. Mas a lírica tende a se apresentar sempre em primeira pessoa, singular ou plural, *eu* ou *nós*, tanto faz se no coral ou monódica: uma composição com acompanhamento de instrumentos de corda (lira, cítara ou harpa) e canto a mais vozes, ou canto solo. A poesia de Safo, monódica, é fortemente egocêntrica. Safo descreve os próprios sentimentos e as próprias reações. Ele vê um homem que fala com a amada e se vê tomado de uma emoção tremenda, que se traduz em fenômenos físicos: um sobressalto do coração, fogo correndo pelo corpo, paralisia da língua, suor frio, som ensurdecedor nos ouvidos, cegueira, tremor. Trate-se ou não de um epitalâmio, a composição está tomada pela enfermidade amorosa da pessoa, a poetisa, que fala "eu". Toda a poesia de Safo é, como veremos, assim, mas vejamos o que dizia o autor do *Sublime* sobre essa lírica:

> Não ficas admirado sobre como perpassa ao mesmo tempo a alma, o corpo, os ouvidos, a língua, os olhos, a pele, como se fossem coisas estranhas a ela, e dispersas: passando de um extremo ao outro vai gelando, queimando, fica fora de si, raciocina, se vê transtornada pelo temor e pouco falta para que morra, de modo que parece experimentar não uma só, mas um aglomerado de paixões? Tudo isso acontece a quem ama: mas como eu dizia, a escolha dos momentos mais intensos e sua interligação foi o que produziu a obra-prima.

Safo sabe muito bem – o Anônimo compreendera isso perfeitamente – como compor poesia totalizante. Nem todos os líricos gregos tiveram força para tal empreendimento, mas todos, um diferentemente do outro, descobriram e colocaram em evidência aquilo que Bruno Snell chamaria de "individualidade". Ademais, escavaram fundo seja no próprio ânimo, seja no mundo externo. Isso se deu, aparentemente, em todos os gêneros líricos. Rigorosamente falando, elegias e iambos não fariam parte da lírica, mas nos cânones subsequentes, desde o início, vemos o registro de Arquíloco, um poeta elegíaco e compositor de jambos por excelência, e todos os outros são considerados parte integrante do cânone lírico grego. A partir da época alexandrina, aquele cânone contém alguns dos mestres da lírica, como são celebrados por exemplo na *Antologia Palatina*:

> Píndaro, lábio divino de musas; Baquílides,
>   sereia espirituosa; graça eólica de Safo;
> anacreônticas; e tu que dobraste o fluxo homérico
>   ao teu esforço artístico, Estesícoro;

tu, página doce de Simônides; tu, Íbico, que
   colhes a flor de efebos e de Lisonja;
espada de Alceu, que libaste sangue tirânico muitas vezes,
   dedicada a proteger as leis pátrias;
rouxinóis fêmeas de Álcman – sorri! Vós
   fixastes princípio e fim para a lírica.

Aqui não aparece o nome de Mimnermo, poeta elegíaco; mas Mimnermo também decanta o amor com intensidade, o *incipit* de sua *Que vida* é memorável. Essa lírica parece como que o contraponto da lírica de Safo: uma exaltação do *eros* masculino onde o eu, na realidade, um "nós", apesar do segundo verso. Isso porque o "amor secreto, os doces dons e o leito" são precisamente as "flores da juventude" não apenas de Mimnermo, mas a todos e em todos segue, "penosa", a velhice:

Que vida, que alegria haverá sem Afrodite d'ouro?
Que eu esteja morto quando já não me importarem
o amor secreto, os dons doces e o leito:
são essas as flores da juventude, desejáveis
a homens e mulheres. Quando sobrevém a velhice
dolorosa, que transforma o homem em vil e maligno,
pensamentos tristes corroem seu ânimo dia e noite;
e ao ver os raios do Sol não se alegra,
mas se faz odioso aos rapazes e desprezível às mulheres:
foi assim que deus fez tão penosa a velhice.

Não será por acaso que Mimnermo é o poeta da caducidade da vida interna e retoma da *Ilíada* a célebre comparação entre as folhas das árvores e as gerações humanas. Dá um passo à frente em relação a Homero:

Como as folhas que, ao germinar a estação da primavera,
rica de flores que logo começam a crescer ao luzir dos raios do Sol,
nós, semelhantes a elas, por um breve período de tempo gozamos
as flores da juventude, sem conhecer nem o bem nem o mal
dos deuses. As Kéres já se aproximam obscuras,
uma trazendo o final da velhice penosa,
a outra da morte. O fruto da juventude goza vida breve
como a luz do Sol que se irradia sobre a terra.

E quando essa estação já transcorreu,
então logo a morte se faz melhor opção do que o viver.
Brotam males sem fim no ânimo: às vezes é o patrimônio
que já se consumiu, e se apresentam os efeitos doloridos da pobreza;
para outro é a falta dos filhos,
e com esse pesar desce ao Hades, no subterrâneo;
outro ainda tem uma doença que destroça o ânimo. Não há homem
ao qual Zeus não cumule de uma infinidade de males.

Mas aqui não se trata apenas de uma lírica pessoal. Ele não diz "eu", mas "nós": todo o gênero humano. A imagem provém do livro VI da *Ilíada*, no qual, como já vimos, Glauco dela lançava mão ao responder à pergunta com que Diomedes, antes de começar o duelo, lhe perguntava a que estirpe pertencia. "Por que me perguntas pela minha estirpe?", replica Glauco. "Igual à estirpe das folhas é a estirpe dos humanos. / O vento espalha muitas folhas sobre a terra, mas, exuberante, a floresta / germina muitas outras / e vem a hora da primavera: / assim é também a estirpe dos homens; uma floresce e outra fenece". Mas Glauco falava das gerações humanas. Mimnermo não. Mimnermo fala *da vida de cada um*. É na vida que cada um de nós se parece com as folhas: existe a flor, existe o momento em que as folhas são belas, verdes, exuberantes, depois passa a juventude e vem a velhice. Então a folha murcha: torna-se amarelada e começa a definhar. É o indivíduo singular que se assemelha às folhas; como essas, muda e passa, murcha sofrendo os males da velhice. Mimnermo compõe uma belíssima lírica sobre a brevidade da vida. Usa o mesmo tipo de imagem de homem que elaboraram os livros sapienciais da Bíblia hebraica: "o homem, nascido de mulher", afirma Jó, "tem vida breve e cheia de inquietações; como uma flor que brota e definha, foge como a sombra e não tem parada". Provindo de Mimnermo, passando por Virgílio, o tronco das folhas recolherá também a herança bíblica e vai ressurgir com Dante e Shakespeare, entre muitos outros: "*That time of year thou mayst in me behold*", escreve o segundo, "*when yellow leaves, or none, or few, do hang / upon those boughs which shake against the cold*" ("Podes contemplar em mim aquela época do ano / quando as folhas amarelas, nenhuma ou mesmo poucas, / pendem dos ramos tremendo do frio").

Lendo Mimnermo agora, no século XXI, tem-se a impressão às vezes de estar escutando Bob Dylan ou Leonard Cohen. Os temas de suas elegias são os mesmos que ainda cantam hoje Dylan e Cohen. O tom de fundo, uma melancolia irônica, soa muito semelhante. Mimnermo celebra a juventude e se aborrece com a velhice, como o homem atual. Sua lírica fala do eu, mas fala também do *nós*. Basta que aquele *nós* se refira a poetas, cantores, dançarinas, ou a nós próprios imersos no mundo da natureza, e a lírica se torna coral. No lugar de Mimnermo teremos então Álcman, um dos maiores poetas líricos de todos os tempos.

Em um fragmento que se tornou muito famoso, Álcman declara que, agora que está velho, gostaria de ser um martim-pescador, a ave macho das alcíones, que, segundo a antiga lenda, era transportado pelas fêmeas da espécie por sobre o mar:

Moças do canto de mel, da voz sagrada, já
não podem suportar-me os membros. Ó, se eu fosse um martim-pescador,
que na flor da onda, voa junto com as alcíones,
com o coração intrépido, pássaro sagrado, da cor
da púrpura marinha.

Álcman confessa às mesmas moças que no passado levou a dançar que agora não mais consegue dançar; pois se compara com um martim-pescador, que quando se torna velho e incapaz de voar sozinho, confia na fêmea e voa graças a ela, como se as asas dela fossem as suas asas. Álcman costumava conduzir a dança cantando a canção que tinha composto para a ocasião. Por um lado, não poder mais participar da dança o constringe a renunciar ao aspecto performativo de sua poesia, no momento ritual e sagrado em que essa se torna movimento público e a voz, por outro lado, reduz ao mínimo possível a ressonância que pode ter o poema a seus olhos. Por essa razão, o poeta gostaria de ser como um velho martim-pescador, que, ao ser transportado pela fêmea da espécie, pode continuar a sobrevoar o mar espumoso.

Voar dessa maneira é fazer a fragilidade da velhice encontrar uma juventude que já passou, mas que se tornou acessível novamente graças às jovens mulheres do coro; quer dizer, é tornar-se novamente um homem forte e resoluto. Significa sobretudo voltar a tomar posse da cor "púrpura" das profundezas do mar, acariciar a superfície do oceano, trazer consigo o reflexo. Significa, por fim, graças à alcíone, estar novamente presente na poesia, gozar novamente da posse da luz; compô-la com um toque rápido e delicado, beijando a flor da água.

O primeiro verso do fragmento está tomado pela tristeza. Mas uma vez que o desejo do poeta foi expresso, começa a se manifestar uma alegria serena – o rapto exultante pelo voo vicário – e alcança o ápice nas duas expressões-chave das composições, *halipórphyros*, "a cor violeta do mar", e *epì kýmatos ánthos*, "por sobre a flor das ondas". A primeira, uma palavra já empregada em referência a tecidos, nos livros VI e XIII da *Odisseia*, poderia ser melhor traduzida como "a luminosidade do mar". Se é tomada essa expressão sem contexto, como referindo-se a um pássaro que se transforma num dos reflexos do mar, a verdadeira surpresa será encontrada em outra expressão, a "flor das ondas", que nos deixa atordoados de espanto. Só um grego poderia imaginar que a onda, abrindo-se em espuma, fosse coroada por uma flor, e voltando-se sobre si mesma, revelasse a corola de uma flor.

A biblioteca de Alexandria – todas as bibliotecas do mundo antigo – deviam ter rolos de papiro contendo todas as líricas produzidas pelos poetas arcaicos: hoje não temos mais do que fragmentos citados por terceiros, enciclopedistas, gramáticos, colecionadores de curiosidades. Mas a partir das poucas passagens remanescentes podemos ainda ter uma ideia da força extraordinária que possui essa poesia, e compreender como os poetas subsequentes, antes à moda grega, depois à romana, tentaram imitar essa lírica. Por fim, foram os latinos que recolheram a herança antiga e a transmitiram à Idade Média e depois à modernidade. Somos herdeiros de terceiro ou quarto grau, mas ainda nos admiramos com as palavras poéticas arcaicas.

Vamos ler, então, um último fragmento de Álcman, o assim chamado *Noturno*:

> Dormem os cimos das montanhas e os desfiladeiros,
> os penhascos e as ravinas;
> a selva e os animais nutridos pela terra negra:
> as feras das montanhas e a estirpe das abelhas,
> e os peixes nas profundidades do mar agitado.
> Dormem as estirpes dos pássaros, com asas estendidas.

Álcman sequer busca descrever uma noite na qual a luz da Lua e das estrelas ilumina distâncias infinitas. Ao contrário, concentra-se sobre a quietude do mundo. Alcança um primeiro efeito surpreendente repetindo a conjunção *e*, coenvolvendo um número cada vez maior de lugares e de seres vivos, retomando a palavra "dormem" do primeiro ao último verso. Depois intensifica o estupor atribuindo o sono àquilo que efetivamente não está sujeito ao sono: montanhas, desfiladeiros, penhascos, ravinas, selva. No instante em que introduz os animais, estabelece seu lugar na "terra negra". Então, retorna às montanhas, do primeiro verso, e improvisadamente amplia aquele espaço indicando obliquamente, depois da terra, o mar e o ar. Por fim, faz desfilar as feras, as abelhas, os peixes, os pássaros: ou seja, todo o universo animal.

Não sabemos como prossegue esse que é, para nós, um fragmento maravilhoso, ou como estava inserido no canto. É difícil imaginar no contexto da lírica arcaica que a descrição tivesse como fim a si mesma; é bem mais provável que fosse contraposta pela inquietação do ser humano, segundo aquilo que há pouco se tornou um lugar consolidado: a quietude domina todos os seres vivos, mas a heroína e o herói são atormentados. Ora, com a introdução da primeira pessoa do singular, todo o mundo dorme, apenas *eu* vigio inquieto.

Até esse ponto não há nem *eu* nem *nós*. Há, antes, um domínio sobretudo, o sono do mundo. Nesse ponto, só nos resta referir-nos a Safo, comparando seus noturnos com as composições de Álcman para formarmos uma ideia do desenvolvimento do canto lírico na Grécia. Antes disso será preciso recordar que a lírica, desde o início, se ocupa também com temas bem distintos dos assuntos do amor e da caducidade da vida humana. Entre os poetas elegíacos, por exemplo, são elencados também Sólon, Teógnis e Xenófanes: o primeiro, poeta da justiça e da prática política; o segundo, poeta do *eros* físico, e de outro lado poeta da amizade como solidariedade político-social entre os aristocráticos; o terceiro, um cantor, sendo igualmente um pensador pré-socrático dos deuses, do todo, da natureza: "os deuses não revelaram tudo de pronto", afirmava Xenófanes, "o homem, através de uma longa busca, vai descobrindo o que é o melhor"; "existe um único deus supremo sobre homens e deuses, / e não se parece conosco nem no corpo nem no pensamento".

Vamos encontrar uma diversidade ainda maior quando consideramos poetas como Tirteu, Íbico, Anacreonte, Arquíloco e Alceu. Não se trata aqui de uma pura e simples diversidade: o que conta é a incisividade, na medida em que quase todos os versos se transformam em uma exploração de um aspecto novo. Tirteu é célebre sobretudo porque proclamou: "para um homem valoroso é belo ser abatido / combatendo pela pátria no primeiro front", mas acrescenta a essa valentia a importância de defender a família. Íbico relata as aventuras de Polícrates, tirano de Samos, mas consegue introduzir ali imagens sensacionais, como as da primavera e do velho corcel:

> Na primavera, as maçãs sazonais
> regadas pelas correntes dos regatos,
> lá onde o jardim incontaminado
> das virgens – e as flores da videira
> que crescem sob os sarmentos sombrios,
> com abundantes brotos, germinam. Para mim, Eros
> não descansa em nenhuma estação:
> como o Bóreas trácio,
> reluzindo de fulgor,
> salta do lado de Cípris com ardentes
> loucuras e tenebroso, intrépido,
> guarda com vigor, firmemente,
> o meu coração.

> Novamente, sob as pálpebras fechadas
> Eros me lança um olhar comovente,
> e com encantos multiformes me lança
> nas redes inextrincáveis de Cípris.
> Eu tremo quando vem,
> como um cavalo domado, vencedor nas competições e próximo da velhice,
> desce relutantemente para a corrida com o carro veloz.

Nas duas ocasiões, Íbico canta a força irresistível de Eros, não mais apenas como mero enamoramento, mas como potência cósmica que subverte tudo nas "loucuras ardentes", nos "encantos multiformes" de Afrodite. Há nos versos, porém, uma superabundância, um *excesso* expressivo, que espelham essa subversão num crescente irresistível: as maçãs crescem "irrigadas pelas correntes dos rios"; as flores da videira "crescem sob os sarmentos sombrios", germinando "com abundância de gemas". Cada objeto é acompanhado por um detalhe que *mostra* concretamente seu crescimento, prorrompendo até o instante em que Eros se liberta inclusive da primavera e explode em chamas fulgurosas como o vento do Norte, Bóreas. Esse parece, pelo menos na leitura, que ainda sopra sobre o poeta que se avizinha à velhice: cavalo já acostumado a vencer as competições, agora velho e trêmulo, subjugado e sacudido por Eros. Com Anacreonte, as variações a respeito do tema erótico se tornam virtuosíssimas. Basta comparar a visão de uma moça de Lesbos e aquela do rapaz amado:

> Com uma bola purpúrea, de novo,
> Eros, de cabeleira dourada, me golpeia
> e me convida a jogar
> com uma moça de sandálias bem trabalhadas.
> Mas ela – é de Lesbos,
> bem formada – despreza
> a minha cabeleira, que é branca,
> e defronte a uma outra fica de boca aberta.

> Olhar infantil de virgem,
> eu te desejo. Mas tu não escutas:
> não sabes que do meu coração
> tu tens as rédeas.

Como que especulares, os dois fragmentos parecem à primeira vista "chistes". Na verdade não o são, quando se considera a súplica de Anacreonte a Dionísio, para que faça com que Cleóbulo aceite o seu amor: com Dionísio não se brinca.

A legendária leveza de tanta lírica grega não constrói chistes: antes, brinca com a seriedade para que essa não se torne "sisuda". Quando Alceu louva o Ebro, "o mais belo dos rios", pois é frequentado por moças "encantadas" por sua "água divina que é como unguento", enquanto ele é "alegria para as mãos delicadas / ao longo das belas coxas", o clarão é deslumbrante: aqui não há o excesso de Íbico, mas a subtração, a visão como se fosse de soslaio, por sinédoque. O próprio Alceu, por outro lado, é muito hábil em apresentar visões completas: uma sala de armas, um naufrágio, uma tempestade de inverno. Mas tem um toque mais rápido: "Ora, será preciso embebedar-se. Agora, será preciso que todos / forçosamente bebam: Mirsilo morreu"; "pura Safo dos cabelos cor de púrpura, / que sorri docemente".

Alceu reporta-se inevitavelmente ao predecessor Arquíloco, com o qual tem em comum uma série de temas e naturalmente a imagem célebre do escudo deixado involuntariamente "junto a um arbusto". Arquíloco tem tal profundidade que é impossível esperar apreendê-lo em poucas frases. É um poeta que, pela descrição do naufrágio, o autor do *Sublime* associa inclusive a Homero. Mas também sabe cantar: "sobre o banco do navio está meu pão amassado; no banco / do navio está o vinho de Ísmaro; estendido no banco eu bebo". Por toda parte resplende a extraordinária bravura de Arquíloco, o primeiro e o maior compositor de iambos, talvez o maior entre os líricos gregos; isso é atestado por uma passagem sua dedicada ao eclipse do Sol (de 648 a.C.), que vai se transformar logo num comentário sobre o terror que acomete os humanos e sobre tudo que deveria a partir de então ser digno de ser crido. Esse "todo" vai se desdobrar em três versos que apresentam três conjuntos de *impossibilia*:

> Não há nada que o homem não possa esperar, ou negar jurando,
> ou que produza espanto, depois de que Zeus, o pai dos deuses no Olimpo,
> fez anoitecer no meio do dia, ocultando a luz
> do Sol esplendoroso. E sobre os homens se abateu medo e tristeza.
> Desde então, tudo é digno de fé, do homem pode esperar qualquer coisa:
> ninguém de vós se admire, nem mesmo se vísseis
> as feras trocarem com os golfinhos o alimento marinho;
> e tampouco se para aquelas fossem mais agradáveis as ondas ecoantes do mar
> do que a terra, assim como para os golfinhos os bosques da montanha.

O eclipse do Sol se contrapõe a todas as regras ordinárias do mundo natural e, portanto, a partir de agora, o homem poderá contar com qualquer tipo de fenômeno: em especial qualquer mudança de habitat. O *tour de force* de Arquíloco, se for percebido, não tem motivação fundamentalmente científica – que é tentar explicar aos leitores o funcionamento de um eclipse. A questão é bem mais relevante, na medida em que esse século entre o VII e o VI a.C. ainda era um século-chave no desenvolvimento da questão naturalista dos pensadores pré-socráticos. Por outro lado, a passagem sequer demonstra uma tendência poética pessoal explícita, no sentido de que não aponta uma correspondência ou uma divergência entre o cosmos e o eu. Parece ser, ao contrário, o aproveitamento inteligente de um lugar comum popularesco: existe o eclipse do Sol, já não se pode prever coisa alguma, e nada mais poderá ser motivo de espanto.

Então será inevitável retomarmos por um momento a lírica de Safo. Safo é tão elegante, precisa e evocativa em sua abordagem do eu e de seu posicionamento no Universo que dá a impressão de se estar assistindo ao nascimento de um mundo novo.

> As estrelas em torno da bela Lua
> escondem mais uma vez o aspecto luminoso,
> quando essa, sendo cheia, suplanta-as
> com seu resplendor sobre a terra...
>
> A Lua e as Plêiades conheceram seu ocaso:
> a noite chegou ao seu meio:
> o tempo transcorre;
> e eu durmo sozinha.

Eis então Safo, sozinha na noite. Quase não há poeta antigo que consiga igualar-se a Safo na poesia noturna, com exceção, naturalmente, de Homero antes dela. É claro que não podemos deixar de evocar a célebre comparação no final do livro VIII da *Ilíada*, na qual os fogos acesos pelos troianos na noite – no avanço, antes de desferir o ataque que poderia tornar-se decisivo contra os gregos na manhã seguinte – se mostram ser tão numerosos e resplandecentes como as estrelas no céu, enquanto a luz da Lua vai delineando todos os momentos da paisagem. Falamos disso no capítulo primeiro.

Safo, que com certeza conhece muito bem essa passagem de Homero, não procede do mesmo modo. Safo nos demonstra um noturno vivenciado através do *eu*: a Lua e as Plêiades se puseram, a noite está na metade de seu curso: e *Safo dorme sozinha*. O ponto fundamental não são apenas as estrelas e a Lua: é o fato de que ela está dormindo sozinha, sem uma companheira, tomada pela amargura. Mas Safo é corajosa – como nenhuma será depois dela – na descrição absolutamente essencial da noite. Se esses fragmentos não tivessem sido parte originária de líricas mais longas – e certamente eram parte de líricas mais extensas –, poderiam ser considerados quase que como *haiku* japoneses, tão esplêndida a composição de seus quatro ou cinco versos.

No primeiro dos dois fragmentos que citei recentemente, entre outras coisas, Safo contradiz ou corrige Homero afirmando que as estrelas escondem o vulto luminoso, quando a Lua resplandece com mais luminosidade. Num plenilúnio – e essa observação é banal –, as estrelas perdem sua visibilidade, sobretudo as que são mais próximas da Lua. Homero não fazia essa distinção, e para ele as estrelas e a Lua faziam parte de uma única luz. Mas Safo os distingue muito bem, e como o faz! Precisa e pontual, com um traço íntimo e elegante. Homero semeia de mãos cheias, com riqueza divina, todo um mundo de luz noturna; Safo o encerra como se em seus próprios olhos e em suas próprias mãos. Homero imagina um pastor que, observando – não se sabe a partir de onde nem como – a cena noturna, exulta. Idealmente, Safo toma o lugar daquele pastor.

Mas Safo dorme sozinha. É essa informação que traz o eu para a ribalta: é isso que jamais vamos esquecer. Com Safo adormecida no meio da noite, depois que a Lua e as Plêiades se puseram, começa a lírica moderna: aquela que, através da poesia latina e medieval, os provençais e Petrarca, ocupará os versos de toda a Europa até chegar ao Romantismo.

Vemos finalmente o *eu* desfilando no cenário, enquanto anteriormente se mantinha em segundo plano. A lírica grega, naturalmente, não fala apenas do eu, também canta o *nós*. Simônides de Ceos, talvez o primeiro poeta de profissão, ficou célebre por seus epigramas, nos quais sublinha com marcas decisivas a caducidade da vida humana:

> Pouca é a força
> dos homens, e vãos são seus esforços:
> na breve vida, fadiga acumula mais fadiga;
> sobrevém a morte, da qual não há como fugir.
> Tanto os bons como os maus
> têm parte igual na mesma sorte.

Visto que és homem, nunca queiras dizer aquilo que acontecerá
amanhã; e se vires alguém feliz,
por quanto tempo ele o será:
veloz é a mudança, como é até o rebotalho da mosca de asas estendidas.

Simônides é inclusive o autor dos versos pelos mortos da Batalha de
Termópilas, os trezentos espartanos que, ao comando de Leônidas, se
sacrificaram no ano 480 a.C. para atrasar a invasão da Grécia pelos persas, conduzidos por Xerxes. Trata-se de uma passagem famosa, que foi
marcada em pedra justo ao lado da estrada que atravessa a passagem:

τῶν ἐν Θερμοπύλαις θανόντων
εὐκλεὴς μὲν ἁ τύχα, καλὸς δ'ὁ πότμος [...]

Gloriosa é a sorte daqueles
que morreram nas Termópilas, belo seu destino,
sua sepultura é um altar; no lugar dos gemidos, a memória, e o pranteamento é um louvor.

Uma tal veste fúnebre não será corroída
pela ferrugem, nem pelo tempo que aplaca tudo.
Este sagrado recinto de heróis escolheu para habitar consigo
a glória da Grécia. Atesta-o Leônidas,
o rei de Esparta, que um grande ornamento de valor legou
e uma fama perene.

Talvez não exista nada de mais clássico e nobre do que esse epitáfio,
com sua estrutura repetitiva do segundo e do terceiro versos, nos quais
cada substantivo com teor potencialmente negativo ("sorte" e "destino")
vem acompanhado por um adjetivo que reverte seu teor ("gloriosa" e
"belo"), enquanto que os próprios nomes dados ao sacrifício e à dor
("sepultura", "gemidos" e "pranteamento") são transformados em celebração, memória, verso: a poesia do próprio Simônides e de toda a
Grécia. Reafirmada essa estrutura temática, com alguma variação nos
versos centrais da composição – nos quais a ação do tempo *pandamátor*
("que tudo aplaca") e a "ferrugem" que lhe enraiza nos monumentos humanos é negada justamente por causa da poesia, aquela "veste fúnebre"
que permite ultrapassar os horizontes do humano –, eis as testemunhas:

Leônidas e os seus, que já quase estão habitando no recinto sagrado, a "glória da Grécia". O texto os proclama literalmente "homens bons", os que em Termópolis entregaram a beleza (o "ornamento") da *areté* e da *kléos*, o valor (a "virtude") e a glória.

Simônides está compondo poesia sobre *eles*: ele que, nos momentos decisivos do conflito contra os persas, se encontra em Atenas, elogia os espartanos. Mas esses "eles" se tornaram *nós*: "a glória da Grécia". Baquílides (sobrinho de Simônides) e Píndaro, ao contrário, fazem poesia sobre o *ele*, o vencedor de uma competição dos jogos que se dão regularmente junto com as festividades, em várias localidades da Grécia: Olímpia, Delfos (Jogos Píticos), Corinto (Jogos Ístmicos) e Nemeia. É como se um poeta ou um compositor moderno celebrasse um atleta que vence o salto a distância em uma olimpíada; ou um ciclista, um jogador de futebol, um piloto de automóvel de corrida. A diferença está no fato de que o autor moderno canta os louvores de um atleta do passado que se transformou num "mito", como fez Lucio Dalla com Nuvolari, ou De Gregori com Girardengo. O poeta antigo, ao contrário, celebra – a soldo – um evento do presente que, em virtude daquela celebração, aparece como valor de mito.

O autor do *Sublime* perguntava: "Na lírica, preferirias ser Baquílides em vez de Píndaro?". É claro que não, respondeu toda a tradição ocidental, sepultando o primeiro sob um manto de esquecimento e exaltando o segundo. Ler Píndaro, dois mil e quinhentos anos depois que ele compôs suas odes, é uma experiência única. Vamos tomar como exemplo a *Pítica* I, composta em homenagem à vitória délfica de Hierão de Siracusa no curso das quadrigas de 470 a.C. O início se dá com a famosa celebração da cítara de ouro, a música que possui o cantor e é possuída por Apolo e pelas Musas: um brilho que envolve tudo, daqui vai se estender por toda a composição, e já na primeira estrofe reverbera como um relâmpago no próprio fulgor, que abafa inclusive "o raio afiado / do fogo eterno", suma prerrogativa do maior dos deuses. A cítara, à qual os aedos, os poetas não podem senão obedecer, dá início à dança: e com sua música faz adormecer (na primeira antístrofe) a águia sobre o cetro de Zeus, acalmando Ares, deus da guerra, e enfeitiçando todos os numes.

Frente a uma abertura desse quilate, ficamos aturdidos; e gostaríamos de nos deter, reescutar o encanto da *chrýsea phórminx*, olhar ainda por um instante as musas que, com seus cabelos cor de púrpura, perfazem o plano de fundo à aura dourada da cítara, compreender como uma lira pode aplacar o raio de deus de chama eterna, adormecer uma águia e acalmar qualquer luta, todo contraste, toda guerra. Mas Píndaro não oferece escapatória; ao contrário, prende com a visão da música e da poesia por seu lado: "todos os seres que Zeus não ama / tremem de medo ouvindo / a voz das Piérides / sobre a terra e o mar indomável", adverte no primeiro epodo. De fato, as musas são terríveis para todos aqueles que não gozam do favor divino, também e sobretudo para Tifão, o monstro das cem cabeças que jaz no Tártaro, que anteriormente morava em uma caverna na Ásia Menor e agora se vê comprimido entre a costa da campanha de Cumas e da Sicília, onde se vê "comprimido à coluna do céu" o Etna, vulcão que domina toda a ilha e todo o mar ocidental da Itália.

Eis que passamos de repente do brilho da cítara e dos cumes do Olimpo à cavidade do planeta, à imensa massa do monte que pressiona terra e água, e sobre o qual gravita, por sua vez, o ar: ao Etna "nevoso / nutriz de gelo perene agudo", que é fonte inexaurível de fogo (assim, um raio nos atravessa a mente, os quatro elementos ligam-se em conjunto num *ponto* que é igualmente todo um *mundo*). A segunda estrofe e a primeira parte da segunda antístrofe são dedicadas à irrupção do vulcão: talvez a irrupção que acontecera alguns anos antes, a que Píndaro poderia ter assistido pessoalmente e que deixa marcas poderosas também no *Prometeu* de Ésquilo. É uma passagem na qual o fogo se torna líquido incandescente: rio de lava e de fumaça no dia, corrente vermelha que à noite desce até o mar. As palavras rolam aqui como massas transportadas pela chama, e a poesia se torna magma que escorre e jato terrível de Hefesto no ar: o espetáculo não é apenas um prodígio monstruoso para quem o assistiu, mas também e sobretudo "maravilha" para quem ouve falar dele, quem "escuta" sobre isso daqueles que estavam presentes. A melodia encantadora da cítara é substituída agora, até nos sons das palavras, por um "ruído" horrendo, enquanto seu ouro, como canta a primeira *Olímpica*, se tornou literalmente "fogo que chameja / e refulge na noite". Aquela chama deslumbra agora a partir do subsolo: não é o fogo do fulgor divino que recordamos ter sido apagado pela lira. Não mais "eterno", se transformou em "matéria", mas como que matéria-prima, suspensa entre os quatro elementos entre o estado líquido, sólido e gasoso, e no entanto sempre "inacessível" e das fontes "arcanas":

emergem de seus grotões
fontes arcanas de fogo inacessível,
rios no dia despejam
amarela corrente de fumaça;
mas à noite a chama vermelha
rolando carrega pedregulhos
para a amplidão profunda do mar, com fragor.
Aquela fera selvagem lança para o alto
jatos terríveis de Hefesto:
um prodígio maravilhoso a se contemplar,
maravilha também de se ouvir
por aqueles que estão presentes,

como jaz vencida
entre os cumes negros do Etna sem folhas, e o solo,
e o leito a tange e a dilacera
com todo o dorso reclinado.

Mas matéria, *aqui e agora*, que, a partir dos recessos remotos do mito – no qual Tifão, que ameaçou a ordem do cosmo, é punido e expulso por Zeus para o fundo do Tártaro – penetra nas raízes e no presente genealógicos da Sicília (ainda hoje o leito "tange e lacera" o dorso reclinado) e flui do Etna, coberta de neve e de folhas ao longo de suas encostas, abaixo até as planícies e o mar – até a cidade de Etna fundada por Hierão.

Píndaro nos forçou a parênteses contínuos, a incisos que interrompem seu elenco, a segui-lo tentando manter, abertos, funcionais e em movimento, visões paralelas e interseccionadas. Junto com Ésquilo de *Prometeu*, inventou efetivamente a irrupção do Etna para toda a literatura ocidental, e quem se aproxima de sua lírica pela primeira vez faz uma experiência verdadeiramente premente e inesquecível. O Anônimo do *Sublime* dizia que Píndaro e Sófocles, em seu arroubo criativo, incendeiam tudo. E, nesse caso, a expressão deve ser compreendida em sentido literal: Píndaro ensinou um magma aceso de palavras. Em vão Ovídio, Virgílio, Sêneca e igualmente o autor do *Sublime* tentarão imitá-lo.

No entanto, Píndaro não se deteve aí: com um salto mais leve pousa, por fim, temporariamente, nos Jogos Píticos em que o senhor de Siracusa venceu, fazendo-se pelo arauto, ali em Delfos, um "etneu". Lá pela metade da segunda antístrofe, porém, entre Tifão que jaz debaixo do vulcão e Hierão que se ergue vitorioso nos jogos de Pito, erigindo sua cidade na beira do monte, vamos encontrar Zeus, que reina soberano "sobre essa montanha" e ao qual é dirigida a oração do poeta por si mesmo (como se estivesse assustado, afirma o escólio, pelo relato do fim do monstro) e pelo rei de Siracusa: Zeus, que domou Tifão e que dominava o exórdio do poema com o raio e a águia.

Com esse evento, a corrida das quadrigas, da vitória, pareceríamos ter alcançado a glória que esperávamos desde o início. Em vez disso, apenas demos a partida, de um lado, e chegamos muito além, no futuro, de outro. "Para os navegantes que partem para navegar", canta, pois, Píndaro no segundo epodo, "a primeira alegria é o vento / que sopra propício, / para que ao final possam / também alcançar um melhor regresso".

É curioso, mas psicologicamente verdadeiro, que quem parte, justo ao partir, pense no momento da volta: para esse *cháris*, a graça e a alegria é um vento favorável. O poeta que pensou no final desde o início, tendo em vista "um melhor regresso" – uma navegação perfeita, um curso perfeito –, como a águia, sempre mantém a visão ao longe, no futuro: justo "*nesses* eventos", dadas as circunstâncias presentes da vitória de Hierão, seu discurso faz votos de uma célebre cidade do Etna, "pelas coroas e os cavalos, e famosa / pelos banquetes solenes animados por cantos". A tal futuro e ao presente do canto que abre e prefigura esse futuro, convida-se Apolo para presidi-lo, que já fora evocado, de um lado com a cítara e as musas, no primeiro verso da ode: senhor puro da Lícia, de Delos e de Delfos (portanto, de todo o mundo helênico), deus da luz e das trevas, soberano "da fonte Castália no Parnaso", da profecia, da música e da poesia: "queiras tu colocar *meu voto* em teu coração / e fazer florescer *essa região* / de homens valorosos".

A esse ponto seria de se esperar (estamos quase no início da terceira estrofe) que se regressasse ao encanto do exórdio, à cítara, que é o instrumento de Febo. Mas isso só se dá de maneira oblíqua, e por um pequeno instante. A terceira estrofe se abre, e vem ligada às invocações feitas a

Zeus e a Apolo na antístrofe e no epodo precedentes, com uma máxima, uma *gnóme*, que é tanto metafísica quanto ética, que considera todas as "virtudes" humanas – sabedoria, capacidade de combate e de guerra, arte da palavra – como dependente do divino: "dos deuses provém / todo e qualquer recurso para as virtudes dos mortais / e nascem homens sábios / e os de pulso firme e os eloquentes". É só agora que Píndaro retorna à poesia, ao canto de louvores que é pronunciado acompanhado pela cítara de ouro, usando para isso a imagem do lançamento do dardo. O verdadeiro poeta não lança seus versos longe demais, pois deve conhecer a *medida certa*; vencer os rivais, como faz um corredor, e ganhar a corrida, é claro, mas não "sair do campo":

> E eu que desejo louvar um tal homem,
> espero não ser como aquele
> que se lança para fora do campo brandindo com a mão
> o dardo de faces de bronze,
> mas espero com um longo lançamento suplantar os rivais.

Do mesmo modo, Píndaro faz votos a Hierão para que "todo o tempo futuro" lhe dê prosperidade e riqueza de bens (mas vão ser invocados no início da estrofe que o concederão) e sobretudo que "lhe traga o esquecimento dos sofrimentos". Por fim, na terceira antístrofe, o poeta se concentra em celebrar Hierão; recorda seu ânimo intrépido ao enfrentar o combate quando, junto com o irmão Gelão e "guiados pelos numes", acabaram conquistando fama e, como coroamento dessa fama, riqueza (os dois ideias da aristocracia), a qual ninguém mais conquistou a não ser os gregos, ao derrotar (no texto trata-se apenas de uma alusão) no ano de 480 os cartaginenses, liderados por Amílcar em Hímera. Essa foi uma vitória decisiva, junto com a vitória de Cumas contra os etruscos, recorda posteriormente, para o controle sobre os mares italianos.

Assim, a partir do encanto da lira, do mito de Tifão, da erupção do Etna, dos Jogos Délficos, chegamos à *história*, ao momento em que Siracusa se tornou na superpotência do Ocidente grego. Píndaro vai propor de imediato um equivalente no *mito*, retornando temporalmente a Filoctetes, o herói que foi decisivo para a derrota de Troia, abandonado pelos gregos, completamente só na ilha de Lemnos por causa do mau cheiro que exalava de seu ferimento; Hierão, doente, e quiçá até claudicante, como o arqueiro mítico, *agora* "entrou no campo de batalha", "como Filoctetes".

Um instante depois, invoca-se a musa pela quarta vez na ode: que o poeta, cuidando de sua carruagem, possa elevar um "hino" também a Dinómenes, o filho que Hierão havia instituído como governador (Píndaro o chama de "rei") da nova cidade de Etna, uma vez que a vitória de um pai "não deve representar uma alegria negligenciável". Gelão, Hierão e Dinómenes começam a se destacar, no horizonte poético-histórico, como uma verdadeira e própria dinastia siracusana, fundamental para a Grécia e para o Mediterrâneo.

É por Dinómenes, prossegue Píndaro na quarta estrofe, que Hierão fundou Etna, "baseado na liberdade divina" e "segundo as leis da norma" do Hilo, filho de Héracles, e de Egímio, ou seja, dos dois incitadores da estirpe dos dorianos que colonizaram o antigo Peloponeso, e especialmente Esparta. Novamente, com uma rapidez incomparável, em poucos versos, Píndaro descreve a conquista dórica da Grécia, desde o Monte Pindo, ao norte, até Amicles, junto a Esparta, ao sul: ali, nas margens do Taígeto, seus descendentes, vizinhos aclamados pelos dióscuros Castor e Pólux, dos "potros brancos", buscam perseverar nas leis ancestrais; ali, deles é que floresceu "a glória da lança". Depois de Filoctetes e dos heróis míticos da Guerra de Troia, eis que são retomadas as raízes genealógicas e a história étnica dos aqueus. Vêm ligadas a ela as regras que a tradição, o costume e o direito traçaram para os dórios, e que vão encontrar seu modelo institucional na aristocrática Esparta: Píndaro considera que essa "sabedoria constitucional" estaria aplicada, a partir de fundamentos de liberdade construídos pelos deuses, e portanto inalienáveis, também em Etna, que Hierão povoou com colonos dóricos. A primeira *Pítica* se transforma então em mensagem *política*: tradicionalista, conservadora, oligárquica, mas de liberdade.

Aos habitantes e aos "reis" dessa cidade siciliana, Píndaro augura que Zeus disponha as coisas de tal modo que "o discurso verdadeiro dos homens" seja sempre premiado com tal sorte: que Hierão e Dinómenes, "honrando o povo", possam conduzi-lo à *hesychía*, à concórdia interna e à paz externa, em específico com relação aos fenícios e aos tirenos – os cartaginenses e os etruscos – que foram derrotados por Hierão respectivamente "junto à costa do Hímera" (480) e em Cumas (474). Segundo Píndaro, as vitórias de Hierão no Ocidente são realmente parte de uma única e grande série de eventos que libertaram toda a Grécia da servidão aos bárbaros. No quarto epodo, o poeta lembra solenemente as vitórias dos atenienses em Salamina (480) e dos espartanos em Plateia (479) contra os persas, "os medos dos arcos curvos" (uma batalha naval e uma batalha terrestre, como as de Hierão contra tirenos e fenícios). Mas também aqui a celebração de tal *Nike* pan-helênica se apresenta de modo oblíquo: *enquanto* suplica a Zeus que conceda (em favor de Siracusa) que cartagineses e etruscos desistam "do grito de guerra", Píndaro se dirige, na realidade, a *si mesmo*, afirmando que terá o reconhecimento de Atena e "contará" a batalha dos espartanos em Plateia, "em frente ao Citerão" e "junto à costa de Imera / de águas límpidas" comporá o "hino" (que no terceiro epodo implorara à musa para "criar" só para Dinómenes) para toda a dinastia dos dinomenianos. Dito de outro modo, no mesmo patamar das vitórias da grecidade na guerra, Píndaro proporá a si próprio como cantor: em suma, poeta vencedor de todos os gregos.

E o fato de que a águia contempla o próprio voo, a própria poesia, é confirmado pelo que o poeta declara logo a seguir, na quinta estrofe, onde articula uma verdadeira e própria poética da moderação, da brevidade e da compacidade na multiplicidade:

> Se adaptas teu discurso à ocasião
> reduzindo brevemente a série de infinitos argumentos,
> será muito menor a censura dos homens
> pois a saciedade molesta embota as velozes esperanças
> e pesa no segredo do coração aos cidadãos
> ouvir sobre as nobres aventuras dos outros.

O ideal é, portanto, o da *oportunidade*, compreendido seja no sentido de dimensão, seja no de tempo: na primeira *Nemeia* Píndaro afirma ter tocado o *kairós* de muitas coisas, sem espalhar palavras falsas. Colher o momento propício: cada coisa tem sua medida, e, portanto, conhecer o *kairós*, o que é "propício", é a coisa melhor a se fazer. Mas "para os humanos, / a medida *breve* é o momento oportuno", proclamam a *Olímpica*

XIII e a *Pítica* IV. Agora podemos finalmente compreender a razão por que uma ode de Píndaro se apresenta assim tão variegada, múltipla, tensionada, colorida, compacta; por que são assim tão breves, fulminantes os relatos dos mitos de Tifão e Filoctetes, a descrição da erupção do Etna, as alusões à história contemporânea e às raízes ancestrais da Grécia. Não é só porque a censura dos humanos, a molesta saciedade e a inveja dos outros pela fama proíbem estender-se em longos discursos, obrigando à escolha e ao voo, mas também por que, como toda e qualquer coisa que sobrepuja, determina e se concilia com tudo isso, o *kairós* que detém o cume de todas as coisas é, para os humanos, medida breve. Na realidade temos bem poucas ocasiões verdadeiras, raras oportunidades. Mas para o poeta essas são ainda mais escassas; isso porque deve encontrar um correspondente apropriado ao evento, à competição esportiva; naquele instante, naquela ocasião, com medida precisa e proporcional. O poeta deve colher o *kairós no kairós* e sobre esse encontro tecer uma tapeçaria de múltiplas cores e densa: destilá-lo como um líquido doce como o mel, puro e primigênio como a água; forjar uma cítara luminosa e preciosa como o ouro.

Há que se ater ao belo, ao justo e ao verdadeiro, nas ações e nas palavras; no final da quinta estrofe, Píndaro exorta Hierão: "não desista das belas obras", "lidere as pessoas com justo temor", "apoie a língua sobre uma bigorna de veracidade". Se, pois, dessa bigorna saltar e rebrilhar algo, por menor que seja, ela mostrará ser grande, pois provirá dele, "ministro de muitos"; que as palavras de Hierão, como suas obras também, sejam "moderadas", e sua índole – a disposição de seu ânimo – floresça e frutifique na liberalidade: "Se gostas de sempre ouvir elogios à tua fama / aumenta o empenho sem te angustiares". O renome vem apenas com a munificência. Então, Hierão, "como o timoneiro, libera a vela ao vento": assim, como os navegantes que zarpam com a alegria do vento favorável (mencionados no segundo epodo), terás um bom "regresso". E se aqueles navegantes que, no instante de partirem, já estavam pensando no *nóstos*, no regresso, representavam o fundador de Etna, e o poeta, que o celebra e olha para o fim – e no fim – da própria composição, então o regresso é a recompensa da generosidade de Hierão – é, naturalmente, a narrativa e a poesia que, aqui e agora, conjugam passado e futuro, morte e imortalidade:

Só a ostentação da fama
que sobrevive aos mortais

revela por mérito
de narradores e poetas
a vida dos que partiram.

Aedos e *lógioi*: repete Píndaro na sexta Nemeia, combinando a imagem do arqueiro que busca acertar o centro do alvo e a invocação à musa. E se nos pode parecer estranho que Píndaro, o aedo, o vate por excelência, associe os narradores ao louvor e à inspiração divina das musas, deveríamos nos convencer de que para aquele que está relatando, mesmo que seja em prosa, os mitos, as histórias tradicionais – por exemplo Ecateu, contemporâneo mais jovem de Píndaro e autor de *Histórias* ou *Genealogias* desse tipo – está exercendo uma tarefa semelhante à sua: Temístocles e Pausânias, os vencedores de Salamina e Plateia, teriam uma fama perene, semelhante àquela de Hierão, justo dos descendentes de tais *lógioi*, que já estariam se tornando *históricos*. Heródoto está em vias de entrar em cena.

Ademais, o poeta menciona agora, no quinto epodo que conclui a ode, duas personagens históricas: Creso, o rei da Lídia, com imensa riqueza, cuja "virtude benigna", generosidade e *pietas* permanecem imperecíveis (e com o qual se inauguram as *histórias* de Heródoto); e Fálaris, tirano de Agrigento, cuja mente impiedosa inventou o touro de bronze no qual mandava assar os próprios inimigos; o que resta dele é uma odiosa fama, uma "reputação hostil". O comportamento liberal e o governo equitativo apregoado por Píndaro e proposto a Hierão tem um ilustre precedente em Creso, e poetas e narradores podem celebrar os dois personagens. Mas Fálaris, ao contrário, como modelo negativo de perfídia tirana, é destinado ao esquecimento: "Nem debaixo de nossos tetos / é acolhido pelas cítaras / numa união harmoniosa / com as vozes dos jovens".

Assim, ao final da ode, retornamos num círculo perfeito à imagem cativante da abertura, à cítara de ouro. Agora, verdadeiramente, a águia termina seu voo sobre um cume. O topo é representado na vida pela união entre sucesso e boa fama, por alegria no presente e nome no futuro: "o homem que consiga encontrar e apanhar um e outro / recebeu a *coroa suprema*".

Quantos círculos fez a águia em seu voo? No interior do círculo maior, da cítara à cítara, estamos agora entrevendo outros círculos concêntricos: desde a paz que a arte de Apolo e as musas espalham sobre o Olimpo, até a paz na cidade de Etna em toda a Grécia: desde a fúria de Tifão sob o vulcão, aos bárbaros cartaginenses, etruscos e persas, vencidos em terra e mar; da prece a Zeus e da proclamação da vitória pítica de Hierão na segunda antístrofe, a uma outra invocação a Zeus e à celebração das vitórias de Hierão em Cumas e Hímera na quarta antístrofe. Apolo e as musas abrem a primeira estrofe e retornam juntos ao seu final; Apolo é novamente evocado implicitamente com as musas no segundo epodo; a musa é invocada no terceiro. Poderíamos prosseguir: as palavras, as imagens, as figuras, as ideias – vimos isso por diversas vezes – se correspondem e se opõem, se retomam, se completam, como se nos encontrássemos numa fuga de Bach.

No voo da águia havia um projeto: uma simetria suprema, uma ordem prevista e a ser cumprida, uma harmonia sem comparação. Uma harmonia que não é estática, escultural, mas de um recriar-se contínuo e de um movimento rapidíssimo. Se agora a estamos vendo aqui parados, em seu conjunto, é porque a criatura alada de Zeus por fim pousou sobre a "coroa suprema" e findaram a dança e o canto. Agora, na verdade, caímos no sono, no torpor, no *kóma* onde a cítara de ouro faz aprofundar os homens e os deuses, apagando inclusive aquilo que une, no mais rápido movimento que se conhece – a velocidade da luz – aquele que, do eterno, penetra o tempo, o raio: raio afiado de fogo eterno. Agora, a águia dorme sobre o cetro de Zeus, com as asas recolhidas, as pálpebras docemente fechadas pela nuvem escura da música que a domina e respira o ritmo poderoso e tranquilo do sono. *Essa* é também a poesia; essa é a experiência que às vezes dela fazemos.

A tremenda erupção do Etna, Filoctetes doente e vencedor de Troia, Hierão dominador do Ocidente, as Guerras Persas, as origens e as leis dos dórios, Creso e Fálaris – agora, tudo está aqui presente: Ares, deus do *pólemos* e, como diria Heráclito, deus da éris, do conflito universal, da luta que domina o cosmo, aplaca por um instante o próprio coração, abandonando a ponta áspera das hastes; e todos os numes estão enfeitiçados pelas flechas do poeta e pelas cordas da lira. Aqui, agora que o dardo lançado atingiu a meta, no ponto mais distante e, no entanto, *dentro* do campo: no lugar marcado, no momento certo, no tempo oportuno, em Delfos, ou em Etna, onde se canta a ode no século V antes de nossa era; ou em Roma, em Cambridge, em Sabina, quando no século XXI, a retomamos: uma "folha de canções". Porque o *kairós* está *nela*, é aqui que se encontram o mar, a terra, o céu e os abismos do planeta; eterno, passado, presente e futuro: divino, ctônico e humano; mito, leis, história e política.

Chrýsea phórminx: as cinco vogais – como no início da primeira *Olímpica* – entoam o mundo. Vamos reler então a estrofe e a antístrofe que abrem a primeira *Pítica*, em silêncio, caindo no sono.

Cítara de ouro,
posse comum de Apolo
e das musas dos cabelos purpúreos,
que escuta o passo da dança, princípio de festa,
às tuas notas obedecem os cantores
quando tocada entoas
os prelúdios que guiam os coros.
E apagas as faíscas afiadas
de fogo eterno.
Sobre o cetro de Zeus
dorme a águia,
caídas sobre os flancos as asas velozes,

Soberana entre os alados;
tu sobre tua cabeça em gancho
derramaste uma nuvem escura,
doce fechadura sobre suas pálpebras;
possuída pelo fluxo de teus sons
eleva seu mórbido dorso no sono.
Ele, pois, Ares poderoso,
afastando a ponta afiada das lanças,
acalma o coração num profundo torpor;
também o ânimo dos numes encantam tuas flechas
graças à arte do filho de Leto
e das musas de amplo drapeado.

No torpor profundo com que fomos tomados agora revivemos o grande voo da ode, sentimos em nós a força de Zeus que "tudo cumpre" e ao qual, assim, tudo se deve; ouvimos seu nome repetido por cinco vezes: ele abateu o caos derribando Tifão e reina sobre o Olimpo e sobre o Etna. Tudo acontece sob sua sombra: em sua mão, o raio; assentada em seu cetro, a águia, como na estátua de Fídias em Olímpia. É o *theós*, o deus ao qual Píndaro elevou um hino famoso e que Ésquilo celebra como único em suas tragédias. Então, o divino, tantas vezes invocado pelo aedo, é parte integrante dessa poesia que *encanta o divino*, e junto com Zeus dominam na ode a *sophía* de Apolo e o canto das musas – a arte sábia que, desde seu nascimento, tem como seus a cítara, o arco e os oráculos; a voz melodiosa e terrível das filhas de Memória. Reconhecer que "dos deuses provém / todo e qualquer recurso para a força e virtude dos mortais" – sabedoria, força, palavra – significa dar a deus o que é de deus: compreender que, no Universo em geral, como nesse lugar e nesse instante, é um ser pleno que age, um ser transcendente, que é sempre imanente, abissalmente distante do homem, e, no entanto, está extremamente próximo dele.

Nos assuntos humanos, como aconteceu na Guerra de Troia, existe também um *moirídion*, um fato, portanto, que vai se desdobrando e cumprindo no tempo junto com a ação humana, na tensão do arco de Filoctetes, consumido pelos ferimentos, na vitória de Hierão adoentado na corrida e nas batalhas. No tecido desses filamentos se forma o nó no qual convergem: o *kairós*, a ocasião precisa, oportuna e reta. Sejam na fundação de Etna e na instituição de uma legislação justa, sejam nas vitórias de Atenas e de Esparta sobre os persas, o *kairós* está *na* história e *na* política: a poesia decanta essas duas realidades abertamente, sem tergiversações, visto que ela nada mais é do que uma adequação do discurso à ocasião. Os eventos continuamente repetidos na poesia de Píndaro – as vitórias dos atletas nos jogos – são transcendidos apenas na medida em que chegam ao seu *ponto alto*, graças a uma arte que vai se elevando, que voa, possuída e medida, obscura e luminosa, límpida como a água e fúlgida como o ouro.

Mas também a vida, no ideal de Píndaro, é límpida como a água e fúlgida como o ouro, obscura e luminosa. Uma ética do belo, do justo e do verdadeiro desenha o plano da vida na imanência, no coração do brevíssimo tempo que é concedido ao homem na terra: esquecimentos das penúrias, em primeiro lugar, e depois, na prosperidade e riqueza de bens; e a honra que coroa a riqueza, exultar no sucesso e gozar de boa fama. Quando alguém encontra e se apropria de ambas as coisas, ou quando você encontra alguém que se tenha apropriado de um e outro, eis que se manifesta ali então a *crisi* verdadeira suprema: o *kairós* da vida, a "suma coroa". Então se poderá dizer que *Cháris* – a graça, a beleza, o esplendor, o favor – governa a existência. E então proclama-se, com raios semelhantes aos da primeira *Pítica*, como faz ainda a primeira *Olímpica* no caso de Hierão, desta vez vencendo a corrida de cavalos:

> Ótima é a água e o ouro
> como fogo que irrompendo
> refulge na noite
> mais que a soberba riqueza.

Também ali a poesia logo toma posse do líquido primigênio e do esplendor áureo, tendo em vista o Sol e as estrelas:

> Meu coração, se desejas
> cantar os agons,
> não procures de dia
> outro astro refulgente
> mais ardente que o Sol
> no deserto etéreo.

Porém, prestemos atenção – a poesia (assim como aquele tipo de vida) não é para todos; antes, para alguns, para muitos, é perigosa e terrível: "todos os seres que Zeus não ama / ficam espantados, ouvindo / a voz das piérides / sobre a terra e o indômito mar". Um terror "profundo e desordenado" desorienta os inimigos de deus, no canto das musas, onde quer que esses se encontrem no mundo. E se junto com Píndaro devemos identificar esses seres como inimigos da ordem do Olimpo, monstros como Tifão, podemos ainda sempre nos perguntar: por que será que quem não é amado por deus deve tremer de medo escutando poesia? Por que, para este e esta, a voz das musas se torna um grito de guerra? E o que é exatamente a *philía* de Zeus, o amor de deus? Nós, gente do século XXI da era comum, somos tomados por uma profunda inquietação: o amor de deus por nós e nossa capacidade de desfrutar da poesia, de nos deixar cativar por ela, estão interligados entre si de uma maneira misteriosa, como se estivéssemos falando da profecia na Bíblia hebraica. Mas não vamos destruir seu equilíbrio delgado e precário: poderemos nos descobrir – ó que destino verdadeiramente insuportável – temendo a música que enfeitiça e adormece a águia. Recordemos, pois, "medida breve é, para os humanos, / o momento oportuno". "Dizem", prossegue aquela passagem, "que a coisa mais penosa / é conhecer o belo e o bem / e ter necessariamente de se manter afastados deles".

9
Invenção de Roma

Ademais, o caráter maravilhoso dos assuntos aos quais nos decidimos contar é tal que induz e encoraja a todos, jovens e velhos, a interessar-se por esse nosso empreendimento. Quem, portanto, poderá ser tão estulto ou indolente para não sentir o desejo de saber como e com que forma de governo os romanos, em menos de cinquenta e três anos – um fato sem precedentes na história –, conseguiram conquistar quase toda a terra habitada, ou quem então poderia ser tão apaixonado por outro tipo de estudo ou espetáculo a ponto de preferi-lo em lugar da pesquisa histórica?

Políbio, introdução às *Histórias*. Políbio foi um dos derrotados da história e um dos tantos vencidos por Roma que se transformou num herói da historiografia. Grego da Arcádia, era comandante da cavalaria da Liga Aqueia quando os romanos, em meio às guerras contra Cartago, derrotaram a Macedônia. Políbio foi preso, feito refém e deportado para Roma, onde frequentou os círculos culturais de Lúcio Emílio Paulo e dos Cipiões. Então começou a escrever a história de Roma. Como tantos outros no mundo antigo e no moderno, ele se questionava como era possível que uma pequena cidade de pastores assentados junto ao Tibre teria conseguido em pouco tempo tornar-se a dona do mundo, e por que pôde se manter assim por longo tempo. Os impérios, escrevia ele, que precederam o Império Romano – da Pérsia, de Esparta, da Macedônia – não duraram tanto tempo ou não alcançaram a extensão do império de Roma. O que distinguia Roma de todos os demais? Políbio respondia que a razão era a "constituição" romana, ou seja, o fato de Roma conservar na forma de seu governo características essenciais da monarquia, do governo aristocrático e da democracia (é o que se afirma hoje em relação aos Estados Unidos da América).

Roma foi uma aventura única no mundo antigo, e mais tarde no mundo medieval e no moderno. Houve outros, além de Políbio, que observaram isso com muita clareza. "E quem", escrevia Plutarco, "vendo o nascimento, a salvação, o crescimento e o tornar-se adulto de Rômulo, não diria de imediato que a sorte foi quem estabeleceu os fundamentos e em cima desse fundamento se edificou a bravura?". Cícero elogiava a inteligência que presidiu a escolha do lugar: "Rômulo escolheu o lugar destinado à cidade com incrível acerto, como deve fazer quem procura criar um estado destinado a durar. Realmente não se lança rumo ao mar para invadir o território dos rútulos ou dos aborígenes, ou fundar uma cidade no afluente do Tibre: compreende, ao contrário, e vê com uma previsão excepcional que os locais perto do mar não são os mais adequados para as cidades que são fundadas com a esperança de durarem e exercerem domínio".

Outros historiadores privilegiam a força militar. Como fizeram os romanos quando se libertaram da superpotência etrusca, por exemplo? Os etruscos estavam ali em sua casa, mas logo estavam fora dela: os últimos reis de Roma eram etruscos, como testemunham seus nomes, e a cidade-estado etrusca Veio, que Roma precisou de dez anos para conquistar, hoje se encontra na periferia da própria Roma. Para combater os etruscos, e depois todas as populações da Itália, os gregos da Magna Grécia, os cartagineses e os romanos armaram-se até os dentes, organizando seus exércitos de maneira admirável, construindo estradas para eles, pontes, pontos de armazenagem de recursos, cidades. Foi isso, seguramente, que manteve Roma no domínio do mundo por quase mil anos.

Há quem defenda que o segredo de Roma consiste em sua capacidade de inclusão e aceitação dos "outros", na assimilação que levou Caracala, no ano de 212 d.C., a conceder a cidadania romana a todos os habitantes livres do império. Alguns historiadores e poetas já tinham ciência disso há muito tempo. Lívio nos relata que, pouco depois da fundação,

Roma já era tão forte que se equiparava a qualquer população vizinha, mas "pela carência de mulheres a grandeza só teria durado uma geração". Então Rômulo arquitetou um embuste perfeito: propôs a realização de jogos grandiosos em honra de Netuno equestre, ordenando que se anunciasse o mesmo entre os povos vizinhos. Esses, atraídos sobretudo pela curiosidade de ver a nova cidade, vieram em massa: dentre esses, acompanhados de filhos e esposas, vamos encontrar os sabinos. Um tumulto provocado de propósito durante o espetáculo foi a oportunidade que tiveram os jovens romanos para precipitar-se e roubar as mulheres dos hóspedes. Os maridos e os parentes humilhados se reuniram sob Tito Tácio para responder a Roma com armas.

Trata-se aqui do Rapto das Sabinas e a primeira das guerras romanas do milênio que se segue. Mas é também a ocasião para estabelecer uma paz sob novas bases, com uma política de assimilação de longa mirada. Os historiadores contam, então, que Rômulo e os romanos buscaram persuadir primeiro as mulheres, prometendo-lhe cidadania, bens e prole, justificando seu ato com a paixão do amor. Depois, na medida em que crescia a fúria da batalha entre romanos e sabinos, as próprias mulheres se interpuseram entre os combatentes e se estabeleceu a paz, e dos dois povos fez-se um só povo. Rômulo e Tito Tácio reinaram em diarquia e o segundo rei de Roma, o "pacífico" Numa Pompílio, será de ascendência sabina.

Também Virgílio, o maior poeta de Roma, destaca a extraordinária força de atração que a política romana de acolhimento e tolerância exerce sobre os demais povos. Com a *Eneida*, ele compõe para Augusto o grande poema épico de Roma: a primeira metade narra as perambulações de Eneias e se inspira na *Odisseia*; a segunda, na qual Eneias enfrenta a guerra pela conquista de Lácio, é formulada segundo a *Ilíada*. Virgílio coloca no centro do poema o livro VI, no qual celebra uma verdadeira apoteose de Roma e especialmente da *gens* Júlia, à qual pertencia Augusto.

Conduzido pela Sibila de Cumas, como fizera antes dele Ulisses, Eneias desce aos infernos. Encontra o barqueiro Caronte, uma multidão de mortos insepultos (entre os quais seu timoneiro Palinuro), passa o Aqueronte, Cérbero, Minos, os suicidas, o Campo das Lágrimas – onde são relegados os que sofrem por amor, entre esses Dido, que se nega a falar com Eneias. As vítimas gloriosas da guerra, troianas e gregas, se amontoam em torno dele. Depois, tendo evitado ingressar no Tártaro, Eneias e a Sibila chegam nos Campos Elísios, morada dos bem-aventurados. O poeta Museu conduz Eneias ao pai, Anquises.

Na conversa que se segue, Anquises, respondendo a uma pergunta do filho, explica em primeiro lugar o estado e a mudança que acontece nas almas; depois o leva para um lugar elevado de onde pode ver a todas. Anuncia: "agora vou te mostrar qual glória está reservada / para a prole de Dardânia, que descendentes da gente / itálica estão em vias de surgir, almas ilustres e / que formarão a nossa glória, e vou te ensinar sobre teu destino". Eis que desfilam diante de Eneias uma legião de figuras que encarnam a lenda de Roma, de seus descendentes imediatos – Sílvio, Procas e Numitor – até o fundador Rômulo e, num salto, chega a Júlio César e Augusto:

> Esse é o homem que frequentemente ouvistes como alguém prometido, César Augusto, filho do divino,
>
> que fundará de novo o século de ouro no Lácio,
> pelos campos que foram regidos durante um tempo por Saturno;
> estenderá o império
> sobre os garamantes e os indianos, sobre a terra que está além das estrelas,
> além dos caminhos do ano e do Sol, em que Atlas, portador do céu,
> sustenta sobre os ombros a abóboda cravejada de estrelas reluzentes.

A exaltação de Augusto ocupa o centro do triunfo de Roma proferido por Anquises. Depois dele, a voz percorre a história da cidade, retornando aos sucessores de Rômulo até o final da monarquia, atravessando os séculos da República, com a evocação de Bruto, Décios, os drusos, Mânlio, Torquato, Fúrio Camilo, Júlio César, Pompeu, Lúcio Múmio, Lúcio Emílio Paulo, Catão (censor ou uticense), Aulo Cornélio Celso, Gracos e Cipiões, Caio Fabrício Lucínio, Serrano, os Fábios, até chegar a Marcos Cláudio Marcelo, filho adotivo e genro de Augusto, herdeiro do principado, mas morto antes de tomar posse. Antes de deter-nos em Marcelo, Anquises proclama abertamente a ideologia na qual deve inspirar-se Roma:

Creio que certamente outros forjarão com maior elegância o bronze espirante, e extrairão do mármore rostos vivos, dominarão melhor as causas, e seguirão com o compasso os percursos do céu e predirão o curso dos astros: mas tu, ó romano, lembra-te de dominar os povos; essas serão tuas artes, estabelecer normas para a paz, poupar os vencidos e debelar os soberbos.

Os gregos podem ser escultores, oradores, astrônomos melhores do que os romanos, mas esses últimos devem governar os povos, "estabelecer normas para a paz", *parcere subiectis et debellare superbos*. Poupar aqueles que se submetem: assimilá-los, torná-los cidadãos romanos. Derribar, exterminar, punir quem resiste: crucificar os escravos rebeldes, cinco mil, um após o outro ao longo da estrada que vai de Cápua a Roma.

Os romanos realizaram essa dupla tarefa de maneira egrégia, apesar da corrupção que dominava sua sociedade e sua vida política e apesar das tremendas lutas por poder que os dividiam. Ofereceram ao mundo uma ordem, impondo um sistema legal altamente desenvolvido e, por séculos, em toda a Europa, no Oriente Médio e na África Setentrional, construindo estradas, pontes, aquedutos, termas, teatros: algo que jamais teve equiparação antes ou depois deles, até a época moderna.

Por isso, inventaram também uma lenda sobre si mesmos e sua cidade que condicionou o imaginário ocidental mesmo depois da queda de sua hegemonia. Horácios e Curiácios, Caio Múcio Cévola, Públio Horácio Cocles, Fúrio Camilo e Cincinato são personagens, não importa se históricos ou míticos, que por milhares de anos definiram uma identidade e uma ética. Inventaram narrativas lendárias também sobre as origens da cidade, a poesia e a história romana; as lendas de Alba Longa, Numitor e Amúlio, Marte e Reia Sílvia, da loba e do pica-pau, dos gêmeos criados pelos pastores Fáustulo e Aca Larência, da fundação da *Roma Quadrata* sobre o Monte Palatino, das disputas entre Remo e Rômulo e do assassinato do primeiro.

Tanto romanos quanto gregos colaboram na mitopoese: há quem proponha como fundadores os descendentes do troiano Eneias e há os que atribuem a fundação aos herdeiros do grego Ulisses. Fábio Pictor e Helânico, Hesíodo e Ênio, Virgílio e Ovídio, Lívio, Dionísio de Halicarnasso e Diodoro Sículo: todos eles se interrogaram sobre os primórdios, sobre o nascimento e o desenvolvimento de Roma. E, ainda, muitos séculos depois, quando a cidade começa a perder sua grandeza e seu poder, os ecos da lenda ressoarão nos últimos escritores pagãos e nos Padres da Igreja: em Sérvio e no Mitógrafo Vaticano; em Justino, São Jerônimo e Santo Agostinho.

A invenção de Roma é um empreendimento sutil e complexo, que talvez possa ser considerada completa apenas no século I a.C., depois que Políbio e os próprios historiadores romanos da era republicana começaram a trabalhar nela. Os próprios romanos têm consciência do fato – e frequentemente fazem disso motivo de orgulho – de que nos conflitos que eles combateram com os não romanos o destino quis conduzi-los primeiro ao desastre para depois, em um segundo momento, salvá-los e exaltá-los. Foi o que aconteceu nas guerras contra os povos itálicos, os etruscos, os gauleses (que chegaram inclusive a saquear Roma), os sanitos, Pirro e os gregos da Itália meridional e, por fim, os cartaginenses na Segunda Guerra Púnica. Muitas vezes abandonados pelos próprios aliados, os romanos sabem muito bem se recompor das derrotas, graças a uma resiliência única, como demonstram as lides narradas por Lívio sobre a Segunda Guerra Púnica, depois da invasão da Itália por parte de Aníbal, e a decisão de levar a guerra para a África.

Os intelectuais romanos também estão conscientes dos imensos conflitos que marcam no seu interior o crescimento da República, seja: entre a plebe e os patrícios, seja entre facções adversárias dentro do Senado. Na transformação da pequena cidade-estado fundada sobre uma "estrutura econômico-social itálica de pequena propriedade agrária", na capital de uma república imperial estendida sobre todo o Mediterrâneo, o velho equilíbrio, que segundo Cícero levava Cipião Emiliano a falar de uma *res populi*, acaba se rompendo. As conquistas trazem grandes vantagens, o desenvolvimento de uma administração direta, inumeráveis massas de novos escravos e, portanto, de mão de obra gratuita, a formação de grandes propriedades agrícolas e naturalmente o contato com diversas tradições culturais. Cícero tinha um belo discurso, a *concordia ordinum* entre a classe senatorial e equestre e, mais tarde, o *consensus omnium bonorum*. Por fim, foi só a emergência do principado de Augusto que levou à criação de um novo equilíbrio.

Nesse meio tempo, a República fora abalada por ambições pessoais, pela corrupção, pelos desfalques, por pactos ocultos entre indivíduos ou grupos. Basta ver o discurso de Cícero contra Verres – "um homem que dilapidou o erário, submeteu a assédios a Ásia e a Panfília, como pretor urbano administrou a justiça como um salteador, reduziu a Sicília à ruína total" – para compreender de que tipo de fenômeno se está falando.

Ou, então, podemos nos voltar para Salústio, que dedica os capítulos iniciais de sua *A conjuração de Catilina* a uma reconstrução do aspecto moral de Roma. Primeiro, escreve ele, vem a ambição, dos valorosos e dos covardes, esses últimos se entregando a ela com fraudes e mentiras. Depois a ganância, a paixão pelo dinheiro: depois de um bom início, Silas precipitou Roma na corrupção. "Todos começaram a roubar, rapinar, uns querendo terras, outros palácios; os vencedores não conheciam modos nem medidas, fazendo contra os cidadãos ações pérfidas e selvagens". O próprio Sila permitiu ao exército viver no luxo, pois com isso pensara ter sua fidelidade. Então os soldados romanos aprenderam a "fazer sexo, beber, apreciar estátuas, quadros, vasos cinzelados: invadiram casas privadas e locais públicos, espoliaram templos, violaram edifícios sagrados e profanos [...] arrasaram tudo e nada deixaram para os vencidos". Se isso acontecia nos territórios conquistados, pode-se imaginar os reflexos que isso tinha na Itália: rapinas, desperdícios, desprezo pelas leis humanas e divinas, roubalheiras que traziam prejuízo aos aliados, orgias sexuais, de comida e de luxo.

Augusto tentou uma refundação de Roma não apenas nos edifícios, mas também no plano moral: tratava-se, para todos os efeitos, de uma reinvenção, e Virgílio foi o oficiante principal disso (mas não o único). O problema é que o ideal augustano proclamado por Virgílio era muito elevado e, com isso, arriscava fracassar na primeira tentativa de contato com a realidade. E a própria realidade se modificou num breve espaço de tempo, depois da morte de Augusto; passando para as mãos da dinastia júlio-claudiana – Tibério, Calígula, Cláudio e Nero –, o império de Roma se modificou tanto que o caráter individual de cada um e as condições políticas diversas foram impondo suas exigências. Lendo Tácito e Suetônio, que de maneiras diferentes reconstruíram os acontecimentos romanos do século I até ao reino de Domiciano, enquanto o império continua prosperando e se expandindo ou, ao contrário, quando se detém (a conquista da Bretanha se deu sob Cláudio, a da Germânia se detém depois da derrota de Teutoburgo), parece que assistimos, por parte das personalidades imperiais e com exceção de Vespasiano e Tito, a uma deterioração progressiva das condições mentais e psíquicas, uma intensificação da tirania, um aumento das manias, da criminalidade e da crueldade.

Tanto é verdade que Tácito, o maior dos historiadores latinos, acha necessário iniciar seus *Anais* prometendo que abordará o assunto *sine ira et studio*, "sem aversão e sem simpatia", remediando assim o medo com que as questões e os problemas daqueles imperadores haviam sido narrados enquanto eles ainda eram vivos, e o ódio depois que esses haviam morrido. Nas duas obras anteriores, porém, *Agrícola* e *Histórias* (dedicadas aos três imperadores do ano seguinte à morte de Nero – Galba, Otão e Vitélio – e depois aos Flávios), Tácito teve uma atitude diferente. O horror ao reino de Domiciano transpirava ali, em cada palavra. Júlio Agrícola, o sogro, morreu prematuramente e não lhe foi permitido viver até a "aurora de uma era verdadeiramente bem-aventurada e ver Trajano como príncipe", mas pelo menos ele evitou "o último período em que Domiciano sangrou o Estado não mais em etapas e pausadamente, mas continuamente e como que num só golpe":

> Nero pelo menos subtraía seus olhos dos próprios delitos quando os ordenava sem os assistir: sob Domiciano, o pior aspecto de nossas misérias era o ver e ser vistos. Até nossos suspiros eram registrados; e para justificar a palidez de tantos homens, bastava aquela face sanguinária e vermelha com a qual ele se guardava do sentimento da vergonha.

Nas *Histórias*, Tácito reconhece ter recebido as "honras da carreira" dos Flávios: "Foi Vespasiano que as inaugurou", escrevia, "Tito as aumentou, Domiciano as levou ainda mais longe". Mas quem é leal sem se corromper não deve pautar-se pelo favor ou pela aversão (*neque amore et sine odio*). Ao menos uma vez, Tácito encontrava-se naquela "rara situação feliz" na qual "se está livre para pensar o que quiser e falar o que se pensa". Eis como fica o quadro de Roma no final do reino de Domiciano:

Na capital, a ferocidade foi mais impiedosa: era um delito tanto aceitar quanto refutar nobreza, riquezas, títulos, e para os valorosos a morte violenta era segura. As recompensas conferidas aos delatores, quando alguns, recebendo um sacerdócio ou um consulado como recompensa de guerra, e outros, o governo de uma província ou influência na corte, agiam subvertendo tudo, provocando ódio e terror, eram odiados não menos que os delitos cometidos. Os servos foram corrompidos contra seus senhores, os libertos contra os que os libertaram, até mesmo quem não tinha inimigos foi esmagado graças aos amigos.

Para encontrar uma situação parecida, temos que retornar a Nero, como fará Tácito nos *Anais*. O relato da repressão neroniana da Conspiração de Pisão, por exemplo, se desdobra diante de nós como uma sequência de cenas do *Ricardo III*, de Shakespeare: em dois anos, entre 65 e 66, foram assassinadas ou forçadas ao suicídio dezenas de pessoas, além da fina flor da *intelligentsia* da época, que compreendia Lucano, Petrônio e Sêneca. O suicídio forçado deste último (que muito provavelmente não estava envolvido no complô) é narrado por Tácito com uma frieza que trai o *pathos*. Tendo recebido a ordem de suicidar-se, o velho Sêneca pede ao centurião que o entregou que possa consultar o seu próprio testamento. Quando lhe é negada essa consulta, fala com os amigos reprovando suas condolências e presenteia-os ainda com uma última lição de pensamento e ética estoica, enquanto acusa o imperador: "Quem ignorava, pois, a crueldade de Nero? Depois de ter assassinado a mãe e o irmão, não lhe restava mais que acrescentar o assassinato de seu educador e mestre". Sêneca e a mulher Paulina cortam a artéria dos pulsos. Nero manda salvar Paulina para não aumentar a "odiosidade de sua selvageria". Mas o sangue não sai de modo suficiente da artéria de Sêneca, que pede a um de seus amigos que lhe administre a cicuta, o veneno preparado há tempos, que já fora usado para matar Sócrates. Nem a cicuta faz efeito: os membros do filósofo já estão quase frios e o corpo, insensível à ação do líquido. Então Sêneca entra numa banheira de água quente e "aspergindo os escravos mais próximos, acrescenta que oferece essa libação a Júpiter libertador". Por fim, é levado a um banho de vapor e morre sufocado.

É uma história de horror, com um velho corpo que se recusa a morrer, mesmo sendo devastado pela dor; mas é uma tortura que Sêneca suporta com paciência, quase que com leveza. Se não fosse tipicamente estoica, e não fosse um suicídio, sua morte poderia ser considerada semelhante à Paixão de Cristo. Ninguém sabe se Tácito tinha conhecimento dos relatos dos evangelhos cristãos, mas seu relato da morte da morte de Sêneca, nos *Anais*, se dá apenas uns vinte capítulos depois do capítulo que conta sobre a perseguição neroniana dos cristãos, na sequência do incêndio que destruiu a maior parte do centro de Roma em julho de 64. Para deter os rumores que afirmavam que o incêndio havia sido "ordenado", Nero acusa como culpados "aqueles que o povo chama de cristãos, odiados por seus atos nefandos", submetendo-os a castigos "refinadíssimos". É a primeira vez que a nova religião é mencionada nos escritos de um autor latino:

> Esse nome vinha de Cristo, que sob o reino de Tibério fora supliciado por ordem do procurador Pôncio Pilatos. Momentaneamente esmagada, aquela funesta superstição prorrompia novamente não só na Judeia, logo após aquele flagelo, mas também em Roma, onde conflui e encontra difusão de tudo que existe de abominável ou vergonhoso. Presos, portanto, primeiramente os que se confessavam tais, depois mediante a denúncia deles mesmos, uma grande massa foi reconhecida culpável não tanto pelo crime de incêndio quanto por seu ódio contra o gênero humano. E enquanto se encaminhavam para morrer, era acrescentada a zombaria: tinham as costas cobertas por peles de animais selvagens para que morressem despedaçados pelos cães ou então eram pregados às cruzes para que, com o declinar da luz do dia, fossem queimados como tochas noturnas. Nero oferecera seus jardins para tal espetáculo, e promovia jogos no circo, misturado com o povo em veste de auriga ou em pé na carruagem. Por isso, apesar de culpados porque eram culpados e apesar de merecerem os castigos inéditos, acabava surgindo um sentimento de piedade para com eles, na medida em que eram sacrificados não em nome do interesse público, mas pela crueldade de um só.

Tácito não nutre qualquer simpatia para com os cristãos, partilhando a sordidez e os preconceitos de seus contemporâneos em relação a eles. Mas relata suas torturas com toda crueza e crueldade, ignorando ademais qualquer noção de martírio, sublinhando inclusive que os primeiros presos, cristãos confessos, acabavam denunciando os outros. E registra o surgimento da compaixão para com eles entre os habitantes de Roma. É muito provável que tenha sido essa piedade (*miseratio*) que levaria os romanos a se aproximarem e se converterem à nova religião, que, apesar das perseguições, vai crescendo cada vez mais.

A imagem dos cristãos obrigados a vestir peles de animais para serem dilacerados por cães ou crucificados para queimarem como tochas noturnas nos jardins imperiais, enquanto Nero perambula pelo circo vestido de auriga, é tão emblematicamente poderosa a ponto de dar corpo de forma repentina e inesperada ao *debellare superbos* da *Eneida*. Igualmente forte é o discurso com o qual Tácito ataca também o *parcere subiectis* e toda a ideologia imperial. No *Agrícola*, onde relata a conquista da Bretanha por parte do sogro, Tácito se detém no relato de um episódio que se tornou celebérrimo. Estamos na Escócia, no Monte Gráupio, onde os bretões se preparam para a última resistência contra os romanos: trinta mil guerreiros, todos os jovens, e "os velhos ainda saudáveis e vigorosos", como escreve Tácito imitando a descrição virgiliana de Caronte. Eis que um dos chefes bárbaros, Cálgaco, se dirige às tropas bretãs com um grande discurso que os convoca a combater para manter a liberdade na ilha. Até agora, disse Cálcago, nós que "somos o limite extremo da terra e da liberdade", fomos defendidos por esse mesmo isolamento e por sermos muito desconhecidos. "Agora os extremos confins da Bretanha estão abertos". Para os romanos, tudo o que é ignorado é grandioso, mas nós nada mais temos a não ser as ondas e os escolhos, e "mais perigosos são os romanos, *cuja prepotência em vão se pensaria poder fugir com a obediência e a submissão*". Poupar aqueles que se submetem, como apregoava Anquises? Isso está fora de questão! Os romanos nada mais são que *raptores orbis*, ladrões do mundo.

> Ladrões do mundo, depois que todas as terras definharam, por sua devastação, escarafuncham o mar, ávidos, se o inimigo é rico, e arrogantes, se é pobre. Não conseguem se saciar nem com o Oriente nem com o Ocidente: apenas eles desejam possuir com a mesma gana a riqueza e a miséria dos povos. Sob o falso nome de império, instauram o roubar, trucidar, rapinar: e quando transformaram tudo em deserto, chamam-no de paz (*auferre trucidare rapere falsis nominibus imperium, atque ubi solitudinem faciunt, pacem appellant*).

"Estabelecer normas para a paz", dizia Anquises na *Eneida*. Mas aquela paz, afirma Cálgaco, não passa de um deserto feito pelos romanos nos territórios que conquistaram! O confronto entre Armínio e o irmão Flavo, um como chefe dos germanos que derrotaram os romanos na batalha de Teutoburgo, o outro militante no exército romano, se destaca nos *Anais* e, no que se refere a Armínio, parece dirigir-se na mesma direção assinalada por Cálgaco:

> Flavo exalta a grandeza de Roma, o poder de César, as punições impiedosas aos vencidos, o perdão oferecido a quem se submete: a mulher e o filho de Armínio, por exemplo, não foram tratados como inimigos. O outro lembra o dever sagrado para com a pátria, a liberdade secular, os deuses protetores da Germânia, a mãe que se unia a suas orações: devia escolher ser um chefe, e não um desertor e um traidor de seus parentes e companheiros, enfim, de sua gente.

Os dois irmãos vão aprofundando pouco a pouco os insultos mútuos e chegariam às vias de fato se não fossem separados pelos homens do séquito e pelo rio Weser. Na verdade, eles encarnam dramaticamente dois mundos: o bárbaro romantizado, que absorveu totalmente a ideologia de Virgílio (Flavo milita nas tropas da Germânia), e o bárbaro, que depois de ter experimentado a romantização, a refuta violentamente e retorna às suas raízes para preparar a resistência.

O discurso antirromano do chefe bárbaro é, na verdade, um *topos* da literatura histórica romana. Nas *Guerras da Gália*, Júlio César pede para que Critognato faça um discurso antes do encontro final em Alésia. Critognato exorta sobre a unidade dos gauleses na resistência contra Roma, citando como exemplo a luta contra os cimbros e os teutões:

> De fato, o que aquela guerra teve de semelhante a essa? Tendo sido devastada a Gália e levada à ruína total, por fim, os cimbros deixaram nosso país e se dirigiram para as terras altas; deixaram-nos nosso direito, as nossas leis, os campos e a liberdade. Mas o que procuram e querem os romanos, senão, impulsionados pela inveja, instalar-se nos campos e nas cidades daqueles que conheceram como gloriosos e poderosos na guerra para submetê-los à perpétua escravidão? Não travaram nenhuma guerra a não ser por esse motivo. Se ignorais o que acontece aos povos distantes, basta reparar na Gália, vizinha, que, reduzida a província, modificados o direito e as leis, lançada nas trevas, se vê oprimida por uma escravidão perpétua.

César usa o discurso de Critognato para demonstrar que a guerra na Gália seria uma luta entre a civilização e a barbárie, visto que Critognato é levado a defender até o canibalismo dos progenitores, perpetrado contra os idosos já sem condições para o combate, durante a guerra contra cimbros e teutões. Mas os temas antirromanos são sempre muito claros: escolher render-se a Roma significa entregar-se a uma escravidão perpétua, exterminar de vez com a Provença. Salústio é ainda mais duro. Na *Guerra Jugurtina*, Jugurta se reporta ao seu sogro Boco, o aliado que depois vai entregá-lo aos romanos, com um discurso que o historiador relata assim: "Os romanos eram injustos, exageradamente gananciosos, inimigos comuns de todos; em relação a Boco, tinham a mesma razão de fazer guerra que tinham para com os demais povos, isto é, a ganância do domínio; todos os estados nos tinham em ódio: agora ele, um pouco antes, os cartagineses, e, assim, o rei persa; consequentemente, qualquer um que parecesse ser muito rico teria se tornado inimigo dos romanos".

Mas vai ser na carta que Mitrídates enviou a Ársaces para convencê-lo a estabelecer uma aliança contra Roma que Salústio – que a inseriu no livro IV de suas *Histórias* – mostra, com todas as letras, o que os "soberbos" de Virgílio pensavam realmente do domínio romano. Mitrídates se detém longamente a descrever as causas e os desdobramentos do conflito que combateu contra Roma, afirmando que "os romanos têm uma única e antiga causa para fazerem guerra a todas as nações, a todos os povos, a todos os reis: a ganância desenfreada do império". Foi por isso que combateram, venceram ou enganaram Filipe V da Macedônia, e em seguida Antíoco III da Síria, Perseu, filho de Filipe, Eumenes de Pérgamo, Nicomedes da Bitínia – enfim, em apenas 153 anos, como dizia Políbio, se tornaram senhores o mundo. É importante saber o que significa o "império" de Roma, prossegue Mitrídates:

> Por acaso ignoras que os romanos voltaram suas armas contra nossas regiões, depois que o oceano deteve seu avanço para o Ocidente? E que não há nada de seu, casas, esposas, campos, império, que desde o início não tenha sido fruto de rapina? Antigamente eram errantes, sem pátria, sem família, que se uniram em prejuízo ao gênero humano; não há lei humana ou divina que possa fazê-los desistir de depredar e levar à ruína aliados e amigos,

próximos e distantes, pobres ou poderosos, e de considerar com um olhar hostil tudo que não está submetido à sua escravidão, e de modo especial os reinos [...]. Os romanos têm suas armas apontadas contra todos, mas combatem de forma mais aguda aqueles que, quando vencidos, podem oferecer abundantes espólios de guerra. Lançando mão de audácia e enganos, numa sequência ininterrupta de guerras, acabaram tornando-se grandes. Por causa desse seu espírito, ou eles derrotam tudo ou eles próprios serão aniquilados.

O ato de acusação, tanto em Salústio quanto em Tácito (que levou em conta seguramente o predecessor), é sempre o mesmo; o que eles chamam de "império" é, como disse Cálgaco melhor do que todos, roubar, trucidar, rapinar. Como sustenta Anquises na *Eneida*, já não se trata de governar os povos, mas conquistá-los, dominá-los e depredá-los. Não é império, é imperialismo. Porém talvez seja necessário observar que o vigoroso anti-imperialismo, que é propalado pelos não romanos de César, Salústio e Tácito, afinal, é criação de intelectuais romanos. Nisso também, Roma inventou: não só inventou a si mesma, mas todo o Ocidente que virá.

10
Tudo muda, nada perece

Para contar sobre formas alteradas em corpos estrangeiros
minha engenhosidade me empurra; deuses, dai respiro
(pois sois vós que o tendes mudado) e guiai os meus
versos para descer
desde o princípio do mundo até os meus dias.
Antes do mar, dos campos, do céu que cobre todas as coisas,
para o universo a natureza exibia uma face idêntica,
Caos, como a chamaram: uma massa disforme e confusa,
nada além de um peso entorpecido e dentro, amontoadas
e discordantes, as sementes de coisas desconexas.
Não havia Titã para iluminar o mundo,
nem Febe renova a foice crescente;
a Terra não estava suspensa, com a atmosfera a envolvendo,
para seu próprio equilíbrio, e Anfitrite
não havia aberto os braços ao longo das margens.
Se havia terra, mar e ar,
a terra era instável, a onda inavegável, o ar
sem luz: nada poderia manter a mesma forma
e tudo se chocava um com o outro: num só corpo
combatiam o frio com o calor, o molhado com o seco,
o suave junto com o duro, o pesado com o imponderável.
Esse conflito formatou um deus e uma natureza melhor.

É o início das *Metamorfoses* de Ovídio: junto com a *Eneida* de Virgílio, é o maior poema que nos legou Roma. Enquanto Virgílio edifica um monumento à história e à lenda da cidade, e naturalmente à dinastia de

Júlio – sobretudo a Augusto –, Ovídio, que ao final das *Metamorfoses* também celebra Júlio César e Otaviano Augusto, se dedica a uma narrativa totalmente distinta: a narrativa que, depois do proêmio mais breve e mais denso de toda a literatura antiga, começa com o princípio do mundo. Cantar a mudança das "formas" em "novos" corpos é a tarefa que Ovídio se propõe desde o início do seu livro: cantá-las com aquilo que ele chama de *carmen perpetuum*, um canto contínuo que vai do princípio do mundo até os seus dias, com uma extensão temporal inusitada. E o faz com a mesma velocidade com a que o anuncia no proêmio. A narrativa ovidiana do princípio do cosmo segue a predecessores ilustres: aquelas, em linhas gerais, de Hesíodo, Lucrécio e Virgílio na poesia, e dos pré-socráticos e Platão na filosofia. Embora conserve traços herdados desses autores, Ovídio inova de modo bem radical. Escolhe, em primeiro lugar, projetar uma série de ausências (nem Sol, nem Lua) e de presenças e concentrar sua atenção no caos, evitando qualquer tipo de teogonia no estilo de Hesíodo e retomando, antes, a desordem primordial de Lucrécio. Aqui não existe um *eros* que domina sobre as demais divindades primigênias, mas antes "sementes de coisas desconexas"; uma ausência formidável de equilíbrio, de estabilidade, que antecipa a futura mutação perpétua de formas: "nada conseguia manter a mesma forma".

Antes das "coisas" – isto é, dos elementos representados pelo mar, pelos campos e pelo céu –, por todo lado a natureza mostrava um rosto informe; nada mais que uma massa sem forma e confusa, um peso inerte, dormente, enfim, o Caos. Improvisadamente o leitor se dá conta das palavras escolhidas por Ovídio e do esforço que deve ter despendido para fazer com que coubessem em três versos: concentrar *rudis indigestaque moles* e *pondus iners*, e depois *congestaque* (que se acrescenta a *indigesta*) *non bene iunctarum rerum discordia semina*.

Em contraste com essa extrema capacidade de síntese, os versos sucessivos vão abordar a ausência, a suspensão, a mudança contínua, e, finalmente, o "embate", o confronto de todos os opostos, uns contra os outros: frio e calor, úmido e seco, mole e duro, pesado e leve. Quando finalmente o demiurgo (*deus et melior natura*) começa a ordenar o cosmo, sua primeira ação consiste precisamente em acalmar esse conflito, separando – como faz o Deus do Gênesis – as terras do céu, as ondas da terra, atribuindo um lugar a cada coisa, "obrigando-as a um laço de paz e concórdia". Então, sem peso, "no côncavo do céu [...] se acende a essência do fogo", o Sol; abaixo desse, leve, o ar; e depois a terra, atraindo os elementos pesados; por fim, a água que se derrama até "os confins extremos". O demiurgo ajunta a terra em forma de um grandiosíssimo globo:

Então ordenou aos oceanos de se estenderem e se inflarem com o sopro
impetuoso dos ventos,
mandou circundar as margens, volteando em torno à terra.
Adicionou em seguida as fontes e os pântanos imensos e os lagos,
por entre duas margens sinuosas obrigou o fluxo dos rios,
que de região em região são diferentes, e aqui absorveu a terra e são absorvidos pela terra, em vários locais,
em parte vão ao mar, e acolhidos no campo
de águas livres, em vez de margens, tocam praias.
Mandou aos planos estender-se ao largo, aprofundar os vales,
selvas cobrir de folhas, erguerem-se os montes rochosos.

E pouco a pouco o mundo vai tomando forma, torna-se paisagem e geografia, depois história: o globo é dividido em faixas dependendo do clima, os ventos sopram dos quatro pontos cardeais, o éter é estendido, límpido e puro, abaixo desses, e pela primeira vez, saindo da névoa, no céu acendem-se (no original temos o belíssimo *effervescere*) as estrelas brilhantes. O Universo se enche de seres viventes. Na abóboda celeste, os astros e as "figuras dos deuses", as constelações; os peixes "resplendentes" nas águas, as feras sobre a terra, os pássaros nos ares.

Por último nasce o homem, "ou fê-lo com sêmen divino / o autor de todas as coisas, a causa e origem de um mundo melhor, / ou a terra recém-nascida, separada do alto / éter retinha o sêmen do céu, seu irmão; / misturando-a à chuva, o nascido de Jápeto / plasmou-a à imagem de deuses senhores de tudo". Formado pelo demiurgo, que é o *opifex rerum*, ou plasmado por Prometeu, como na Bíblia, "à imagem" das divindades, o ser humano, o animal "mais nobre" e o "mais digno de um intelecto elevado", não olha para a terra como os demais animais, mas tem a cabeça elevada para o alto para poder voltar o olhar para as estrelas.

Agora, portanto, poderá dar-se o começo de uma "história mítica" da humanidade: as quatro eras, daquela era do ouro em declínio rápido até aquela era do ferro; a batalha entre os gigantes e Júpiter; o conselho dos deuses e a decisão de exterminar os humanos; a história de Licaão que hospeda Júpiter e lhe oferece uma refeição de carne humana – Júpiter destrói sua casa e o transforma em lobo. O extermínio da raça humana se dá através do dilúvio universal, ao qual sobrevivem Deucalião e a sua mulher Pirra, por causa de sua *pietas*. Os dois obedecem aos comandos de Têmis de jogar para trás os ossos da antiga mãe, lançando para trás as pedras que encontram no terreno: dessas é que vai nascer uma nova humanidade, enquanto que do barro formado pelo dilúvio vão se formando os animais, e vêm ao mundo monstros horríveis. Um desses, a serpente-dragão Pitão, que vigia Delfos, é morto por Apolo. Isso ofende Cupido, que se vinga de Apolo lançando-lhe uma flecha ao coração que o faz enamorar-se pela ninfa Dafne. Essa por sua vez rechaça o deus e em seguida foge dele: quando está para ser apanhada, é transformada em louro.

É um dos momentos mais bonitos do livro I e de todas as *Metamorfoses*. Primeiro o amor louco de Apolo, seu arder como uma resteva, seu contemplar o corpo de Dafne, os cabelos, os olhos semelhantes a estrelas, a boca, os dedos, as mãos, os pulsos, os braços. Enquanto a está ensinando, o deus começa a se gabar: ele não é qualquer um, é o filho de Júpiter, o patrão de Delfos, aquele que revela o que "vai suceder, sucedeu e sucede"; é ele que preside o canto e a medicina. Tudo em vão: Dafne foge sem lhe responder; as rajadas de vento a vão espoliando da roupa, as vestes batem contra o sopro dos ventos, o ar leve joga para trás os cabelos. Como a lebre perseguida por um galgo, que abre as mandíbulas crendo já tê-la abocanhado, enquanto aquele lhe foge por entre os dentes: assim é a história de Dafne e Apolo. Até que ela, na hora em que vai ser pega, invoca o auxílio do pai, o rio Peneu:

> Assim que terminou a súplica, um torpor pesado
> invade seus membros, uma casca suave vai cingindo seu seio macio,
> os cabelos se elevam em folhas, os braços se endireitam como ramos,
> os pés até então tão rápidos se fixam como raízes lentas,
> a copa lhe invade o rosto: e dela nada mais resta que o fulgor.

Dafne se transformou numa árvore, aquilo que de agora em diante vai ser de Apolo e cujas folhas vão coroar cantores, líderes e autoridades romanos. Na luz do louro permanece o *nitor*, o esplendor do corpo que era da ninfa. "Entre seriedade e frivolidade, entre participação e ironia, entre grego e romano, entre religião e individualismo, entre senso moral e crueldade; entre natureza e arte"; todos os "contrastes vivos" que, segundo Alessandro Barchiesi, dominam o relato, culminam e desaparecem nesse fulgor, o golpe genial que em meio verso fecha uma história narrativa em pouco mais de cem hexâmetros.

Alusividade, leveza, precisão: o erotismo do corpo semidespido pelo vento e aquele corpo que se transforma, um membro depois do outro, em casca, folhas, ramos, raízes; a fuga transformada numa imutabilidade perene de árvore. E, no entanto, não há um instante de trégua, depois disso. Desse relato surge logo um outro: na floresta onde o Peneu irrompe precipitando-se da montanha, convergem todos os rios locais, exceto o Ínaco, que acaba de perder a filha Io. Imediatamente, Ovídio começa a narrar a vicissitude de Io: quando, após a transformação da ninfa em novilha pela ação de Júpiter e as suspeitas que Juno nutria em relação a Io e Júpiter, o poeta chega ao momento em que a deusa entrega a novilha a Argo, o monstro de cem olhos; Ovídio começa então a história do assassínio de Argo por Mercúrio, que fora enviado por Jove.

Para assassiná-lo, Mercúrio o enfeitiça fazendo-o adormecer com o relato da história de Siringe, uma ninfa do séquito de Diana pela qual Pã se apaixona; para fugir-lhe, Siringe é transformada na flauta de várias canas. Para essa história naturalmente se desviou também o poeta, para voltar a Io e a Juno apenas no final, quando a deusa faz enlouquecer a novilha, que perambula errando pelo mundo até alcançar as costas do Nilo. Júpiter, que nesse ínterim já se reconciliara com Juno, restitui o semblante humano a Io, que acaba por ser adorada como deusa no Egito. O filho que Júpiter gerou com ela, Épafos, cresce junto a Faetonte, mas os dois estão constantemente brigando sobre a questão de seus respectivos pais, Júpiter e Apolo. Faetonte, a quem a mãe confirma a paternidade, corre para o pai, o Sol. E aqui termina o livro I das *Metamorfoses*: o livro II vai iniciar exatamente com a história de Faetonte.

O andamento das *Metamorfoses* corresponde, portanto, ao seu tema: é sinuoso, ondulatório, intercambiante – metamórfico. "Tudo flui", dissera presumivelmente Heráclito, falando sobre o devir. As *Metamorfoses* são o poema do devir. Nelas tudo muda, desde o cosmo das origens aos deuses, dos corpos dos seres humanos aos das feras, das flores ao mar. No poema de Ovídio, as histórias de animais que se tornam pedras, de heróis e ninfas transformados em estrelas, de numes que se encarnam nascem uma da outra, se entrelaçam, ressurgem numa sequência velocíssima. Uma após a outra, em um total de cerca duzentos e cinquenta, elas encadeiam "uma história mitológica universal narrada do ponto de vista da mudança"; ao mesmo tempo, retiradas do contexto original, constituem a *summa* do mito clássico, uma espécie de enciclopédia dos mais famosos relatos da Antiguidade, os que mais tarde dominaram não apenas a narrativa de toda a Europa, mas também a arte visual de todo o Ocidente: pintura, escultura, miniatura.

Não teria sido alcançado o sucesso se não houvesse a contribuição de quatro fatores fundamentais: o fato de que nas histórias se concentram todas as paixões e a infelicidade que reinam no mundo terreno dos homens e das mulheres; o estilo extremamente econômico das narrativas, pautado pela leveza, exatidão, visibilidade e multiplicidade, pelas quais Calvino recomendava a obra ao terceiro milênio; a energia inexaurível que provém do conjunto; e a capacidade de se adaptar ou adentrar nos critérios interpretativos de épocas diversas.

Basta ler algumas das mais famosas narrativas da obra para dar-se conta dessas características qualitativas. Vou escolher os relatos de Eco, Narciso, Ceix e Alcíone. O mito de Eco e Narciso constitui também o primeiro episódio das *Metamorfoses* que trata do amor humano. Inicia-se no livro III do poema, com a profecia que Tirésias pronuncia sobre Narciso recém-nascido, quando a mãe, a ninfa Liríope, pergunta ao vate se a criança alcançará a velhice. Tirésias responde de modo ambíguo: *Si se non noverit*, se não conhecer a si mesmo. Depois a história fará um jogo irônico sobre essa inversão do oráculo délfico, que impunha aos humanos o *gnóthi seautón: nosce te ipsum*, "Conhece a ti mesmo". Com dezesseis anos de idade, Narciso "tem um aspecto de adolescente e de criança ao mesmo tempo" e se torna a paixão de muitos rapazes e muitas moças. Ele, duríssimo, recusa as propostas de todos, enquanto sai para caçar cervos.

Eco, "a ninfa de voz sonora", está totalmente apaixonada por Narciso. Eco encobrira os amores furtivos de Júpiter com outras ninfas distraindo Juno com tagarelices. Em certo momento, a deusa se deu conta e puniu Eco tirando-lhe a capacidade de falar e deixando a ela apenas a capacidade de ecoar, portanto, de repetir apenas o final da frase. Eco se enamora perdidamente por Narciso, segue furtivamente seus passos nos bosques, inflama-se do desejo de lhe falar com palavras doces. Mas não consegue fazê-lo; a única coisa que pode fazer é repetir as palavras que ele diz:

> E foi assim que o rapaz, tendo se separado do grupo fiel de seus companheiros,
> gritou: "alguém me escuta?", "escuta!", responde Eco.
> Atônito, ele dirige o olhar para todo lado,
> gritando com toda força: "levanta-te, vem!"; e a ninfa chama ao seu chamado.
> Volve o olhar e novamente não vê ninguém: "Por que foges de mim?", pergunta,
> e recebe como resposta as mesmas palavras que recém-pronunciara.
> Insiste, porém, e iludido pela troca de vozes que reverberam, fala:
> "Juntemo-nos aqui!", e não existe no mundo
> frase que lhe seria mais agradável de dizer de volta. "Juntemo-nos", diz Eco.
> Exaltada ela própria por suas palavras,
> emerge do bosque desejosa de abraçar-se ao pescoço do amado.
> Ele, fugindo, diz: "Tira tuas mãos, não me abraces!
> Prefiro morrer que entregar-me a ti!"
> E ela responde apenas: "entregar-me a ti!"
> Mas o desespero a afugenta, levando-a a embrenhar-se nos bosques.
> Envolvida pelos ramos cobre a vergonha de seu rosto e, desde então, vive em grutas ermas.
> No entanto, arde o amor e cresce, para além da dor de ter sido recusada.
>
> A insônia e as angústias lhe consomem o frágil corpo,
> a magreza seca sua pele e no ar se esvaem os humores do corpo.
> Dela só restam voz e ossos.
> A voz não se altera; e daquilo que dizem, seus ossos viraram pedra.
> Assim, desde então se esconde nos bosques: jamais é vista sobre os montes, mas todos a ouvem. Nela, é o som que vive.

Por amor de Narciso, Eco se reduz a eco: na primeira metamorfose do episódio, seu corpo se consome, enquanto lhe restam apenas ossos e voz, e quando esses ossos se transformam em pedra nada resta a não ser o som entre as rochas. Nesse ínterim, Narciso continua a desprezar rapazes e moças até que um rapaz humilhado e exasperado invoca para ele a punição de Nêmesis: "Que aconteça com ele também de enamorar-se e ser rechaçado por quem ele ama".

Um dia, exausto pela caça e pelo calor, Narciso se abandona deitado no prado que circunda uma maravilhosa fonte, com "límpidas ondas de prata", jamais tocada por pastores ou animais, protegida pela floresta dos raios do Sol. Com sede, abaixa-se para beber da fonte. Então se lhe aparece em espelho o reflexo belíssimo, que o faz perder a cabeça: se enamora de uma sombra sem corpo, que ele crê ser corpo, mas que é apenas água. Maravilhado "consigo mesmo", fixa imóvel o rosto que é seu e que "se parece com uma estátua esculpida no mármore de Paros". Estendido por terra, contempla as estrelas daqueles olhos refletidos; totalmente absorto, contempla os cabelos, as bochechas, a boca, o pescoço, "admirando cada traço singular que compõe seu vulto admirável":

> Ilude-se, e anseia por si mesmo; é atraído pelo outro e o atrai;
> busca-se, e o si mesmo o busca: inflama-se com o fogo que acendeu.
> Com mil beijos inúteis beija a fonte enganadora,
> por mil vezes imerge os braços n'água e lhe parece
> abraçar o pescoço do outro, que é ele mesmo, mas não alcança tocá-lo.
> Na verdade não sabe bem o que viu, mas arde pelo que viu:
> um único engano o ilude e incita seu olhar.
> Ingênuo, por que razão seguir em vão fantasmas que se esvaem?
> O que procuras não existe: o que amas, tu o perdes
> apenas se desvias o olhar. A sombra que vês não passa de um reflexo,
> Nada tem de seu: segue-te e contigo se detém,
> afasta-se contigo, se é que conseguirás de alguma te afastar.

Narciso enamora-se perdidamente de si mesmo: mas como antes Eco era condenada a não ser amada por ele, a não o agarrar e ceder a ele, assim agora ele próprio está condenado a não poder agarrar a imagem que a água lhe reflete, a não ser amado de volta, e não poder possuir a si mesmo. Ainda não sabe o que viu, mas arde pelo que viu. Enquanto implora ao outro que vê na fonte, enquanto dá voz à sua paixão, finalmente se reconhece: *Iste ego sum! Sensi, nec me mea fallit imago*: "mas sou eu, esse tu! O reflexo não me engana, compreendi: / eu ardo de amor por mim, eu é que acendo e sofro esse fogo".

Cumpre aquilo contra o que Tirésias advertira a mãe: conhece a ti mesmo. Então, logo tem pressentimentos de morte; diz que esses sentimentos não lhe são pesados, mas gostaria que o outro vivesse mais tempo. Impossível: "vamos morrer os dois, com um único coração e uma única alma". Depois cai novamente no delírio e começa a chorar: as lágrimas encrespam as águas da fonte, a imagem na água se obscurece. Quando vê refletida na água, que volta a ficar serena, o peito avermelhado dos socos que ele próprio se dá, não resiste mais: "ao modo que sob uma chama leve / se funde a cera dourada, ou à manhã derrete a geada / sob o calor do Sol", Narciso se abala "consumado de amor", vermelho de um fogo secreto. Eco está presente, invisível: embora ressentida pela lembrança, sente-se tomada pela dor. A cada soluço dele, responde com um outro soluço; quando ele grita "adeus", ela repete "adeus". Exausto, Narciso larga a cabeça na relva e a morte lhe fecha os olhos ainda fixos no reflexo da água. Hades ainda está se refletindo no Estige. As Náiades e as Dríades pranteiam-no, mas no momento dos ritos fúnebres, não conseguem achar seu corpo: em seu lugar só há uma flor, cor de açafrão no centro e com pétalas brancas a seu redor: o narciso.

Uma história quase que pré-barroca, feita de reviravoltas, contrapontos, contrapassos e ecos. Antes, som e olhar, depois, apenas som, olhar e som até o adeus final, olhar finalmente no Estige. Uma dupla narração toda entrelaçada, revertida em eco, cada parte sua se dirige à consumação de um corpo: o primeiro, dissolvido nos ares, entre rochas e floresta; o segundo, desaparecido depois da morte, substituído por uma flor. Dois tipos de amor, um aberto e pronto a se entregar, o outro fechado em si mesmo: extremo, incapaz de tirar do conhecimento, que também alcança, qualquer aprendizagem – narcisista, não há dúvidas, ou pré-narcisista, no sentido que a própria imagem, na narrativa, é ostensivamente externa, enquanto que o desejo já fora totalmente internalizado. Em todo caso, uma história intensa e fascinante, irremediavelmente trágica e infinitamente patética. Somos tentados a afirmar: uma história que ainda não exauriu seu eco.

As histórias das *Metamorfoses* são todas dolorosas. No poema não há nenhuma vivência bem-aventurada; ou pelo menos não existem a não ser nos casos em que as metamorfoses se dirigem ao céu, por exemplo, quando uma ninfa amada é assassinada na terra e é transformada numa constelação ou numa estrela. Mas há conclusões consoladoras muito interessantes.

Um exemplo delas é o relato de Ceix e Alcíone no livro XI e nos remete inesperadamente a Álcman – pelo menos, seis séculos antes de Ovídio – e à sua poesia das alcíones e do martim-pescador. Vimos no capítulo VIII que Álcman imaginara que, quando ficasse velho, o martim-pescador, o macho das alcíones, se fazia carregar pela fêmea na "flor das ondas". Ovídio vai bem mais longe nessa imagem. Alcíone, filha do rei dos ventos, Éolo, desposou Ceix, filho de Lúcifer (a estrela da manhã) e rei de Trácia na Tessália. Ceix decide partir para consultar um oráculo. Alcíone tenta dissuadi-lo: tem medo do mar, de suas "tristes extensões", dos naufrágios dos quais sempre vê escombros nas praias, tumbas com nomes em cima, mas vazias, reservadas para os que se afogam. Nem sequer Éolo, seu pai, poderá salvar o marido: uma vez que se desencadeiem os ventos, eles se apoderam do mar e podem afundar qualquer coisa. Se Ceix quer mesmo partir, deverá pelo menos levá-la consigo. Ceix, comovido por suas palavras e ardente de amor por ela, não quer renunciar à viagem nem expô-la aos perigos de uma travessia. Jura que retornará dentro de dois meses e embarca. Alcíone, tremendo, segue sua figura com o olhar, que vai se tornando cada vez mais indistinguível, depois só vê a nave e, por fim, só vê ainda a vela. Quando também essa fica invisível, corre angustiada para seu quarto e se joga na cama, chorando desesperada.

Enquanto isso, Ceix e seus homens prosseguem com sua viagem. Mas eis que uma tremenda tempestade se aproxima e investe contra a embarcação. Ovídio descreve detalhadamente o furacão, com uma precisão assustadora, desloca o foco dos detalhes particulares – os gestos, os movimentos, as palavras dos marinheiros – para a vista tenebrosa dos elementos em tumulto. "O mar se encrespa com suas ondas e parece alcançar o céu, borrifando com seus jorros as nuvens / e agora, quando varre as profundezas fulvas abaixo, / toma sua cor, e se torna mais negro que a onda do Estige, / outras vezes se aplaina e fica branco de espuma sonora". As ondas investem na nave uma após a outra, uma mais poderosa e devastadora do que a outra; noite e tempestade vão envolvendo tudo no escuro entrecortado por raios, enquanto que os homens, que antes procuravam dobrar as velas e transbordar a água da nave, já estão quase tomados pelo pânico: há quem chore, quem ore, e quem pense nos seus. Ceix invoca Alcíone, gostaria de retornar na direção de casa, mas já não sabe onde se encontra. Uma rajada de vento rodopiante rompe o mastro e o timão; uma onda imensa se lança por sobre a nave e a afunda. Os homens afundam. Ceix agarra um destroço, suplica a Lúcifer e a Éolo, mas sobretudo pensa em Alcíone, espera que as ondas empurrem seu corpo na direção dela, pronuncia seu nome murmurando mesmo debaixo das ondas: depois, uma massa escura de água se arqueia por sobre as ondas e quebrando sobre sua cabeça: o mar se fecha sobre ele.

Sem saber o que está acontecendo, Alcíone suplica a Juno pelo retorno de seu marido. A deusa, cansada de ser invocada em favor de um morto, envia sua mensageira Íris até Sono para que ele mande a Alcíone um sonho que, apresentando Ceix morto, lhe explique o que realmente aconteceu. Então, na narração se abre um vislumbre secundário e poderoso: pela primeira vez na literatura e com maestria, Ovídio descreve a morada de Sono no país dos cimérios, uma caverna com recessos profundos, imersa na névoa e num certo clarão de crepúsculo. *Muta quies habitat*: aqui, tudo é silêncio e paz, a não ser por um filete do rio Lete que vai escoando por entre as pedras e acalentando o sono. O deus jaz deitado lânguido sobre um leito de penas, adormecido. Em torno dele estão os sonhos "vãos", inumeráveis como os grãos de areia sobre a praia. Íris entra e consegue acordar Sono o bastante para que compreenda a mensagem de Juno e que envie seu filho Morfeu a Alcíone, *artificem simulatoremque figurae*: o artista da forma, o perfeito imitador de qualquer figura, aquele que sabe como ninguém mais assumir os gestos – o rosto, a voz, o passo, as vestes – de um ser humano.

Morfeu se transforma em Ceix: um cadáver lívido, nu, a barba encharcada, os cabelos gotejando, e aparece à pobre Alcíone adormecida, pede para que o reconheça, e lhe diz ter morrido num naufrágio:

Ó esposa infeliz: reconheces a mim, Ceix?
Ou a morte desfigurou meu rosto? Repara em mim e verás
que me reconheces, e em lugar do marido vais encontrar a sua sombra.

As tuas orações, Alcíone, não me trouxeram nenhum auxílio:
eu morri. Não comeces a fantasiar imaginando poder ter-me de volta.
O astro da chuva surpreendeu minha nave no mar Egeu,
e depois de tê-la tombado com uma imensa tempestade, a destruiu,
e as ondas tapavam minha boca que gritava em vão
pelo teu nome. É um mensageiro fidedigno que te está anunciando
essas coisas, o que ouves agora não são tagarelices vazias:
sou eu mesmo que te anuncio aqui, diante de ti, o meu destino de náufrago.
Ergue-te, fortifica-te, chora e veste-te de luto, não deixes
que eu desça ao vazio Tártaro sem ser pranteado como convém.

Ainda dormindo, Alcíone chora, tentando abraçar o corpo do marido; desperta, olha ao seu redor para encontrá-lo, rasga vestes, arranca os cabelos, grita à serva que acorre para ver o que houve: "Alcíone não existe mais, não existe mais! Morreu junto / com seu querido Ceix. Poupe as palavras de consolo! / Morreu num naufrágio. Eu o vi e o reconheci, e estiquei / a mão procurando segurá-lo, enquanto partia. / Era uma sombra, mas uma sombra bem conhecida, a verdadeira / sombra de meu marido".

Já é quase de manhã: Alcíone vai até a praia, até o lugar de onde assistira à partida do marido; relembra os detalhes todos da despedida e, de repente, vê sobre a água flutuando alguma coisa que não distingue o que é. Quando o objeto se aproxima, trazido pelas ondas, fica claro que se trata de um corpo. Alcíone se impressiona e sente compaixão. O corpo vai se aproximando cada vez mais e ela, totalmente perdida, o reconhece, é seu marido. Grita: *Ille est*, depois lhe estende as mãos trêmulas dizendo: "assim, amantíssimo esposo, / assim, ó miserável, retornas a mim?" Ali perto há um cais: Alcíone pula nele, mas já não é um salto humano; quase voa, "e cortando o ar leve com as asas recém-nascidas, / vai beijando, pássaro infeliz, a crista das ondas". A boca emite um som crepitante, como um misto de lamento: quando alcança o corpo, abraça-o com suas asas e com o bico já endurecido tenta cobri-lo de beijos. Talvez Ceix sinta aqueles beijos, ou então é o movimento das ondas que faz parecer que ele eleve seu rosto na direção dela. Mas eis que ele os sente: *superis miserantibus* – por piedade dos deuses –, os dois se transformam em pássaros. E seu amor persevera, mesmo agora, como pássaros: não diminui o *coniugiale foedus*, o pacto conjugal. A alcíone e o martim-pescador se acasalam e proliferam; durante sete dias de inverno, Alcíone choca num ninho suspenso na água. "Então, / também a onda do mar se acalma": Éolo mantém os ventos prisioneiros, impedindo-os de sair, para proporcionar aos netos um mar tranquilo.

Assim, reencontramos as alcíones e o martim-pescador, e o voo leve na crista das ondas. Também descobrimos a origem mítica do voo dos martim-pescadores. Num certo sentido, o fenomenal relato de Ovídio busca encontrar fundamentação para esse fato com base na etiologia dos dias alciônicos que nos primeiros dias de dezembro permitem a nidificação dos martim-pescadores.

Mas é enquanto narrativa que devemos examinar esse mito. E aqui não podemos dizer outra coisa a não ser que o voo da alcíone nasce de uma dor desesperada, da separação da morte finalmente reconhecida *in corpore vili*, enquanto que o voo do macho e da fêmea, isto é, do martim-pescador enquanto espécie, nasce num amor que perdura para além da morte. Com vimos, o relato ovidiano sublinha em diversas retomadas o amor entre Ceix e Alcíone. Um amor que une dois seres humanos e dois elementos, a luz que anuncia o dia – a estrela matutina, Lúcifer, pai de Ceix – e o reino do vento – Éolo, pai de Alcíone. E de fato é entre a luz e o vento, nos ares, que se alça o voo.

O relato é mais complexo e ao mesmo tempo mais simples do que possa revelar essa alegoria. Inicialmente Ceix se afasta da mulher: apesar da comoção que o mantém preso às palavras dela, o homem a deixa para ir consultar um certo oráculo não definido. Ele rompe o tecido do pacto conjugal para seguir uma vaga sede de conhecimento, mas ele só existe enquanto marido de Alcíone: porém, não só a abandona, perece. A terrível tempestade que o afoga é, também, regeneradora: através dela, portanto, por meio da metamorfose ditada pelo amor e pela piedade dos deuses, Ceix ressurge na forma de um martim-pescador. Nesse sentido, a terrível tempestade ovidiana é o relato antepassado, o *týpos*, da tempestade de Shakespeare: na *Noite de Reis*, em *Péricles, Príncipe de Tiro*, em *A Tempestade*. Mas também Alcíone, como ela mesma declara, não vive sem o marido, e também ela tem de fazer a experiência da morte para renascer como um pássaro. Assim, Alcíone deve descer ao abismo por três vezes:

primeiro, na angústia do presságio que experimenta desde o início, com a ideia de que o marido empreenda uma viagem pelo mar; depois, quando em sonho lhe aparece Morfeu na forma de Ceix afogado; e, por fim, no momento em que o corpo do marido vai se aproximando da costa.

O reconhecimento que é feito por Alcíone da morte do marido é duplo: em primeiro lugar, da sombra, do simulacro do marido que Morfeu, o artífice das formas, representa a ela no sonho. O sonho de Alcíone é o equivalente da tempestade de Ceix: no naufrágio ele continua a pronunciar palavras que se dirigiriam a ela, no sonho ela fala com ele chorando. As duas realidades, a onírica e a dos eventos reais, estão no mesmo plano. Mas enquanto no plano dos eventos a tempestade põe um fim à vida de Ceix, no próprio acontecimento, no pesadelo, ela gera ações que levarão à metamorfose. Um, portanto, retoma e dá continuidade ao outro.

Na verdade, o relato ovidiano é uma sequência especular, ou seja, uma narração na qual os dois personagens centrais, ligados um ao outro por um grande amor, sendo, pois, virtualmente uma única coisa, difratam-se num espelho, que reflete, por seu turno, a imagem deles num outro espelho, e assim por diante até o momento em que tudo está em vias de se quebrar. Alcíone salta no cais com evidente intenção de lançar-se ao mar para alcançar o cadáver em decomposição do marido. Naquele preciso instante, ela se transfigura: o salto suicida – *mirum*, prodígio! – se transforma em voo, e voo como condição do existir; *volabat, stringebat* – os defeituosos sugerem um estado duradouro. Mas Alcíone conserva íntegros os afetos humanos: já transformada em pássaro, procura Ceix, examina o corpo, o envolve nos braços transformados em asas, tenta beijá-lo. E o beijo o ressuscita, o transforma – como diria Shakespeare – "em algo de rico e estranho". Ovídio dá atenção ao ponto crucial: "Se Ceix sentiu aqueles beijos, ou terá sido apenas por causa do movimento das ondas / que parecia elevar o rosto, não se sabe". O espectador é trazido inesperadamente para dentro da cena, como se estivesse assistindo a um teatro, e o poeta confere a ele a dúvida que é comum a qualquer um de nós.

Outro instante é aquele no qual tudo poderia se romper. *At ille senserat*, responde Ovídio, com uma imensa fé na redenção que a poesia pode oferecer: "mas ele sentiu". Para além da morte e sua desintegração, para além do duro bico do pássaro, Ceix sente: a massa inchada e flácida, o não-mais-ente sem forma percebe a presença e o amor. O espelho se reconstrói como ser vivo. No sonho, Morfeu, encarnando o cadáver lívido e nu, disse: "sou eu mesmo que te anuncio aqui, diante de ti, o meu *destino* de náufrago". Mas depois da metamorfose, o próprio narrador observa: "ligado por um mesmo *destino*, / o amor deles permanece vivo".

É exatamente a raiz de nosso mito enquanto narrativa: o voo do martim-pescador e das alcíones esconde uma mensagem muito simples e poderosa. Ela celebra a união entre macho e fêmea – entre o homem e a mulher – e a perpetuação da espécie. Exalta a capacidade da fêmea, da mulher, de nutrir e salvar o macho, o homem. Não há nada na humanidade de todo e qualquer ser vivente que lhe seja mais prazeroso do que os instintos congênitos. O voo das alcíones canta a *vida*. É a poesia das pequenas coisas, inclusive uma poesia de consolo, mas sempre poesia *humana*.

Talvez ultrapasse essa própria realidade, visto que celebra a permanência da vida, e mais uma vez, em virtude da fêmea, para além da morte. É inútil se esconder atrás do sonho e da metamorfose, que, todavia, são interna e radicalmente necessárias ao artista para criar suas formas, como um Morfeu: uma e outra falam de uma continuidade, o primeiro na psique, o segundo no corpo; no espírito e na carne. Os alegoristas medievais, o *Ovídio Moralizado* e Bersuire, tinham toda razão em falar da alma como esposa de Cristo. "Quando essa", escreve Bersuire, "vê o seu esposo embarcar na nave da cruz, sobre a qual sofre uma verdadeira tempestade e morre; quando o vê e contempla morto, ela própria deve lançar-se ao mar, isto é, por devoção, deve lançar-se no amargor da penitência e da confissão; e quando se transforma em pássaro na ressurreição e na ascensão, ela própria deve se renovar, subir e voar por meio da contemplação".

Em todo caso, a mensagem que parte do episódio descrito por Ovídio é muito clara: o amor que une mulher e homem será celebrado, revestido das figuras de Alcíone e Ceix, por Chaucer, Gower e Christine de Pizan na Idade Média, por Dryden, no final do século XV, e por Maurice Ravel no início do século XX. Até o romântico Coleridge vai decantá-lo como um ícone da paz doméstica.

Ovídio foi exilado por Augusto – não sabemos as razões e talvez jamais cheguemos a saber. Passou grande parte de sua vida em Tomis, no mar Negro, e muito provavelmente foi justo ali em Tomis que compôs ou terminou de compor as *Metamorfoses*. Longe de Roma, distante da glória literária de que poderia gozar, longe dos amigos, das amantes: longe da civilização. Mas nesse lugar remoto, circundado de bárbaros, Ovídio escreve uma poesia imortal, que mandava para Roma regularmente e que regularmente também era publicada, uma vez que Augusto não era um tolo. Não conseguia tolerar a presença de Ovídio, não se sabe a razão – talvez por uma razão política, ou talvez por que Ovídio houvesse difamado algum membro da família imperial –, mas suas composições eram extraordinariamente belas e, portanto, circulavam livremente em Roma e no restante do Império. Ovídio sabia disso, e também sabia que as *Metamorfoses*, a mais inesperada e a mais original obra da Antiguidade, teriam criado por si mesmas seu espaço entre os clássicos, teriam se afirmado firmemente até fora dos cânones constituídos do seu gênero, pois eram uma obra universal, capaz de ultrapassar os confins do tempo.

Ovídio sabia ter composto um livro que duraria para sempre, tanto quanto a essência e a fama de Roma. No final da obra, depois de ter contado, nos últimos dois livros, a história mítica da cidade e narrado a última metamorfose, quando Júlio César se transforma num cometa, e após ter celebrado Augusto, evocando aquele Pitágoras que retorna à cosmogonia do livro I pelo qual anuncia a filosofia do próprio poema, afirma: "*nada perece no mundo inteiro, mas apenas se transforma e muda de figura*".

Com isso, eu também gostaria de concluir a minha série de discursos sobre os clássicos, uma vez que Ovídio parece indicar que a poesia antiga permanecerá viva e chegará – pelo menos – até os nossos dias:

Já concluí uma obra que ninguém poderá apagar,
nem a ira de Júpiter, nem o fogo, nem o ferro, nem o tempo devorador.
Quando quiser, aquele dia que tem poder apenas sobre esse corpo,
coloque fim à duração – que eu ignoro – da minha vida,
a minha melhor parte vai levar-me para mais alto
do que as estrelas, mas meu nome permanecerá: indelével.
E por onde quer que se estenda o poder romano sobre as terras conquistadas,
serei lido pelos povos, e por todos os séculos, graças à fama,
se há alguma coisa de verdadeiro nas profecias dos poetas, eu viverei.

Notas bibliográficas

1. O poema da força e da piedade: a *Ilíada*

O texto e a tradução da *Ilíada* estão aos cuidados de Giovanni Cerri, Rizzoli (Milano, 1996). O melhor comentário atual é, em seis volumes, *The Iliad. A Commentary*, organizado por Geoffrey S. Kirk, 6 vol., Cambridge, Cambridge University Press, 1985-1993. O Anônimo do *Sublime* está no texto e na tradução de Giulio Guidorizzi in: *Trattatisti greci*, Milano, Mondadori, 2008. O ensaio de Simone Weil, *L'Iliade o il poema dela forza*, junto com outros de igual importância, faz parte do volume em tradução italiana *La revelazione greca*, Milano, Adelphi, 2014; aquele de Rachel Bespaloff, *Iliade*, foi publicado em italiano por Castevecchi (Milano, 2012). *L'assedio e il ritorno* de Franco Ferrucci (Milano, Mondadori, 1991) trata tanto a *Ilíada* quanto a *Odisseia* como arquétipos de narrativa; Matteo Nucci, *Le lacrime degli eroi* (Torino, Einaudi, 2014) é muito denso e bonito, do mesmo modo que *Hector* de Jacqueline de Romilly (Paris, Éditions de Fallois, 1997) e *La nascita dell-eroe. Achille, Odisseo, Enea: le origini dela cultura occidentale* de Guido Paduano (Milano, Rizzoli, 2008). Referências essenciais são *Homer. A Collection of Critical Essays*, organizado por George Steiner e Robert Fagles, Englewood Cliffs, NJ, Prentice Hall, 1962; *Oxford Readings in the Iliad*, organizado por Douglas L. Cairns em 2001, publicado pela Oxford University Press, e

The Cambridge Companion to Homer, editado por Robert Fowler, Cambridge, Cambridge University Press, 2004. Obras fundamentais são Mark W. Edwards, *Homer Poet of the Iliad*, Baltimore, MD, The Johns Hopkins University Press, 1987, e Martin L. West, *The Making of the Iliad*, Oxford, Oxford University Press, 2011. Lowell Edmunds, *Stealing Helen. The Myth of the Abducted Wife in Comparative Perspective* (Princeton, NJ, Princeton University Press, 2016) lança uma nova luz sobre a *Ilíada* e muitas outras obras. Giulio Guidorizzi, em *Io, Agamennone. Gli eroi di Omero* (Torino, Einaudi, 2016), apresenta uma excelente leitura criativa do conjunto mítico da *Ilíada* e da *Odisseia*.

2. O romance do retorno: a *Odisseia*

Texto e tradução de G. Aurelio Privitera, introduções e comentário da *Odisseia* são os publicados pela Fondazione Valla/Mandadori na edição renovada em seis volumes de 2000-2004. Pietro Citati, *La mente colorata. Ulisse e l'Odissea* (Milano, Mondadori, 2002), é riquíssimo em sugestões; um complemento útil pode ser G. Aurelio Privitera, *Il retorno del guerriero. Lettura dell'Odissea*, Torino, Einaudi, 2005; assim como *Perché leggere i classici* de Italo Calvino, Milano, Mondadori, 1995. Piero Boitani, *Il grande racconto di Ulisse* (Bologna, Il mulino, 2016), parte da *Odisseia* para explorar a descendência literária e iconográfica até os nossos dias. Essenciais para a compreensão do poema são o trabalho de Norman Austin, *Archery at the Dark of the Moon. Poetic Problems in Homer's Odyssey*, Berkeley, University of California Press, 1975; os estudos de Pietro Pucci, *Odysseus Polutropos. Intertextual readings in the Odyssey and the Iliad*, Ithaca, NY, Cornell University Press, 1987; e Id. *The Song of the Sirens. Essays on Homer*, Lanham, MD, Rowman & Littlefield, 1998; o livro de Suzanne Saïd, organizado inicialmente em francês e depois (revisto) em inglês, *Homer and the Odyssey*, Oxford, Oxford University Press, 2011; Irad Malkin, *I ritorni di Odisseo. Colonizzazione e identità etnica nella Grecia antica*, organizado por Liana Lomiento, Roma, Carocci, 2004; François Hartog, *Memoria di Ulisse. Racconti sulla fronteira nell'antica Grecia*, Torino, Einaudi, 2002; Lorenzo Braccesi, *Sulle rotte di*

Ulisse. L'invenzione della geografia omerica, Roma-Bari, Laterza, 2010; Walter F. Otto, *Theophania. Lo spirito della religione antica*, Genova, Il Melangolo, 1983; *Odysseus/Ulysses*, organizado por Harold Bloom, New York, Chelsea, 1991; Gioachino Chiarini, *Odisseo. Il labirinto marino*, Roma Kepos, 1992; Martin L. West, *The Making of the Odyssey*, Oxford, Oxford University Press, 2014.

3. O nascimento do pensamento: mito e poesia

Texto, tradução e comentário da *Teogonia* são de Gabriella Ricciardelli, a ser publicado pela Fondazione Valla. Para as demais obras de Hesíodo, lançamos mão da edição das *Opere*, organizada por Graziano Arrighetti (Torino, Einaudi/Gallimard, 1998). São indispensáveis as edições comentadas de Martin L. West, *Theogony* e *Works and Days*, Oxford, Claremond Press, 1966 e 1978; e de Jenny Strauss Clay, *Hesiod's Cosmos*, Cambridge, Cambridge University Press, 2003. A *Metafísica* de Aristóteles, organizada por Enrico Berti, Laterza (Roma-Bari, 2017); a *Poética*, por Carlo Gallavotti, Fondazione Valla/Mondadori (Milano, 1974) e Daniele Guastini, Carocci (Roma, 2010). Os pré-socráticos foram editados por Hermann Diels e depois por Walther Kranz, *Die Fragmente der Vorsokratiker*, e mais recentemente por Weidmann (Berlin, 2004): a edição italiana foi traduzida por Gabriele Giannantoni, Laterza (Bari, 1969), e publicada com os textos originais gregos e as traduções italianas por Giovanni Reale, Bompiani (Milano, 2006). Três volumes de *Sapienza Greca*, organizados por Giorgio Colli, Adelphi (Milano, 1977-1980). A Loeb Classical Library publicou, com a organização de André Laks e Glenn W. Most, nove volumes de *Early Greek Philosophy* (Cambridge, MA-London, Harvard University Press, 2016). O *Poema sulla natura* de Parmênides foi organizado por Giovanni Cerri para a coleção BUR, Rizzoli (Milano, 1999); o *Poema fisico e lustrale* de Empédocles, por Carlo Gallavotti, Fondazione Valla/Mondadori (Milano, 1975); os *Frammenti e le testimonianze* de Heráclito, organizado por Carlo Diano e Giuseppe Serra, Fondazione Valla/Mondadori (Milano, 1980). Edição original de *I Sette Sapienti. Vite e opinioni*, organizada por Bruno Snell, depois traduzida para o italiano e editada por Ilaria Ramelli, Bompiani (Milano, 2005). O Lucrécio mais atualizado foi traduzido por Renata Raccanelli, com organização de Alessandro Schiesaro (*De rerum natura*, Torino, Einaudi, 2003). Sobre Lucrécio, cf. pelo menos Pierre Boyancé, *Lucrezio e l'epicureismo*, Brescia, Paideia, ²1985; David Sedley, *Lucretius and the Transformation of Greek Wisdom*, Cambridge, Cambridge University Press, 1998; Charles Segal, *Lucrezio*, Bologna, Il Mulino, 1998; Don Fowler, *Lucretius on atomic motion*, Oxford, Oxford University Press, 2002 e Gordon Campbell, *Lucretius on creation and evolution*, Oxford, Oxford University Press, 2005. Sobre a evolução do pensamento na Grécia, são indispensáveis Bruno Snell, *La cultura greca e le origini del pensiero europeo*, Torino, Einaudi, 2002; Martin, L. West, *La filosofia greca arcaica e l'Oriente*, Bologna, Il Mulino, 1993; Carlo Diano, *Saggezza e poetiche degli antichi*, Venezia, Neri Pozza, 1968; id., *Studi e saggi di filosofia antica*, Padova, Antenore, 1973; Id., *Il pensiero greco da Anassimandro agli stoici*, Torino, Bollati Boringhieri, 2007; Werner Jaeger, *Paideia. La formazione dell'umo greco*, Firenze, La nuova Italia, 1978 [trad. brasileira: *Paideia: A formação do homem grego*. Tradução de Artur M. Parreira. 4. ed. São Paulo: Martins Fontes, 2003]; Giorgio Colli, *La nascita dela filosofia*, Milano, Adelphi, 1975; Id. *Zenone di Elea. Lezioni 1964-1965*, Milano, Adelphi, 1982; Id. *Gorgia e Parmenide. Lezioni 1965-1967*, Milano, Adelphi, 2003; Marcel Detienne, *I maestri di verità nella Grecia arcaica*, Roma-Bari, Laterza, 1983. São obras importantes também Francis M. Cornford, *Principium sapientiae. The originis of greek phiosophical thought*, Cambridge, Cambridge University Press, 1952; Denis O'Brien, *Empedocles' cosmic cycle*, Cambridge, Cambridge University Press, 1969; Charles H. Kahn, *The art and thought of Heraclitus*, Cambridge, Cambridge University Press, 1979. O texto de Tomás de Aquino citado no capítulo é *In duodecim libros Methaphysicorum Aristotelis expositio*, Torino-Roma, Marietti, 1964.

4. O nascimento da história

O texto e a tradução de Políbio são de Roberto Nicolai, *Storie*, 3 vols. Roma, Newton Compton, 1998. Os de Heródoto, com um amplo comentário e introdução geral de David Asheri, em nove volumes, editados pela Fondazione Valla/Mondadori (Milano, 1988-2017). Os de Tucídides, *La guerra del Peloponneso* são de Luciano Canfora, Einaudi/Gallimard (Torino, 1996); o excelente comentário a Tucídides é de Simon Hornblower, *A commentary on Thucydides*, 3 vols. Oxford, Clarendon Press, 1991-2008. As obras imprescindíveis sobre a historiografia antiga são: Santo Mazzarino, *Il pensiero storico classico*, 3 vols., Bari, Laterza, 1965-1966; Arnaldo Momigliano, *La storiografia greca*, Torino, Einaudi, 1982; Id., *Sui fondamenti della storia antica*, Torino, Einaudi, 1984; Id., *Storia e storiografia antica*, Bologna, Il Mulino, 1987. Igualmente importantes são os trabalhos de Jacqueline de Romilly: *La legge nel pensiero greco. Dalle origini ad Aristotele*, Milano, Garzanti, 2005; *Thucydide et l'impérialisme athénien*, Paris, Belles Lettres, 1947; *Histoire et raison chez Thucydide*, Paris, Belles Lettres, 1967; *The Mind of Thucydides*, Ithaca, NY, Cornell University Press, 2012; *L'invention de l'histoire politique chez Thucydide*, Paris, Éditions Rue d'Ulm, 2005. Também *Greek Historiography*, organizado por Simon Hornvlower, Oxford, Clarendon Press, 1994, é muito útil. *La geografia degli antichi*, de Federica Cordano, Roma-Bari, Laterza, 1992, abre novos horizontes. Sobre Heródoto, pode-se ler com grande proveito o *Specchio di Erodoto*, de François Hartog, Milano, Il Saggiatore, 1992; *Erodoto e l'analogia*, de Aldo Corcella, Palermo, Sellerio, 1984; e os dois *Companions*, o de Cambridge, com organização de Carolyn I. Dewald e John Marincola (Cambridge, Cambridge University Press, 2009), e o de Brill, organizado por Egbert J. Bakker, Irene J. F. de Jong e Hans van Wees (Leiden, Brill, 2002). Sobre Tucídides, cf. pelo menos Luciano Canfora, *Il mistero Tucidide*, Milano, Adelphi, 1999; *Brill's Companion to Thucydides*, organizado por Antonios Rengakos e Antonis Tsakmakis, 2 vols., Leiden, Brill, 2012; e Lowell Edmunds, *Chance and inteligence in Thucydides*, Cambridge, MA, Harvard University Press, 1975.

5. Tragédia e justiça

Textos e traduções da *Oresteia* de Ésquilo e da *Antígona* de Sófocles são de Raffaele Cantarella; *Agamemnon, Coéforas* e *Eumênides*, de Ésquilo, além de *Édipo Rei, Édipo em Colono* e *Antígona*, de Sófocles, foram republicados recentemente por Mondadori (Milano, 1995 e 2006). Importante é *Antígona*, organizada por Davide Susanetti (Roma, Carocci, 2012). Sobre a evolução dos mitos relativos, cf. George Steiner, *Le Antigoni*, Milano, Garzanti, 1990; Pietro Montani editou uma *Antigone e la filosofia*, Donzelli (Roma, 2001). Sobre a evolução da justiça, Eric A. Havelock, *Diké. La nascita della coscienza*, Roma-Bari, Laterza, 1981, continua sendo fundamental, assim como o já citado livro de Romilly, *Le legge nel pensiero greco. Dalle origini ad Aristotele*. Sobre a tragédia grega, que possui uma bibliografia sem fim, além de *Nascita della tragedia*, de Nietzsche, Bari, Laterza, 1969, e Milano, Adelphi, 1978, recomendo ainda Max Pohlenz, *La tragedia greca*, Brescia, Paideia, 1979; Jean-Pierre Vernant e Pierre Vidal-Naquet, *Mito e tragedia nell'antica Grecia*, Torino, Einaudi, 1976; Charles Moeller, *Saggezza greca e paradosso Cristiano*, Brescia, Morcelliana, 1951; Bernard Williams, *Vergogna e necessità*, Bologna, Il Mulino, 2007; Eric R. Dodds, *I Greci e l'irrazionale*, Milano, Rizzoli, 2009; Bruno Snell, *Eschilo e l'azione drammatica*, Milano, Lampugnani Nigri, 1969; Suzanne Saïd, *La faute tragique*, Paris, François Maspero, 1978; Dario del Corno, *I narcisi di Colono. Drammaturgia del mito nella tragedia greca*. Milano, Raffaelo Cortina, 1998.

6. Tragédia do conhecimento

O texto e a tradução (reorganizada) do *Prometeu* de Ésquilo estão em Ésquilo, *Supplici, Prometeo incatenato*, organizador por Laura Medda, Milano, Mondadori, 1994. A edição do *Prometeu* de Davide Susanetti, Milano, Feltrinelli, 2015, está repleta de informações e referências. O mito relativo é explorado por Carol Dougherty, *Prometheus*, Londres, Routledge, 2005, e Raymond Trousson, *Le thème de Prométhée dans la littérature européenne*, Genebra, Droz, 2001. Texto e tradução do *Édipo Rei* e da *Electra* de Sófocles são respectivamente de Raffaele Cantarella e Vico Faggi, in: Sofocle, *Le tragedie*, Milano, Mondadori, 2007. Os estudos mais importantes: Albin Lesky, *La poesia tragica dei Greci*, Bologna, Il Mulino, 1996; Simon Goldhill, *Reading Greek Tragedy*, Cambridge, Cambridge University Press, 1986; Thomas C. W. Stinton

Collected Papers on Greek Tragedy, Oxford, Clarendon Press, 1990; Gilbert Murray, *Aeschylus. The creator of tragedy*, Oxford, Clarendon Press, 1940; Francesco Calvo, *Aristotele e l'esperienza tragica*, em seu *L'esperienza della poesia*, organizada por Pietro Boitani, Bologna, Il Mulino, 2004; Friedrich Solmsen, *Hesiod and Aeschyluys*, Ithaca, NY, Cornell University Press, 1949; Bernard M. Knox, *The Heroic Temper. Studies in Sophoclean Tragedy*, Berkeley, University of California Press, 1964; Bernard M. Knox, *Oedipus at Thebes*, New Haven, CT, Yale University Press, ²1982; Mario Untersteiner, *Sofocle*, Milano, Lampugnani Nigri, 1974; Reginald P. Winnington-Ingram, *Sophocles. An Introduction*, Cambridge, Cambridge University Press, 1980; Charles Segal, *Tragedy and Civilization. An Interpretation of Sophocles*, Cambridge, MA, Harvard University Press, 1981; Id. *Sophocles' Tragic World*, Cambridge, MA, Harvard University Press, 1998; Id. *Oedipus Tyrannus*, New York, Oxford University Press, 2001; Mario Vegetti, *Tra Edipo e Euclide. Forme del sapere antico*, Milano, Il Saggiatore, 1983; Friedrich Ohly, *Il dannato e l'eletto. Vivere con la colpa*. Bologna, Il Mulino, 2011. Sobre as cenas do reconhecimento, escrevi *Riconoscere è um dio. Scene e temi del riconoscimento nella letteratura*, Torino, Einaudi, 2014.

7. Morte e *lógos*

Os textos que dizem respeito a Sócrates e a *Timeu* nas *Opere*, de Platão, são tirados, na tradução de Manara Valgimigli, da edição Laterza (Bari, 1966). Para o original grego se faz referência a Platão, *Opera*, organizadas por John Burnet, Oxford, Clarendon Press, 1900-1907. A *Metafísica* e a *Ética a Nicômaco* de Aristóteles são as da edição Laterza, organizadas, respectivamente, por Enrico Berti e Carlo Natali (Roma-Bari, 2017 e 1999). As cartas de Aristóteles, in: *Aristotelis privatorum scriptorum fragmenta*, organizadas por Marianus Plezia, Leipzig, Teubner, 1977. Para o Anônimo do *Sublime*, tanto o texto quanto a tradução são de Giulio Guidorizzi, in: *Trattatisti greci*, Milano, Mondadori, 2008. No conjunto, a melhor obra é Francesco Calvo, *Cercare l'uomo. Socrate Platone Aristotele*, Bologna, Il Mulino, ²2014. Sobre Sócrates, cf. Hannah

Arendt, *Socrate*, Milano, Raffaello Cortina, 2015; Giovanni Reale, *Socrate*, Milano, Rizzoli, 2013; Pierre Courcelle, *Conosci te stesso. Da Socrate a San Bernardo*, Milano, Vita e Pensiero, 2011. Sobre Platão, Paul Friedländerk, *Platone*, Milano, Bompiani, 2004; Mario Vegetti, *Quindici lezioni su Platone*, Torino, Einaudi, 2003 [trad. bras. *Quinze lições sobre Platão*. São Paulo: Loyola (no prelo). (N. da R.)]; Karl Reinhardt, *I miti di Platone*, Genova, Il Nuovo Melangolo, 2015; Hans Krämer, *Platone e i fondamenti della metafisica*, Milano, Vita e Pensiero, 2011.

8. Nós, eu, eles, ele: a lírica

Textos e tradução dos poemas líricos são tirados da edição organizada por Francesco Sisti, *Lirici greci*, Milano, Garzanti, 1990, com exceção de Píndaro, que se refere ao contrário às edições da Fondazione Valla/Mondadori: *Istmiche*, organizada por G. Aurelio Privitera (Milano, 1982); *Pitiche*, organizada por Paola Angeli Bernardini, Ettore Cingano, Bruno Gantili e Pietro Giannini (Milano, 1995); *Olimpiche*, organizada por Bruno Gentili, Carmine Catenacci, Pietro Giannini e Liliana Lomiento (Milano, 2013); *Le Nemee*, organizada por Maria Cannatà Fera, Mondadori, 2020. *L'Antologia Palatina*, organizada por Filippo Maria Pontani, Torino, Einaudi, 1978-1983. Sobre lírica, cf. pelo menos Hermann Fränkel, *Poesia e filosofia della Grecia arcaica. Epica, lirica e prosa greca da Omero ala metà del V secolo*, Bologna, Il Mulino, 1997; Cecil M. Bowra, *Greek Lyric Poetry from Alcman to Simonides*, Oxford, Clarendon Press, [2]1961, e Id., *Pindar*, Oxford, Clarendon Press, 1964; *Poetica pre-platonica*, organizada por Giuliana Lanata, Firenze, La Nuova Italia, 1963; Giuseppe Broccia, *Tradizione ed esegese. Studi su Esiodo e sulla lirica greca arcaica*, Brescia, Paideia, 1969; David A. Campbell, *The Golden Lyre. The Themes of the Greek Lyric Poets*, London, Duckworth, 1983; Bruno Gentili, *Poesia e pubblico nella Grecia antica*, Roma-Bari, Laterza, 1984; Orlando Poltera, *Le Langage de Simonide. Étude sur la tradition poétique et son renouvellement*, Bern, Peter Lang, 1997; Charles Segal, *Aglaia. The Poetry of Alcman, Sappho, Pindar, Bacchylides, and Corinna*, Oxford, Rowman & Littlefield, 1998; Id. *Pindar's Mythmaking. The Fourth Pythian Ode*,

Princeton, NJ, Princeton University Press, 1986; Gregory O. Hutchinson, *Greek Lyric Poetry. A Commentary on Selected Large Pieces*, Oxford, Oxford University Press, 2001; *The Cambridge Companion to Greek Lyric*, organizada por Felix Budelmann, Cambridge, Cambridge University Press, 2009; Michael Theunissen, *Pindar. Menschenlos und Wende der Zeit*, München, Beck, 2000; Wolfgang Janke, *Archaischer Gesang. Pindar, Hölderlin, Rilke. Werke und Wahrheit*, Würzburg, Königshausen und Neumann, 2005; Camilo Neri, *Breve storia della lirica greca*, Roma, Carocci, 2010; *Reading the victory ode*, organizada por Péter Agocs, Chris Carey e Richard Rawles, Cambridge, Cambridge University Press, 2012; Asya C. Sigelman, *Pindar's Poetics of Immortality*, Cambridge, Cambridge University Press, 2016.

9. Invenção de Roma

O texto e a tradução de Políbio são de Roberto Nicolai, *Storie*, 3 vols., Roma, Newton Compton, 1998. Os de Lívio em *Livio*, Bologna, Zanichelli, 1965-1986. A *Eneida* de Virgílio é da Fondazione Valla/ Mondadori, organizada por Ettore Paratore e traduzida por Luca Canali (Milano, 1978-1983). As *Orazioni* de Cícero, organizadas por Giovanni Bellardi, são publicadas pela UTET (Torino, 1978-1999). As *Opere complete* de Salústio, organizadas por Raffaele Ciaffi, pela Adelphi (Milano, 1969). A *Opera omnia* de Júlio César, organizada por Adriano Pennacini, com tradução de Antonio la Penna e Adriano Pennacini, Einaudi/Gallimard (Torino, 1993); *Opera omnia* de Tácito, em dois volumes, organizada por Renato Oniga, Einaudi (Torino, 2003). Sobre a *Eneida*, cf. ao menos Eduard Norden, *P. Vergilius Maro, Aeneis Buch VI*, Leipzig, Teubner, ²1916. Brooks Otis, *Virgil. A Study in Civilized Poetry*, Oxford, Clarendon Press, 1963; Walter R. Johnson, *Darkness Visible. A Study of Vergil's Aeneid*, Berkeley, University of California Press, 1976; Gian Biagio Conte, *Virgilio. Il genere e i suoi confini*, Milano, Garzanti, 1984; Id. *Virgilio. L'epica del sentimento*, Torino, Einaudi, ²2007; Philip R. Hardie, *Virgil's Aeneid. Cosmos and imperium*, Oxford, Clarendon Press, 1986; Id. *The Last Trojan hero. A Cultural History of Virgil's Aeneid*, London-New

York, Tauris, 2014; Richard Heinze, *La tecnica epica di Virgilio*, Bologna, Il Mulino, 1996; *Oxford Readings in Vergil's Aeneid*, organizada por Stephen J. Harrison, Oxford, Clarendon Press, 1990; Michael C. J. Putnam, *Virgil's Epic Designs. Ekphrasis in the Aeneid*, New Haven, CT, Yale University Press, 1998; Id. *Virgil's Aeneid. Interpretation and Influence*, Chapel Hill, NC, University of North Carolina Press, 1995; Joseph D. Reed, *Virgil's Gaze. Nation and Poetry in the Aeneid*, Princeton, NJ, Princeton University Press, 2007; Alessandro Barchiesi, *Homeric Effects in Vergil's Narrative*, Princeton, Princeton University Press, 2014; Nicholas Horsfall, *The Epic Distilled. Studies in the composition of the Aeneid*, Oxford, Oxford University Press, 2016.

10. Tudo muda, nada perece

A edição das *Metamorfoses* é de 6 volumes, dirigida por Alessandro Barchiesi, com tradução de Ludovica Koch (I-IV) e de Gioachini Chiarini, publicado pela Fondazione Valla/Mondadori (Milano, 2005-2015), com introdução de Charles Segal e um comentário aprofundado pelo mesmo Barchiesi, Giampiero Rosati, Edward J. Kenney, Joseph D. Reed e Philip Hardie. Sobre as *Metamorfoses*, cf. pelo menos Hermann Fränkel, *Ovid: A Poet between Two Worlds*, Berkeley, University of California Press, 1945; Brooks Otis, *Ovid as an Epic Poet*, Cambridge, Cambridge University Press, 1966; Gian Biagio Conte, *Memoria dei poeti e sistema letterario. Catullo, Virgilio, Ovidio, Lucano*, Torino, Einaudi, 1974; Leonard Barkan, *The Gods Made Flesh. Metamorphosis and the Pursuit of Paganism*, New Haven, CT, Yale University Press, 1986; Charles Segal, *Ovidio e la poesia del mito. Saggi sulle metamorfosi*, Venezia, Marsilio, 1991; Alessandro Barchiesi, *Il poeta e il principe. Il discorso augusteo*, Roma-Bari, Laterza, 1994; Gian Luigi Baldo, *Dall'Eneide alle Metamorfosi. Il codice epico di Ovidio*, Padova, Imprimitur, 1995; Lothar Spahlinger, *Ars latet arte sua. Untersuchungen zur Poetologie in den Metamorphosen Ovids*, Stuttgart-Leipzig, Teubner, 1996; Philip R. Hardie, *Ovid's Poetics of Illusion*, Cambridge, Cambridge University Press, 2002; *The Cambridge Companion to Ovid*, organizada por Philip R. Hardie, Cambridge, Cambridge University Press, 2002; Janine Andrae, *Vom Kosmos zum Chaos. Vergils Aeneis und Ovids Metamorphosen*, Trier, Wiss. Verlag, 2003; Elaine Fantham, *Ovid's Metamorphoses*, Oxford, Oxford University Press, 2004; *A Companion to Ovid*, organizada por Peter Knox, Chichester, Wiley/Blackwell, 2009; Gianpiero Rosati, *Narciso e Pigmalione. Illusione e spettacolo nelle Metamorfosi di Ovidio*, Pisa, Ed. della Normale, 2017.

Índice onomástico e de personagens

A
Aca Larência: 175
Actóris: 47
Acusilau: 79
Adão: 110, 119
Afrodite (Vênus): 16, 18, 23, 50, 65, 72, 73, 145, 150
Agamemnon, chefe dos aqueus: 14, 15, 18, 25, 26, 28, 36, 47, 48, 55, 83, 95-98, 101, 104, 115, 120, 121, 123
Agostinho de Hipona: 176
Ágrio: 65
Ájax (filho de Ileu): 18, 25, 48
Ájax (filho de Telamão): 25, 129
Alceu: 145, 150-152
Alcínoo: 37, 40, 43, 49, 52
Alcíone: 190, 194-199
Álcman: 145, 147-149, 194
Amásis, faraó: 80
Amílcar: 160
Amizade: 70
Amúlio, rei de Alba: 175
Anacreonte: 150, 151

Anaxágoras: 69, 70, 74, 111, 114, 127, 131
Anaxímenes: 69
Andrômaca: 19-21
Anfitrião: 105
Anfitrite: 185
Aníbal: 176
Anônimo do Sublime: 8, 36, 49, 135, 158
Anquises: 174, 181, 184
Antenor: 18, 38
Anticleia: 36, 48, 51
Antígona: 93, 105-107, 112, 123
Antínoo: 44
Antíoco III, rei da Síria: 183
Antonini, Roberto: 7
Apolo: 23, 28, 31, 32, 39, 50, 63, 68, 95, 96, 103, 104, 117, 131, 156, 159, 160, 165-167, 188, 189
Aqueronte: 131, 173
Aquiles: 13-16, 21, 22, 25-33, 48, 51, 84
Ares (Marte): 16, 17, 23, 24, 50, 99, 100, 103, 156, 165, 166

213

Aretê: 37, 40, 42
Argos, cão de Ulisses: 44, 50, 51, 82, 96, 98, 99
Ariosto, Ludovico: 10
Aristóteles: 7, 8, 15, 41, 64, 68, 69-72, 74, 101, 111, 114, 120, 123, 127, 138, 141
Armínio: 182
Arquídamo: 90
Arquíloco: 74, 150, 152
Ársaces XII, rei de Pártia: 183
Ártemis: 23, 39, 40, 73
Asclépio: 133
Asheri, David: 88, 204
Astíages, rei dos medos: 85
Astíanax (Escamandro): 19-21
Atena: 8, 14, 20, 23-25, 30, 37, 39, 40, 42, 43, 46, 47, 55, 56, 77, 101, 103, 104, 111, 132, 162
Atlas: 41, 66, 114, 174
Atreu: 95, 96, 98, 99
Augusto, Caio Júlio Cesar Otaviano (imperador romano): 65, 173, 174, 176, 177, 186, 199, 200
Aurora: 74

B
Bach, Johann Sebastian: 165
Baquílides: 144, 156
Barchiesi, Alessandro: 189
Batalhas: 64
Belerofonte: 19
Bersuire, Pierre: 199
Bespaloff, Rachel: 16
Bias: 68
Boco: 183
Boécio, Severino: 9, 135
Boiardo, Matteo Maria: 10

Bóreas: 42, 80, 150, 151
Borges, Jorge Luis: 17
Briseida: 14
Bruto, Marco Júnio: 174

C
Calcídio: 136
Cálgaco: 181, 184
Calígula, Caio Júlio César Germânico *dito* (imperador romano): 177
Calímaco: 9
Calíope: 63
Calipso: 35-38, 41-43, 65
Calvino, Italo: 54, 190
Cambises II, rei da Pérsia: 80
Camus, Albert: 91
Caos: 63, 64, 185, 186
Capaneu: 105
Caracala, Lúcio Septímio Bassiano *dito* (imperador romano): 172
Caronte: 173, 181
Cassandra: 96, 97
Castor: 161
Catão, Marcos Pórcio: 174
Cebes: 131
Ceix: 190, 194-199
Cérbero: 173
Cervantes, Miguel de: 10
César, Caio Júlio: 174, 182-184, 186, 200
Céu: 62-64, 72
Chaucer, Geoffrey: 199
Christine de Pizan: 199
Cícero, Marco Túlio: 9, 53, 172, 176, 177
Cincinato, Lúcio Quíncio: 175
Cipião Emiliano, Públio Cornélio: 176

Cipião (família): 176
Circe: 36-38, 43, 49, 51, 53, 58, 65
Ciro II, rei da Pérsia: 80, 85, 88
Citati, Pietro: 55
Cláudio, César Augusto Germânico Tibério (imperador romano): 174, 177
Cleóbulo: 68, 151
Clio: 63
Clitemnestra: 36, 48, 96-99, 121
Cócito: 131
Cohen, Leonard: 147
Coleridge, Samuel Taylor: 199
Colli, Giorgio: 68, 203
Combates: 64
Crátilo: 71
Creonte: 105-107, 116, 117
Creso, rei da Lídia: 80, 83, 88, 164, 165
Crisótemis: 121, 122
Critognato: 182, 183
Críton: 105, 127, 128, 130-134
Cronos: 61, 64
Cupido: 188

D

Dafne: 188
Dalla, Lucio: 156
Dante Alighieri: 9, 10, 38, 57, 135, 146
Dario, rei da Pérsia: 80, 81
Décios (família): 174
De Gregori, Francesco: 156
Dêifobo: 30
Demarato: 86
Demócrito: 70, 75, 111
Demódoco: 50, 52, 54
Detienne, Marcel: 68, 204
Deucalião: 188

Dia: 63, 64
Diana, cf. Ártemis: 189
Dice (Justiça): 99-101, 103, 106
Dido, rainha de Cartago: 14, 173
Dinómenes: 161
Diodoro Sículo: 176
Diógenes de Sinope: 69
Diógenes Laércio: 68, 74
Diomedes: 18, 19, 25, 28, 105, 146
Dionísio: 68, 151
Dionísio de Halicarnasso: 175
Discórdia: 64, 70, 97
Disputas: 64
Domiciano Augusto Germânico, César (imperador romano): 177, 178
Dores cheias de lágrimas: 64
Dríades: 193
Dryden, John: 199
Dylan, Bob (Robert Allen Zimmerman): 147

E

Éaco: 129
Ebro: 151
Eckhart, Johannes, dito Mestre Eckhart: 73
Eco: 190-193
Édipo, rei de Tebas: 8, 68, 105, 115-119, 121, 123, 134, 135
Egímio: 161
Egisto: 36, 48, 55, 96-99, 102, 103
Electra: 8, 96, 99-102, 120-123
Eliot, Thomas Stearns: 58, 73
Empédocles: 16, 69, 70, 72, 73, 75, 78, 131
Eneias: 14, 18, 26, 65, 173-175
Eneu: 19
Eniálio: 29

215

Ênio, Quinto: 9, 76, 175
Éolo: 37, 43, 194, 195, 197
Épafos: 189
Epicuro: 8, 77, 78, 112
Epimênides de Creta: 79
Epimeteu: 110
Equécrates: 131, 133
Erato: 63
Érebos: 63, 64
Erínias: 96, 99, 100, 103, 104
Éris: 16, 28, 64
Eros (Amor): 63, 64, 70, 150, 151
Escamandro: 20, 25, 28
Esfinge: 116
Ésquilo: 8, 75, 77, 79, 96, 101-103, 105, 110, 112, 114, 116, 120, 122, 157, 158, 167
Estácio, Públio Papínio: 105
Estesícoro: 144
Estige: 69, 131, 193, 194
Estrabão: 37
Éter: 63, 72
Eugamon: 58
Eumenes II, rei de Pérgamo: 183
Eumeu: 37, 40, 43, 44, 50, 52, 61
Euricleia: 36, 44, 45, 50, 121
Eurímaco: 44
Eurínome: 46
Eurípedes: 8, 74, 83, 101, 112, 114, 120-122
Europa: 9, 17, 81, 82, 154, 175, 190
Euterpe: 63
Eva: 110, 119

F
Fábio Pictor, Quinto: 175
Fábios (família): 174
Fabrício Lucínio, Caio: 174

Faetonte: 189
Fálaris, tirano de Agrigento: 164, 165
Fato: 119
Fausto: 38
Febe: 185
Fédon: 129, 131, 133, 134, 136
Fêmio: 44, 52
Fídias: 167
Filécio: 44
Filipe V, rei da Macedônia: 183
Filoctetes: 93, 160, 161, 163, 165, 167
Flávios (dinastia): 178
Flavo: 182
Flebas, o Fenício: 58
Fome: 64
Fúrio Camilo, Marco: 174, 175

G
Galba, César Augusto, Sérvio Sulpício (imperador romano): 178
Galeno: 111
Gelão: 160, 161
Gélio, Aulo: 9
Glauco: 18, 19, 146
Gloucester, duque de: 50
Goethe, Johann Wolfgang: 10
Gower, John: 199
Guicciardini, Francesco: 10

H
Hárpago: 85
Hecateu de Mileto: 74
Hécuba: 19, 20, 28
Hefesto: 15, 22, 23, 27, 28, 50, 110, 157, 158
Hegel, Georg Wilhelm Friedrich: 73, 105
Heidegger, Martin: 73

ÍNDICE ONOMÁSTICO E DE PERSONAGENS

Heitor: 10, 14, 15, 19, 20-22, 24-33, 84
Helânico de Mitilene: 175
Helena de Troia: 14, 16-20, 28, 36, 37, 46, 48, 82-84
Hêmon: 107
Héracles: 81, 161
Heráclito: 16, 69, 73-75, 131, 165, 189
Hera (Juno): 23, 24, 49
Hermes: 32, 33, 41, 47, 50, 55, 136
Heródoto de Halicarnasso: 8, 71, 79-85, 87, 88, 164
Hesíodo: 8, 9, 16, 61-68, 70-72, 74, 82, 116, 129, 175, 186
Híades: 67
Hidarnes: 87
Hierão, tirano de Siracusa: 156, 158-161, 163-165, 167, 168
Hipaso: 69
Hipátia: 135
Hipérion: 35, 64
Hipóloco: 18
Holmes, Sherlock: 120
Homero: 9, 10, 13, 16, 17, 19, 20, 22-26, 31, 35, 47-54, 57, 58, 62, 67, 68, 71, 72, 74, 77, 80, 82, 83, 116, 129, 137, 145, 152-154
Horácio Cocles: 175
Horácio Flaco, Quinto: 8, 9
Horácios, irmãos: 175

I

Íbico: 145, 150, 151
Idomeneu: 18, 25
Ifigênia: 98, 99
Ilegalidade: 64
Imprudência: 64
Ínaco: 189
Ino: 42

Intelecto (Nous): 70
Io: 82, 189
Íris: 16, 17, 195
Iro: 49
Isaías: 36

J

Jápeto: 187
Jerônimo, Sofrônio Eusébio: 176
Jesus Cristo: 126
Jó: 146
João Aurispa: 9
Jocasta: 105, 116-118
Jugurta: 183
Júlia, gens: 65, 173
Júlio Agrícola, Gneu: 178
Juno (Hera): 189, 191, 195
Juramento: 64
Justiça, cf. Dice: 71, 99
Justino, Marco Juniano: 176

K

Kéres: 145

L

Laerte: 36, 38, 44, 50, 51
Laio: 105, 116-118
Latino, rei dos latinos: 65
Leônidas I, rei de Esparta: 86, 155, 156
Leopardi, Giacomo: 26
Lete: 195
Leto: 166
Leucipo: 70
Licão: 188
Liríope: 190
Litígios: 64
Lívio, Tito: 172, 175, 176

217

Lua: 25-27, 68, 69, 72, 136, 149, 153, 154, 186
Lucano, Marco Aneu: 179
Lucas, evangelista: 51
Lúcifer: 136, 194, 195, 197
Lúcio Múmio Acaico: 174
Lucrécio: 8, 9, 75-78, 91, 112, 186

M

Manílio, Marco: 8
Mânlio: 174
Manzoni, Alessandro: 91
Maquiavel, Nicolau: 10
Mar: 17, 81
Marcelo, Marco Cláudio: 174
Mason, Perry: 120
Mazzarino, Santo: 79
Medeia: 82
Melanipo: 105
Melisso: 70
Melpômene: 63
Memória: 63, 167
Menelau, rei de Esparta: 14, 16-18, 36, 37, 41, 83, 95, 96
Mentiras: 64
Mercúrio: 189
Mérope: 117, 118
Mimnermo: 79, 145-147
Minos, rei de Creta: 68, 80, 129, 173
Mirsilo: 152
Mitógrafo Vaticano: 176
Mitrídates: 183
Morfeu: 195, 198, 199
Múcio Cévola, Caio: 175
Musas: 62, 156
Museu: 68, 78, 129, 174

N

Náiades: 193
Narciso: 190-193
Nausícaa: 36, 39, 40, 43, 47, 49, 77
Nausínoo: 65
Nausítoo: 65
Neco, rei dos egípcios: 81
Nêmesis: 192
Nereu: 68
Nero Cláudio César Augusto Germânico (imperador romano): 120, 177-181
Nestor: 36, 41
Netuno, cf. Poseidon: 173
Nicomedes: 183
Nietzsche, Friedrich Wilhelm: 73
Níobe: 32
Noite: 63, 64, 197
Noto: 80, 113
Nucci, Matteo: 32, 201
Numa Pompílio, rei de Roma: 173
Numitor, rei dos latinos: 174, 175

O

Oceano: 27, 69, 80, 81, 131
Odisseu, cf. Ulisses: 65
Orestes: 48, 55, 96, 98-104, 120-123
Orfeu: 68, 129
Órion: 28, 67
Otão César Augusto, Marco Sálvio (imperador romano): 178
Otto, Walter: 49
Ovídio: 8, 9, 78, 158, 175, 185, 186, 189, 190, 194, 195, 197-200

P

Pã: 95, 96, 189
Palamedes: 129

Palinuro: 173
Pandora: 66
Páris: 14, 16, 17, 19, 20, 28, 31, 82-84
Parmênides: 70-72, 75
Partenopeu: 105
Pátroclo: 15, 25, 27, 28, 30-32
Paulo, Apóstolo: 104
Paulo, Lúcio Emílio: 171, 174
Pausânias: 164
Peleu: 13, 32, 33, 49
Penélope: 36, 38, 40, 44-47, 50-52, 56, 58, 59
Peneu: 188, 189
Periandro: 68
Péricles: 74, 90, 91, 103, 112, 127, 197
Perséfone: 48
Perses: 66
Perseu, rei da Macedônia: 183
Petrarca, Francesco: 10, 154
Petrônio: 179
Piérides: 157
Pílades: 101, 121
Píndaro: 9, 144, 156-164, 167, 168
Piriflegetonte: 131
Pirra: 188
Pirro, rei do Epiro: 176
Pisão, Caio Calpúrnio: 179
Pítaco: 68
Pitágoras: 74, 200
Pitão: 188
Platão: 8, 23, 67, 68, 70, 73, 101, 110, 114, 120, 126, 127, 129, 131, 134, 136-138, 186
Plêiades: 27, 66, 67, 153, 154
Plístene: 99
Plotino: 73
Plutarco: 111, 172
Políbio: 117, 171, 172, 176, 183

Polícrates, tirano de Samos: 150
Polifemo: 10, 49, 55
Polinice: 105, 107
Pompeu: 174
Pôncio Pilatos: 180
Poseidon (Netuno): 23, 24, 37, 42, 54-56, 58
Príamo, rei de Troia: 14, 15, 17, 21, 28, 31-33, 51, 82-84, 95, 96
Procas, rei dos latinos: 174
Prometeu: 8, 65-67, 75, 109, 110, 112, 114, 115, 119, 157, 158, 187
Proteu: 47, 83, 96
Pulci, Luigi: 10

Q
Quilão: 68
Quintiliano, Marco Fábio: 9

R
Radamanto: 129
Ravel, Maurice: 199
Reia: 175
Remo: 175
Romilly, Jacqueline de: 22, 86
Rômulo, rei de Roma: 172-175

S
Safo: 26, 143-145, 149, 152-154
Salústio Crispo, Caio: 177, 183, 184
Schwarz, Brigitte: 7
Sêneca, Lúcio Aneu: 9, 97, 98, 135, 158, 179
Sereias: 37, 38, 43, 53, 54
Serrano: 174
Sérvio, Mário Honorato: 176
Shakespeare, William: 10, 50, 146, 179, 197, 198

Sibila de Cumas: 173
Sila, Lúcio Cornélio: 177
Sileno: 78
Sílvio, rei dos latinos: 174
Simeão: 51
Simônides de Ceos: 154
Siringe: 189
Sísifo: 129
Snell, Bruno: 67, 68
Sócrates: 8, 67, 70, 104, 110, 126-135, 138, 179
Sófocles: 8-10, 93, 101, 105, 107, 112, 118-123, 134, 158
Sol: 24, 25, 27, 29, 33, 35, 37, 43, 51, 55, 65, 68, 69, 72, 75, 78, 81, 93, 109, 110, 114, 133, 136, 145, 152, 168, 174, 186, 187, 189, 192, 193
Sólon: 68, 149
Sono: 195
Suetônio: 177

T
Tácito, Públio Cornélio: 8, 177-181, 184
Tales: 68, 69, 73
Tália: 63
Tártaro: 63-65, 131, 157, 158, 174, 196
Tasso, Torquato: 10
Teágenes de Régio: 23
Telégono: 58, 65
Telêmaco: 36, 38, 41, 43-46, 52, 54
Têmis: 188
Temístocles: 164
Tennyson, Alfred: 57
Teógnis: 149
Terpsícore: 63
Terra: 16, 38, 62-64, 72, 100, 113, 131, 136, 185
Teseu: 103, 114

Tétis: 27, 69
Tibério Júlio César Augusto (imperador romano): 65, 177, 180
Tideu: 18, 105
Tiestes: 98, 99
Tifão: 115, 157-160, 163, 165, 167, 168
Timeu: 71, 129, 136, 137
Tirésias: 47, 55-57, 68, 107, 116, 124, 190, 193
Tirteu: 150
Tito Tácio, rei dos sabinos e de Roma: 173
Tolstói, Lev Nikolaevic: 13
Tomás de Aquino: 64, 69
Trajano, Marco Úlpio (imperador romano): 178
Triptólemo: 129
Tucídides: 8, 88-93
Turner, William: 77
Tyché: 119

U
Ulisses (Odisseu): 14, 18, 25, 26, 36-50, 52-59, 65, 121, 129, 173, 175
Urânia: 63
Urano: 64

V
Vênus, cf. Afrodite: 75, 76, 77
Verres, Caio: 177
Vespasiano, Tito Flávio César Augusto (imperador romano): 178
Virgílio Maro, Públio: 8, 9, 13, 14, 67, 76, 78, 146, 158, 173, 175, 177, 182, 183, 185, 186
Vitélio Germânico Augusto, Aulo (imperador romano): 178

W
Weil, Simone: 15, 201
Wolfe, Nero: 120

X
Xenófanes: 70, 74, 149
Xenofonte: 88, 134

Xerxes I, rei da Pérsia: 83, 86, 87, 155

Z
Zeus (Júpiter): 13, 19, 20, 21, 24-26, 29, 31, 32, 35, 39, 46, 48, 49, 51, 52, 54, 55, 62, 63, 66, 67, 74, 95, 96, 100, 106, 110, 111, 114-116, 146, 152, 156-161, 165-168

Edições Loyola

editoração impressão acabamento
Rua 1822 n° 341 – Ipiranga
04216-000 São Paulo, SP
T 55 11 3385 8500/8501, 2063 4275
www.loyola.com.br